星座靈數

108型人格解密

丹尼王◎著

認識丹尼王，是在一次生命巧合的轉彎處

那是一個還沒有智慧型手機，社群網站還不盛行的時期，人與人之間的互動總是扎實直接的，但依然相信在虛擬的世界裡，有機會能找到知音。有一天，透過朋友的臉書，認識了這位星座專家，從此，生命軌跡的參考有了新的依據。

我是一個宿命論的人，我相信命運，更相信運命。工作時因為興趣接觸了八字命理和手相面相，除了希望能更加掌握運勢，在職場與生活中，能知道何時該攻，何時該守；透過命理，對於人際面、家庭面、事業面，及健康面有不同層次的感受與體會，並且期許在人生旅途上，走得更加踏實而有自信。不過自己算，難免有失衡的情況，於是好友丹尼王透過星座的剖析，輔以生命靈數，竟能達到更為精確的論斷，並且與東方哲學相互印證下，得到的答案令人拍案叫絕！

學生時期，我念的是建築，在當時心中有個夢想，除了學習設計之外，希望有一天能將最喜歡的音樂作結合，可以的話，或許能成為家人所期待的建築師，或者，能成為獨當一面的音樂人。除了學業之外，也認真學習音樂製作，參與社團活動，並且在畢業以前，賣出人生第一首創作的歌曲。即便看似衝突，但這兩者之間，卻在日後形成一種微妙的關係。

退伍之後，台灣發生了 921 大地震，當時，建築業陷入了空前的低迷，有的同學選擇轉行，繼續在這個行業的則轉往延伸的相關產業。但幾經考慮後，發現自己並不合適。當時的狀況也不允許在異地發展，於是選擇留在中部。因緣際會之下，得知了電台正在招考播音員的消息，心想：「能

夠每天接觸音樂，有空檔的時候再繼續創作，這樣既能生活，也不悖離初心。」這一做，就是十五年。這裡面，有三分之一的時間，就是參考丹尼王老師的推論；人生，於是有了不同的火花，不一定完全燃燒，卻璀璨真實。

　　一開始，我還沒有完全相信星座，只覺得這是統計學所衍伸出來的一套學術，但卻沒有想到，星座與靈數之間的結合，能產生出值得省思的人生課題與方向。透過剖析更認識自己，了解自己，並且愛上自己。那一年，我心急，因為有了一定的年歲，卻不見得真能達到理想中目標的生活。獨立發行了兩張音樂作品，也幫杜德偉、劉德華、5566 等歌手寫過歌，但不知怎麼的，總是覺得不夠！心裡不滿足也不踏實，總想著走出廣播播音室，實現不同的自我。但是，那樣就好了嗎？那真的是自己想要的嗎？廣播跟音樂事業如何選擇？我困頓著，直到得到丹尼王老師的鼓勵。「你的木星來到了事業宮，在這幾年裡面，你的事業將會有一番新的局面跟風格，只要你相信自己，找回初衷，答案就在其中！經由太陽星座獅子座加上數字 4，所呈現獅瓶型（獅子與水瓶）的人格分析出來，你或許不是那麼愛現，但在低調中有著張力，即便大器晚成，但只要堅持到底，能獲得最後的勝利！」

　　這劑強心針對我有莫大的幫助，於是我開始積極地接觸外場活動主持，剛開始有些扭捏不自在，因為習慣了在幕後的日子，但只要一想到要把握運勢，不自覺得更加賣力、更加認真。截至今日已完成了超過六百場

次的活動，其中不乏全國性的大型活動，例如跨年與台灣燈會。但是，真正的挑戰才開始……。有一天起床後，聲音莫名的沙啞，發現情況不太對勁！去了醫院檢查才知道，喉嚨因為過度使用長繭了，於是原先預定好的工作及活動都得暫時喊停。果然被料準人生有許多事情是對立與互補的組合，明白了！

「這幾年內，你要特別留意健康狀況，好嗎？」養病期間，心裡反覆思考著老天爺所給的課題，告訴自己除了要更珍視自己的聲音之外，復原之後也該好好地留下一些美好紀錄。帶著熱情與重新拾起的信心，第三張專輯也因此而誕生。也因為網路的快速發達，被製作單位留意並且邀請到大陸電視台主持節目，得知這個消息，心既是喜、也是慌。「從你的星座靈數看來，貴人是在遠方沒錯了，記得，往北發展！」在接下來一年的日子裡，我確實在福建、北京、台灣間穿梭來回，除了電視，廣播依然持續著，也得到貴人的賞識與提攜，讓生活得以每天都在學習中進步、成長；過程中難免有些挫折，但人生能如此，已超乎想像，並彌足珍貴！合約結束後，回到台灣，並且再次投入廣播事業。

一直以來或許總是走在矛盾與抉擇中，但如同丹尼王老師所說的：「獅瓶型的人格一開始想要突破改革，如何在傳統與前衛的兩端取捨，將成為一輩子最大的功課。」透過印證與專業建議，生命能有不同的歷練，人生會有怎樣的彩蛋呢？我期待著！

音樂／唱作／廣播／主持人　**廖大森**

認識人，了解人，就無所不能

　　我的命理同行好友丹尼王老師要出版一本書，書名是《星座靈數 108 型人格解密》。這本書出版之後，我認為不久的網路熱門搜尋關鍵字，可能會看到「星、座、靈、數」的查詢。我相信這本書會帶給很多有幸擁有的讀者，一個認識好男人的機會和遇見好女子的緣分。如同現在每個人的智慧型手機裡下載率很高的社群軟體諸如：臉書、微博、LINE、微信……已成為生活中每天要接觸的介面。《星座靈數 108 型人格解密》你讀了嗎？

　　從事命理諮商以來，據我統計在眾多尋求諮商的懇談問題中，首推感情的事。我認為有緣成為夫妻的有情人，也不一定彼此關係就一點問題也沒有。曾經有緣的情侶戀人有的也因為了解而分離。公司的老闆在聘僱員工進來前除了履歷表能看到的過往經驗之外，來了以後這個員工能不能跟其他同事適應相處？若是老闆下個月要從三位主管裡選出一位人選成為業務部的總經理，誰的性格與作風能夠跟全體員工打成一片？帶領公司勇往直前？有了這本書將讓你三分鐘就可以解決「人」的問題，你想知道嗎？

家裡有農民曆的話，也要擺一本《星座靈數 108 型人格解密》

　　很多讀者的家裡都有農民曆，看日子、做準備，都已經習慣了它提供生活上的方便。而此次出版的《星座靈數 108 型人格解密》因為結合了占星學與生命靈數的精華，作者有系統的引領著讀者，把複雜的命理論述用了簡單易懂的方式，集結成一本了解他人又能認識自己的工具書。長期以來龐大複雜的占星系統若想要一探究竟、運用自如，對一般讀者來講是很

困難的。當年我學占星到第二年就快堅持不下去，這門學問本身不太容易普及化。丹尼王老師很清楚這個學習和運用的障礙，他把複雜的學習簡單化，加入了占星學與生命靈數的新思維。這麼一來提高了讀者們想要了解及運用的想法，也是我拿到書時看出來的用心與巧思，推出的真是時候。

生命靈數在台灣的廣為討論

先談談生命靈數開啟了我豐富生命的一段故事。我曾經做過業務銷售的工作，主要的對象就是「人」，賣的商品是保險。剛開始轉到這個跑道其實並沒有很順利，也沒有很圓滿的銜接。那時候覺得自己應該要在這個行業陣亡了才是，但是回到原來的產業會擔心讓人看笑話，這種心境下的我已經不知該何去何從？記得當年電影《駭客任務》正在上映中，男主角基努李維帥氣的模樣，吸引了很多影迷到院欣賞這部科幻大作。劇中的男主角被選定為人類的救世主時，但是他卻不能確定自己是否就是救世主。在遇到靈媒先知那裡時，我記得剛開始先知告訴他，他並不是救世主。因為他若是沒有「信念」，什麼能力也發揮不出來的。直到他自己完全的相信自己就是救世主的時候，所有神奇的事蹟就發生了。同天我在書局看到了一本叫做《生命密碼》的書，它告訴了我，什麼是我與生的天賦？以及如何把我的人生課題學好？開啟我天賦的這一刻，好比電影中的救世主；我知道我該怎麼做了。

我相信我可以做得到，也可以改變我現在工作的現況，因為這樣的

「信念」，我開始積極的改變我以往的工作方式，選擇新的工作團隊夥伴。果真我的工作情況真的就越來越好。此時我心中有了一個念頭，舉辦個生命密碼的讀書會吧！運用讀書會的方式，將這股能量傳送給每一個想要生活過得更好、認真的過著每一天的朋友。此後幾年間，我到很多公司、單位，去分享這本書，傳達我的信念，探討人的能力或所謂的天賦，要如何開發與運用。這樣子的傳達信念一年以後，沒想到這本書銷售數量暴增，相關類似的出版書籍一下子成為很多出版社的熱門出版品。後來作者應出版社的邀請再出版了新的生命密碼，我在他的新書發表會中見到了面，告訴他我是如何把書本當作教科書般的到處去分享演講。這也是我後來為何會成為一位命理諮商師的起點。我相信《星座靈數 108 型人格解密》將會帶給各位耳目一新的感受，進一步來認識人、了解自己。

占星學的浩瀚引領，一探生命的軌跡

中華是一個多神論的民族，尊重多元信仰發展下的我們，傳統論命工具的運用也就多采多姿。占星學這個與天文知識有關的命理探討系統，在很早的中國或古印度已經很發達了。甚至在中國更甚於十二星座在天關中定位二十八星宿的論點。以前沒有如現在精確的電腦運算之下，就已經能夠為皇室帝王斷吉凶，這種天人感應的本事在各個朝代都有出過高人，並貴為皇族所用。近代的西方將占星學引領進入了心理學的層面之後，更適合對人做出精確性格與作風的分析。

雖然說人與人的互動貴在真誠。當與人互動時，我們老是在想對方對於我們所提的構想能夠接受嗎？或是女朋友想幫男朋友辦個熱鬧的生日Party，個性保守的男友要如何覺得活動不會太招搖？再者，為什麼我工作單位的主管總是那麼衝動的執行沒有把握的業務計畫？而都是我們在收拾殘局，他卻又在老闆那得到最多的稱讚？我所體悟的「人」在星圖上出生的那個時空地點上，就已經逐漸刻劃出我們是什麼樣的一個人、將來會有著什麼樣的人生際遇。特別是我前面提到的性格或是作風，若是採用十二星座再配對十顆星球，以及所產生的相位角度來分析的話，這將是很複雜的過程，我認為占星學能夠處理的功能太廣泛了，若是要普及運用，不妨可以使用丹尼王老師的這本書。

　　當你拿到這本書時，先不要急著拿任何人的生日來排排看，是屬於那個格局型的人；請先從自己最熟悉、最親密的家人朋友開始著手。若是書中所言都符合的話，你可以試著開始解析格局，你分析的越多、你的解讀就越到位。在網路發達的時代，大師獨尊已是過去式的稱謂。人人都是大師，只要你的手邊有了一本《星座靈數108型人格解密》，歡迎你來跟我交個朋友，跟著丹尼王老師一起閱歷人生、一起體察人際間的觸動。認識人，了解人，就無所不能。《星座靈數108型人格解密》你讀了沒？

大可塔羅占卜學園創辦人　劉大可

宇宙浩瀚的新星，新星王子──丹尼王

向來追求以宇宙浩瀚的星盤分享，來讓每個生命中的旅者，都可以更熟悉真正的自己，進而成為這一生旅程的真正英雄，恭喜丹尼王，信智你做到了！

二〇一四年秋，我與信智展開的第一類接觸，彼此從當下的陌生瞬間成為知己，由那種奇特的熟悉感娓娓道來，與其說是一種特別的緣分，不如說是一股來自於星曜力量的牽引；而巧的是，當時我所處的保險公司，剛好面臨被金管會接管的處境，那時全公司員工正陷入全面的無助與不安全感中，當然我也不例外。對工作的未來充滿不確定、惶恐之餘，信智的意外造訪，並告知我說，他對星盤很有興趣並有所專研，他很樂意為我做星座解盤；或許是我第六感的直覺吧！總認為，這肯定是老天刻意的安排，因此原本應該對陌生人築起的防衛心，突然潰堤並湧起一種想法，我相信信智是老天派來指點我迷津的人，因此不加思考就把出生的生時辰給了信智，直接排起我人生第一次由星座專家用專業慎重態度所做的星盤剖析。

信智果真是星盤的專家，從我生辰排出的星盤中，一語就準確說出我的個性，也精準分析我過去幾年的工作運勢；當然他更直接從星盤說出二〇一五年在我工作上會面臨一個很大的轉化，「天啊！工作面臨很大的轉化是什麼意思？會不會面臨中年失業啊？」諸如此類的惶恐與不安再度燃起，與其相信宿命，不如趁機好好詢問星盤專家一個徹底！

信智是個稱職的星盤老師，十四歲開始，對於希臘神話方面的歷史淵

源特別感興趣，也因此開啟了他多年來對星盤占星的接觸，從興趣所累積出來的十幾年精研成果，若要說信智是從星盤神童進階成為當今的新星王子，也當之無愧。而對於我心中將面臨未來工作中的惶恐與不安，那種急迫想解開的困惑，他總耐心細心幫我解說。老實說，我剛開始對他是採半信半疑姑且聽聽的想法，但他以星盤老師專業的客觀分析，也漸漸讓我全然接受星盤帶給我的信念；他從中協助我，如何運用本身優勢，以及將面臨的障礙優化與轉化。人生難免起起落落，如果遇到人生所謂的低潮，到底我們是認命深陷其中？還是轉化突危？這一切都是靠星盤導引出正念的思維，也就是正念的力量，來一一轉化渡過。而信智對我的星盤分析、解說，從來不用神力或迷信觀點，而是讓我知己知盤，用正念力與覺察力來化危為安。

二○一五年的七月，我安然渡過了中年失業的危機，正如信智跟我說的，我會去一家老牌的、科技化的、有人性的、追求創新的公司上班。當下我把他告訴我的內容，當作是對我事業上的一種預言！等著未來去印證，但不如說我星盤中其實早已有解，因為從星盤中二○一五年的流年，對於事業運勢走向的觀察，星體運行之中早有了定數，從星體軌跡顯示，七八月是事業轉化期，果然七月我正式到國泰人壽訓練部新竹地區報到，這完全都在我先前星盤中，由信智的解說一一兌現了。

我這生中在保險領域工作二十餘年，在保險這行業裡，看過許多 TOP

SALES，也看過許多離開這行業的人們，其實能否持續經營保險事業，真正核心的問題，在於每個從業人員對這行業能否做到知己知彼。從事業務性工作的好朋友們！若能結合信智多年經驗寫成的星座書，巧妙運用《星座靈數 108 型人格解密》，肯定會更因為此法而更知己與知彼，將來業務成績肯定會倍數成長，因為從這本書裡可以讓我們輕鬆閱人，還可以從書中簡易、基礎的占星學，來結交更多朋友。做保險業務不就是多與人交朋友，進而協助朋友解決面對未來的風險問題嗎？「我為人人，人人為我」的互助精神，正傳承了台灣人彼此之間的關懷，以及對這片土地釋出的關愛。

我相信人壽保險，所以我做保險一輩子，我更相信信智這本書，它會開啟我們對星座學的重新認知，也許過去我們常習慣在詢問對方星座後，存在著一種對星座的刻板印象，甚至對某種星座有了偏執誤會的想法，因而產生對某些星座的偏見，也因此失去了可以認識一個好朋友的機會。在此無論是你用什麼心態打開這本書，也許是你對星座充滿好奇，還是你跟信智一樣對星座特別感興趣；或者是你想藉此更熟悉占星，我都很樂意並且慎重推薦，把這本信智專研十幾年，將星座與靈數觀點結合的一本書，拿來當作興趣閱讀或當作研究星座奧妙的工具書，都很實用。但也請你別忽略這本書將來會帶給你人際提升的神奇力量。因為它，你更懂人；因為它，你有更多同理心；因為它，你將對星座和人際互動有了更正確、深層

的認知。

　　宇宙浩瀚是無窮盡的，而我們是多麼微乎其微，然而在這浩大星盤裡，若我們還能清楚找到我們要航去的方向，藉由星盤導引更了解自己個性，也能從星曜間看出彼此的相生相剋，還能判定流年；進而轉化生命。信智傳承過去經驗，無私奉獻，寫下這本書，我們也從這本書有了正念力。在此祝福信智，感謝信智；也讓我們藉由他的論述來了解星群與大千數字，解開我們人生的生命密碼。

國泰人壽訓練部講師　劉光忠

透由占星的藝術，閃耀你我心靈的千面鑽石

記得小時候看到電視播出《聖鬥士星矢》和《美少女戰士》時，我會立刻無法自拔的被螢幕黏住，目不轉睛盯著主角使用各種與星座或是行星有關的酷炫必殺技、還有華麗的變身畫面；當時懵懂的我內心總有股悸動，想去了解那些神祕又美麗的星座圖像與星體符號，背後所蘊藏的祕密。年少時我沉醉在希臘神話的國度裡，想像每當天空雷霆大作時，是不是宙斯又在生氣？日昇日落時，是不是阿波羅正駕著黃金馬車莊嚴地奔馳著？夜幕低垂，阿提密斯是不是拉起弓弦，準備將銀箭射向天際？懂事後我懷抱熱情，開始潛心於占星的古典世界裡，慢慢地，我逐漸了解到這是門古老人類智慧與自我心靈深度對話的藝術。

二〇一一年的夏天，當木星第二次在我本命盤回歸的時候，腦海中有了提筆寫作的念頭，而寫的主題不外乎與自身專長領域有關；我想將所學與大眾分享，希望能為苦惱於生活面、感情面、職涯規劃……等層面的人們，提供一本建設性的讀物，讓大家能夠按圖索驥，對自我與他人的互動有更深入的認識，這便是《星座靈數 108 型人格解密》的緣起與動機。既然要寫本星座書，坊間出色的國內外作品已經很多，我希望能帶給讀者不一樣的訊息，無論是剛接觸占星的初學者，或是已經琢磨良久的玩家高手，都能在我的書中學到新知，並感受到全新的樂趣；因此，我遂將獨創的「太陽星座」X「生命靈數」＝星座靈數閱人學（Signnumerology）介紹給各位。

隔年二〇一二年，木星進入我的事業宮，我開始了嚴謹而充實的筆耕生活，將過往十多餘年經田野調查與實際驗證的大量手稿資料，彙集、整理成冊；將已具雛形的書稿，耗時三年雕琢，終於在二〇一五年歲末木星推移至本命宮並與土星形成相位時，推出本書與大家見面。依照過去諮商經驗，許多人即便對占星與星座有莫大興趣，然而在其龐大的符號系統面前，頓時也會手足無措；就連經驗老道的玩家也可能對某些星盤宮位、相位關係感到無所適從。有鑑於此，本書所提供的法門可在短時間內，靈活運用在各人際互聯網裡，希望讀者能透過本書，在日益錯綜複雜且變化萬千的現代人脈網絡中，獲得一個立竿見影的全新占星方法。人與人之間的互動與羈絆，好比一顆顆、數不盡的千面鑽石，彼此閃耀、相互輝映；在探索自我的不同面向時，也會與外界產生反射，自己的閃耀亮度亦會受他人的角度影響。

　　《星座靈數108型人格解密》的完成並非我一個人可為，寫書歷程也非總是順利，過程幾經難產、甚至有過停擺；幸運的是總有群家人好友一路相挺，在背後支持我，陪伴我度過寫作的撞牆期。首先感謝我的創作盟友與最佳合夥人—經營私人音樂影像工作室的廖大森老師，他目前亦從事廣播主持工作。一生懸命的他近年更往全方位發展，在演唱、廣播電視主持，以及音樂、影像創作上均有亮眼表現，讓我獲益頗多；也是我星盤事業的創意提案者。感謝國泰人壽訓練部的劉光忠老師，擔任我的星座財經

顧問，提供我許多理財、投資，以及整合行銷的見解。感謝同業大可塔羅占卜學園的劉大可老師，跨刀為我撰寫專業度超高的推薦序，相信在您的介紹下，會有更多人認識占星與靈數的奧妙之處。這三位也是我的大貴人，巧合的是他們三人的木星（占星裡的大吉星）分別會合我的個人木星、合夥宮，以及本命宮。另外，也感謝占星同好秉榮與德亮，建議我在寫稿的時候，融入更多生活的體會，來更貼近讀者的立場。感謝亞瑟時尚西服所提供的超優質西裝，替我的宣傳照增加很多氣勢！感謝攝影師戴凌雲先生協助我形象照的拍攝作業，這麼有 feel 的拍照技術，全台非你莫屬！再感謝我的家人，以及所有廣大讀者支持，沒有你們，這本書不會誕生！最後，引用《聖鬥士星矢》跟《美少女戰士》動畫的經典歌詞與大家分享：「就像天馬一樣，現在就展開翅膀」、「依循月光的指引，一次次與你相遇」，期待我們在未來的人生道路上，能夠尋覓到「啟動」你我生命能量的良知與良緣。

丹尼王（王信智）二〇一五年　八月

前 言

　　隨著科技日新月異的蓬勃發展，知識、資訊爆炸（information-explosion）的時代已經來臨，城鄉差距縮小、人們適應生活的腳步也越來越快。首當其衝的人際互動網也從原本單純封閉的樣貌日趨多元複雜，時下流行的社交網路服務 SNS（Social Network Services）以及社群網站，便以「即時互動、即時分享」的互聯方式聞名遐邇。美國知名社交網站，截至二○一五年第三季，已擁有接近十五億的活躍用戶（相當於世界五分之一人口），人與人之間的關係鍊（relationship-chain）也變得更加緊密，在各類型與群組（type and group）的人脈網（relationship-network）裡更是環環相扣。至二○一五年七月，台灣智慧型手機滲透率更已達百分之七十八；人們拓展自身人脈關係鍊的方式也變得更加容易。而網路世界無遠弗屆，在社群網站上發現真情真愛、找到真命天子／天女，甚至只因隨手一個按讚動作，尋覓到良知良緣，進而在商場、職場上魚躍龍門的故事更是不勝枚舉。但不論是在網路或在現實場景中，初認識一個新朋友的時候，在有限的線索裡，我們該如何真正地了解眼前這位新朋友、新人脈，他／她真正的想法與感受呢？在講求即時與效率的時代，有沒有更快、更精準的方法呢？答案其實是肯定的。

　　我以專職占星領域十多餘年獨到經驗，首創「太陽星座」X「生命靈數」＝星座靈數閱人學（Signnumerology）的方法，將每日所遇、形形色色的新朋友與新人脈，用最容易且最有效率的方式，進行分析。不同於坊間如雨後春筍的星座書，將其重心放在「太陽星座」以及「上升星座與其

他行星星座」（諸如月亮星座、金星星座等）的剖析上，或是針對行星落於「後天宮位（houses）」之特性所做的分析解釋。因為單靠太陽星座作為詮釋個性的唯一依據，難免偏頗；而上升星座、行星星座以及進一步探討的後天宮位等，對於剛接觸占星領域、從未見過個人星盤（birth-chart）的朋友而言，是項繁瑣又費時的任務（通常得有當事人非常精準的出生時刻，才能進行分析）。再者，對新認識的朋友又怎麼好啟齒於對方「出生時刻」這樣的私事呢？

《星座靈數108型人格解密》能化解認識新朋友的尷尬時分，讓你三分鐘就能對這位陌生新面孔，他／她的個性、喜好以及特殊地雷區有所認識。這是一本適合占星入門以及占星高手的星座專書，藉由閱人學，很快就能將有限的線索擴大，讓他／她對於你的貼心受寵若驚！不用再對占星學望而止步了，也不用再掙扎抉擇於「太陽星座」與「後天宮位」之間的詮釋（前者過於偏頗，而後者門檻嚴苛且過程費時冗長），更不會有「話不投機半句多」的冷場狀況發生。本書提供你更快更有效率的全新選擇！全書共分兩部，第一部理論篇：基礎占星學與「十二個太陽星座」、「九個星座靈數」基本知識介紹。第二部應用篇：除了收錄十二星座每日壽星基本個性的「生日解碼」完整訊息外，還有「人際交友」、「家庭生活」、「感情世界」、「理財觀念」、「職場生涯」，以及「別踩地雷」共七大領域的精采說明，為廣大社會讀者提供豐富且多元範疇的內容。

1. 生日解碼　　　2. 人際交友　　　3. 家庭生活　　　4. 感情世界

5. 理財觀念　　　6. 職場生涯　　　7. 別踩地雷

- 太陽牡羊座 X 數字 8 ／摩羯座
  （3 月 26 日、4 月 8 日、4 月 17 日出生）

  1. 生日解碼　　　2. 人際交友　　　3. 家庭生活　　　4. 感情世界

  5. 理財觀念　　　6. 職場生涯　　　7. 別踩地雷

- 太陽牡羊座 X 數字 9 ／牡羊座
  （3 月 27 日、4 月 9 日、4 月 18 日出生）

  1. 生日解碼　　　2. 人際交友　　　3. 家庭生活　　　4. 感情世界

  5. 理財觀念　　　6. 職場生涯　　　7. 別踩地雷

（說明：以上各章節細目皆相同，在此省略）

【第一部】

理 論 篇

第一章

介紹星座靈數閱人學

⊕ 認識星座靈數閱人學

　　星座靈數閱人學（Signnumerology）是結合了「太陽星座」（Sun sign）與「生命靈數」（Numerology）概念的一套個性分析法。星座靈數閱人學除了可以深刻認識自我、了解自我，也非常適用於初學占星領域的朋友來做人際關係、人際互動的判讀。對經驗老道的玩家級占星同好，也是一種簡單又精準的分析方式。此法是我基於古典占星理論融會現代心理占星學研究十多餘年、彙整而成；經田野調查與實際驗證，可以靈活運用在各人際互聯網裡。不必擔心它會耗用你寶貴的時間，「星座靈數閱人學」強調的是即時、簡單與效率的解析方式；有別於市場僅僅以太陽星座做為單一個性解釋的依據所造成的偏頗（占星術中尚有其他行星星座，如月亮星座、金星星座以及上升星座……等），星座靈數閱人學更結合了生命靈數法則，將簡單的出生月日日期代表的特殊意義發揮到淋漓盡致。

　　有鑑於現行的占星法門皆需要諮詢者準確的出生年月日（國人常用的出生地支時辰以兩小時為單位，差之毫釐，則失之千里）以及出生地經緯度，才能繪製出本命個人星圖（birth chart），再從後天十二宮位進而分析當事人的個性和天賦等，對於剛接觸占星的朋友，需耗費許多精神，甚至需要多年功夫才能針對星盤做出全面性的解讀，專業門檻非常高。另外，對於剛認識的新朋友，精確的出生時間又會涉及隱私問題，尤其在東方社

會，這更是個令人難以啟齒的話題。星座靈數閱人學解決了上述的困難，能在人際互動有限取得的線索裡面，針對對方性格、天賦、感情觀以及地雷區……等做出相當精準又快速的判斷，在日益錯綜複雜且變化萬千的現代人脈互動網中，提供一個立竿見影的全新方法。

⊕ 星座靈數閱人學與心理學

瑞士心理學家榮格（Carl Gustav Jung，1875 ～ 1961）為現代分析心理學（Analytical psychology）之父，他提出人格有三個層次：意識、個體潛意識以及集體潛意識。星座靈數閱人學所用到的「太陽星座」近於外顯的意識層面，當我們展現自己太陽星座的特質時，彰顯了自己的獨特性、並區隔與他人的不同，是容易被他人觀察到的面向。而「生命靈數」則是個人潛意識的層面，經由熟人提醒，才發現到原來自己有這樣的個性，是屬於隱性的人格。至於榮格所說的集體潛意識（collective unconscious），指的是自古以來世界各地的宗教、神話、傳說、寓言……裡不斷出現的原型等。如果將個人潛意識比喻成海面上的島嶼，那集體潛意識則像是海面下連結各島的海床與板塊，屬於全體社會、文化的共有精神層面。如同佛教《華嚴經》所言的因陀羅網：「其網之線，珠玉交絡，以譬物之交絡涉入重重無盡者」；我們就像天網上的珠寶繁星，彼此獨立卻又彼此相連，相互輝映。透由星座靈數閱人學可以重新認識自我，如附圖所示，「太陽星座」與「生命靈數」以及「集體潛意識」三者的交會處，就是我們「自我」的樣貌。

⊕ 星座靈數閱人學的人格三層面

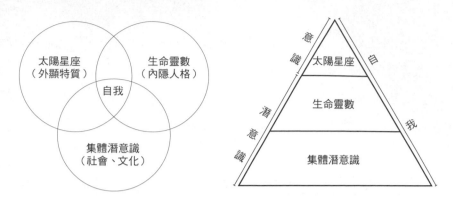

⊕ 如何使用星座靈數閱人學

星座靈數閱人學的使用方式容易上手，只需知道欲了解對象的誕生月、日，就能即時進行分析（本書於第二部應用篇，詳盡介紹「十二個太陽星座」結合「九個星座靈數」的人格特質，讀者可按照目錄查詢）。

星座靈數閱人學使用方法如下：

1. 從出生日期知道對方太陽星座。

如：以出生在 9 月 25 日為例，太陽星座就是天秤座。

2. 將出生日（不含年月）相加至個位數得知對方生命靈數。

如：同上例，出生日是 25 日，對方靈數為 2+5=7，靈數就是 7。

而出生在 3 月 19 日，對方靈數為 1+9=10，1+0=1，靈數就是 1。

3. 將太陽星座性格綜合靈數對應的星座性格，分析出對方的個性。

如：以出生在 12 月 29 日為例，太陽星座就是摩羯座。

其出生日是 29 日，對方靈數為 2+9=11，1+1=2，靈數就是 2。

靈數 2 對應到巨蟹座，因此對方性格是屬於太陽摩羯座結合靈數巨蟹座的「摩蟹型」人格類型。

在本書第一部第四章與第六章，有十二個太陽星座與九個生命靈數對應其星座的詳細介紹。

⊕ 計算星座靈數的原則與特例

星座靈數閱人學因為結合了太陽星座與生命靈數的運算法則，其目的即在於短時間內幫助我們了解特定的人際關係，包含了個性、處事作為、感情態度…等。在此有兩大原則須提醒讀者，一是使用星座靈數閱人學越久，對數字的敏銳度、敏感度也會增加；然而人畢竟是複雜的，在解讀的時候，仍需要有一定的直觀，即星象（或說所有神祕學）工作者的直覺。必要時，可以聽從心裡最初的聲音，帶到解讀的場域中，而非刻意討好、迎合對方，此為第一原則：順應直覺。

　　其二、剛開始也許會對數字和星座之間的關聯感到陌生，但隨著經驗的累積，讀者們也會發現自己對某些數字或星座特別相應或是相斥。因此在從事解讀的時候，勢必得提醒自己保持中立、超然的立場，才能避免掉入自身刻板印象的框架、以及自身無意識中與創傷有關的情結（complex）而做出錯誤的判讀，此為第二原則：情結超然。

　　另外，當我們在計算星座靈數時，也會碰到一些特例。在第一部第六章「靈數與對應星座」中，會看到數字 1 至 9 分別對應的星座；然而星座共有十二個，而數字只有九個，所以必定有某些星座會重複或無法對號入座。其中，數字 5 與數字 6 共對應兩個星座，分別是雙子座與處女座以及金牛座與天秤座，這就是星座的雙重性。在占星學裡雙子座與處女座都是由水星所守護，而金牛座與天秤座則共同由金星守護，雙雙展現星體的雙重面向，因涵蓋占星系統，在此不做贅述。所以當我們運用星座靈數閱人學解讀時，遇到了數字 5 與數字 6，就要把這種星座的雙重性帶進去；也就是詮釋上要加入雙子座與處女座或是金牛座與天秤座的性格面向。除此之外，唯一沒在數字榜上的天蠍座對應到數字 0，象徵毀滅與重生，在算式過程中若反覆出現 0，則應該把天蠍座的性格加入（可參考第一部第四章，太陽天蠍星座的介紹）；此外，天蠍座在古典占星學中與牡羊座同樣由火星所主宰，因此也可參考數字 9 的特質。

第二章：
簡易基礎占星學

⊕ 西洋占星起源

　　「天地玄黃，宇宙洪荒。日月盈昃，辰宿列張。」人類好奇夜空星象變化的歷史非常久遠，對星群的迷戀非常深切，考古發現早在西元前兩千年的美索不達米亞文明，就已有觀測天體位置的紀錄，其中新巴比倫王國（Neo-Babylonian Empire 626 BC ～ 539 BC）更奠定了黃道十二宮（黃道十二星座），為占星學的濫觴。而早期的占星系統常與農事莊稼、飢荒、戰爭、航海，甚至與君主王國的興衰預言有關。隨後占星學又傳至埃及、希臘、阿拉伯、印度及中國；古希臘人更憑藉豐富的想像力將其神話系統加入並發揚光大，故現今我們所沿用的西洋占星術符號、星座、行星還有許多古典理論大多承襲自古希臘、羅馬時期（西元前三世紀至一世紀），不過此時的占星術專門為貴族服務，是少數人擁有的特權。

　　到了十七、十八世紀，經歷工業革命與法國大革命的洗禮，人本意識抬頭與科技的發展，當時被文人嗤之迷信的占星學與重視數據、理性的天文學早已分道揚鑣，但在文化上仍具影響力；此時期人們的宇宙觀也不再以地球為中心。十九世紀後占星術逐漸走入民間並開始大眾化，隨著現代天王星、海王星以及冥王星的發現，對傳統占星術也產生許多影響，許多占星書籍也紛紛出版問世。時至今日，國際天文學會於一九二八年將天空劃分成八十八個星座，其中也包含了黃道十二星座，為西洋占星學最廣為

人知的部分。而「星座」一詞也以嶄新的面貌展示在世人眼前；無論是動畫卡通或是文學、電影等流行題材，星座已經與我們的日常生活難分難捨、息息相關。這十二個黃道星座依照傳統固定順序依序是：牡羊座、金牛座、雙子座、巨蟹座、獅子座、處女座；天秤座、天蠍座、射手座、摩羯座、水瓶座、雙魚座。

⊕ 四大人格氣質

　　占星學裡面我們耳熟能詳的十二星座，如果按照人格氣質來做分類，可以歸類成四大類型，分別對應古典希臘哲學中，世界的基本組成能量：火、土、風（氣）、水，也就是東西方宗教常提到的四大元素。而心理學家榮格（Carl Gustav Jung，1875 ～ 1961）更將此四大元素對應至個人的心理活動：火象代表直覺、土象是感官、風象是思惟、水象則是情感。本節將對此四大類型，及所謂的四大人格氣質來做介紹。

火象星座：牡羊座、獅子座、射手座

　　火元素或稱為火象星座，包含牡羊座、獅子座與射手座，對應到心理學的直覺型人格（the intuitive type）。火元素是四大元素裡的第一個元素，象徵從黑暗渾沌中爆發的強烈能量、一切如新。火象人喜歡利用其直覺來認知事實背後的意義、關係及可能性，即便這可能已經超出他所擁有的資訊來做邏輯判讀的部分。他們的個性是直接且外向的，常能主導事情發生，不會在生命中當個旁觀者，而會選擇採取行動，主動參與、絕不保留。善於「發動」是他們的人生座右銘，總是樂觀向上及充滿自信。火象人是熱愛生命的，願意為人群帶來光與熱；喜歡開創和新鮮感的他們，熱衷於事件的開端，並投入大量的精力，但缺點卻無法維持穩定、進而貫徹始終。

常會讓人感覺做事只有三分鐘熱度，但其中固定星座的獅子座這類傾向較不明顯。

受到火元素的影響，火象人也善於領導、啟發並激勵他人，通常性格上也較自我為中心，以自身為出發點的專橫與膨脹，會遭來跋扈不講理的批評。其實只要善用這股熊熊之火，火象星座的人是很富創造力與原創性的，他們對未來和前瞻性的敏銳嗅覺，也常為這世界帶來許多新願景以及鼓舞人心的創舉。

土象星座：金牛座、處女座、摩羯座

土元素又稱為土象星座，包含金牛座、處女座與摩羯座，對應到心理學的感官型人格（the sensation type）。接續火的開創熱情，土元素代表的是穩定與持久；「土」是四元素中唯一可觸摸的元素，與以此為居的人類最為親密。象徵感官的土元素，會加深對物慾的渴望，土元素也代表我們的身體和物質生活。土象人善於利用眼睛、耳朵及其他感覺器官來感知外在事物的存在或變化，個性是壓抑且內向的，他們重視實際的當下以及對物質的安全感。心思多半細膩且務實，在事情尚未明朗前，不會冒無意義的險，因此個性較拘謹、保守。但凡事想很周全的結果，行動上就會緩慢許多，甚至給人一板一眼、缺乏彈性的觀感。至於變動星座其中的處女座倒是頗會靈機應變。

受到土元素的影響，土象人在生活上常理所當然成為大家仰賴的對象，而對於物質世界的追求，會讓他們願意付出勞力來換取舒適的生活。但如果過度重視金錢與自身的財物，則會變得吝嗇又小心眼、心胸狹隘。其實只要善用土元素的特質，他們能夠將理想化成實際的行動，而講求規律與原則，也為這世界帶來了穩定與秩序。

風象星座：雙子座、天秤座、水瓶座

　　風象星座即雙子座、天秤座與水瓶座，對應到心理學的思維型人格（the thinking type）。接續火的熱情、土的穩定，在這裡風元素要開始發揮「傳遞」的工作。風元素一向與人際溝通、思維與訊息傳播有關，「風」也是四元素中流動性最高，沒有任何具體形狀的元素。值得一提風元素的星座圖象也是以人像（雙子座、水瓶座）或無機物（天秤座）為主，象徵人類高度的文明。一般而言，風象人具有理性的思維，能客觀地分析事情，因為能夠以不接觸到情緒波動的原則下與人連結，是人際互動的箇中翹楚。他們十分重視人與人之間關係的往來，溝通對他們來說更是無比重要，就像訊息的傳播者，也很在行處理大量的信息，並將之遠播。但過度在乎理念的結果，將導致「說的多，做得少」的狀況，而淪為空談的理想家；若加上火象的激情與土象的務實，將大幅提升成功的機會。

　　受到風元素影響，對人際關係保持超然和抽離的態度，風象人有時顯得太過冷漠，而少了情緒的支持。如果能善加使用風元素的特質，他們能從整體來看待人事，理性、圓融並帶有商業色彩的頭腦，是很好的合作夥伴。

水象星座：巨蟹座、天蠍座、雙魚座

　　水象星座包含了巨蟹座、天蠍座與雙魚座，對應到心理學的情感型人格（the feeling type）。經歷過前三個元素之後，我們開始變得敏感，將經驗過的種種化成回憶，孕育出感情。水元素是四元素中最後一個元素，沒有固定的形狀，卻能依照盛裝的容器改變形狀和顏色；也能像明鏡一樣，反映出我們真實的樣貌。出生在水象星座的人，擁有豐富的情緒反應，除了可以輕易接收他人的情緒，自己的情緒也非常多變。個性是內向且迂

迴、低調的，通常有絕佳的記憶力與想像力，也深具藝術天分，溫柔又善解人意。他們重視人與人之間親密的情感；除了雙魚座本身沒有較強的外在武器外，巨蟹座及天蠍座都有保護自我的裝備（硬殼、螯子與毒針），目的都是為了防衛內在脆弱的心。

水象人也不斷在尋找自己的歸屬感，不論是種族、家庭、親密關係或是靈魂的依歸，都是他們一生追尋並極力守護的。猶如「水能載舟，亦能覆舟」，受到強烈刺激的水象人可能做出失控殘暴之事；然而最能自我犧牲，達到大愛境界的也往往是水象星座的人。

⊕ 三種處世態度

黃道上的十二星座除了可以按照人格氣質來做分類，另一種常見的方法就是用三種處事模式來做分類。依序分別是：基本星座、固定星與變動星座；這三種類型也是每個季節的開端、茁壯期以及轉換期。

基本星座：牡羊座、巨蟹座、天秤座、摩羯座

基本星座又叫做本位星座或是創始星座，包含牡羊座、巨蟹座、天秤座與摩羯座。基本星座都是在四季的開端誕生的；牡羊座是春分、巨蟹座是夏至、天秤座秋分，摩羯座則是冬至。因此這一組星座出生的人，個性上喜歡開創並發號施令，善於主導他人，進而付諸行動。即便是相對溫和的巨蟹座和天秤座，在面臨各自主要課題（家庭、婚姻）的時候，也會變得強勢。這些星座攸關人生命運的主軸面向，分別是牡羊座呼應的自我特質；巨蟹座的家庭生活；天秤座的伴侶關係還有摩羯座的事業領域。

他們喜歡凡事捲起袖管、親力親為，遇到困難的本能反應就是「行動」；但是續航力欠佳是最大的問題，開了頭卻草草收尾。目標導向的基

本星座，視生活是個戰場，在不斷迎接挑戰的當下，更能活出他們的風采。但如果發展過度，則會不斷在開創新的計畫，卻低估了執行力，讓自己和他人陷入麻煩；或是過度的自我中心，而有自掃門前雪的傾向，另一方面也可能因缺乏勇氣開啟新的生活，導致自我放逐。

固定星座：金牛座、獅子座、天蠍座、水瓶座

固定星座包含了金牛座、獅子座、天蠍座以及水瓶座。固定星座誕生的朋友都是在四季的中段，也是最成熟、茁壯的時候；比如金牛座出生在仲春、獅子座是盛夏、天蠍座是仲秋和水瓶座的隆冬。因此這一組星座的人，性格上很固執；意志力也十分堅定。他們執著的領域各不相同，金牛座在乎物質世界的保障；獅子座是自我的發展；天蠍座是親密關係的情感；水瓶座則是社會改革的理念。

他們比起其他類型的人更具有耐性與持續力，以及為人所樂道的穩定度，他們也在行「維持」任何狀態，即便是到了別人無可忍耐的地步，固定星座依舊不動如山。不過這也代表他們向來缺乏彈性，容易被貼上不知變通、墨守成規的標籤。意志力過人的固定星座，對於已經決定的事情，即能貫徹到底，不會輕言放棄，這也意味著他們很難妥協。若是發展過度，頑固不靈以及沒有伸縮性的心理，將難以適應快速變遷的生活方式，最終會耗盡自己與別人的精力；另一方面也可能對任何事都無法堅持自己的主張，而隨波逐流。

變動星座：雙子座、處女座、射手座、雙魚座

變動星座又稱為柔軟星座，包含雙子座、處女座、射手座與雙魚座。變動星座的人出生在四季的尾聲，象徵從這個季節過渡到下個季節的轉換期，雙子座是春夏之際；處女座是夏秋之際；射手座是秋天轉化到冬天；

雙魚座則是冬天到隔年新春的過程。這一組星座的朋友，善於「適應」眼前的環境，多數有著變色龍的稱號，容易調整自我去靈活應變外境。個性上相當聰穎、反應快速並懂得運用身邊的資源，加上好辯和總是喜愛四處遊走的緣故，常給人不安於室的感覺。變動星座與自我理念或信仰有關，也喜歡將人生活出自己的哲學；重視過程多於結果。如果將固定星座比喻成固體，變動星座則像是氣體，沒有特定的方向、容易置身在各種環境之中。

身段柔軟的變動星座，需要有明確的目標或是規律的生活方式，才能將所學真正發揮，不然就會不斷活在過渡期裡，難以獲得理想的人生。過度發展的他們容易表現出不需配合時卻一味配合，或應該堅持立場卻突然改變的心態。另外，「逃避」也是此款慣用來面對挑戰的方式。

第三章：
生命旅程的英雄：「太陽星座」

太陽是太陽系的核心主宰，為地球上的萬物帶來了生命。在占星學中，祂也扮演了舉足輕重的角色，永遠是最耀眼的存在（不可否認，也可能會有刺眼的情況）；其次才是月亮。太陽始終是星盤上最引人注目的部分；「太陽星座」比起其他星座名詞，也更常出現在許多報章書籍以及媒體當中，當我們在問及他人是什麼星座的時候，指的就是對方的太陽星座。

⊕ 英雄之旅

如果將月亮比喻成我們出生時的那雙搖籃推手，那太陽星座就是我們成長路上，心目中的英雄榜樣，有著金色光芒，令人嚮往。就像漫畫、電影中的英雄人物，在人生迢迢道路中，他也會遭遇到困難與挑戰，卻都能在最後緊要關頭，憑藉著超人般的意志力堅持到底，進而發揮出自身的影響力，留名千古。太陽星座就是我們自孩提時代，深植在心中的典型英雄形象，也是其想要成為的樣子；反映到生活中，就是我們感到驕傲、榮耀的領域。為了照亮他人，我們會用不同的面向來彰顯自我，例如太陽牡羊座可能會覺得勇氣與衝鋒陷陣的行為，是他最引以為豪的地方。而太陽雙魚座的人，則會認為為他人犧牲、或是探求宇宙靈性與大我的合一，才是讓他最滿足、最感到自我成就的地方。生活有許多的層面，而太陽星座的領域總是會讓我們感到朝氣蓬勃，覺得自己幾乎無所不能；太陽所座落的星座，也往往是我們最為重視的地方。

⊕ 目標和方向

太陽關切的是未來（相對於月亮在乎的是安全感的需求，以及對於過去根源的興趣），太陽星座最看重的就是未來的目標，有一種前瞻的味道。就像英雄身上背負著種種使命，太陽星座指出了我們今世的人生目標和待完成的任務，對於太陽落入的星座，我們會有種本能的反應，想要將其活出自我的道路。比起其他的行星星座（別忘了星盤中還有月亮星座、金星星座、水星星座……等），太陽星座傳達的是「我將要、我想要」的意念，也就是一種渴望達成的狀態，對人格養成有著莫大的主導力。太陽星座也暗示著此生該努力的方向，朝著此方向前進的同時，我們的力量也會更加茁壯、更加地穩定。好比自古裡以來人類仰望天空的太陽一般，感受、追尋祂的光與熱，我們最終也得以完成世俗的成就、名望以及人生的影響力。

⊕ 自我認同

如同心理學對「自我認同（self-identification）」下的註解：1. 行為獨立、2. 承擔責任、3. 樂於接受挑戰、4. 能承受失敗。太陽星座也能帶出上述的特質。當太陽星座發展良好的時候，我們自然而然的能夠肯定自我，進而找出自己的獨特性，散發著自信和光彩；太陽不僅象徵著自我和身分的認同，在星盤中祂也善於領導與整合，就像樂團的指揮，身居顯要的地位。太陽所在的星座，也表示著每個人尋求認同和賞識的位置，得到他人的賞識與讚美，我們將更容易認同、滿足自我。除了關注的焦點議題，通常太陽星座也暗示著我們的興趣與嗜好；例如風象星座的人對於人際關係以及溝通有著很大的熱情，而土象星座的朋友可能會花更多的時間在於務實以及金錢的事務上。若是過於壓抑自己的太陽星座特質，則將導致自我的認同不足，甚至貶低自身的能力，或是引發強烈的自我防衛、自我否定，進而傾向責備他人的缺失以及諉過來隱藏自己的缺點。

第四章

黃道帶上的「十二個太陽星座」

上個章節中，我們已經知道太陽星座對自我認同的影響力，並了解到祂對未來及目標的重要性，在個人性格裡也佔了十分重要的位置。而在本章，要帶領各位依序探索黃道十二個太陽星座的原型，讀者們在閱讀時，也可回到第一章「四大人格氣質」與「三種處世態度」部分做出綜合比對，加入元素和處事模式類型的描述，將能對十二星座有更多、更深的認識。附表為十二星座四大元素及三種模式簡易表，供讀者參考。

⊕ 十二個太陽星座

	基本宮	固定宮	變動宮
火	**牡羊座** （3月21日～4月19日）	**獅子座** （7月23日～8月22日）	**射手座** （11月23日～12月21日）
土	**摩羯座** （12月22日～1月19日）	**金牛座** （4月20日～5月20日）	**處女座** （8月23日～9月22日）
風	**天秤座** （9月23日～10月23日）	**水瓶座** （1月20日～2月18日）	**雙子座** （5月21日～6月21日）
水	**巨蟹座** （6月22日～7月22日）	**天蠍座** （10月24日～11月22日）	**雙魚座** （2月19日～3月20日）

⊕ 太陽星座的迷思

對於占星初學者而言，您可能有過這樣的疑問：人格類型只能用十二

種來劃分嗎？豈不是太過簡單？沒錯，人類向來是最複雜的有機體，先不論隨著年紀增長，每個時期我們都有不同的個性差異展現，光是當下，可能就跟昨日的我不大相同。畢竟人是會透過學習和適應來改變自我的物種。但不可否認的，長久以來我們仍有相當的習氣以及有別於他人的獨特個性，太陽星座探討的便是此種獨特性；這十二個星座就是人格面向的原型。在占星學裡還需要諮詢者準確的出生時間，才能分析出星盤上的行星、宮位與相位，過程相當不易；故本書《星座靈數 108 型人格解密》旨在運用太陽星座結合星座靈數來了解人際關係，免於太過狹隘的單純十二太陽星座解析，並加入生命靈數概念，讓你不用苦惱龐大、複雜的星盤符號系統，能以簡單、迅速又精準的方式來重新認識占星學，並對結識人脈有莫大幫助。另外近年天文學興起討論，介於天蠍座與射手座之間的第十三個星座—蛇夫座，在占星學中無其特殊地位，不在本述範圍。

牡羊座（3 月 21 日～4 月 19 日）— 特急勇者

火象基本星座、守護星：火星

關鍵字：我是（I am）

　　牡羊座的星座符號象徵公羊的頭部與面部，類似羊字的象形文字。牡羊座又稱白羊座，其英文名 Aries，源自拉丁文，指的是公羊，與希臘戰神 Ares 亦屬同字源。牡羊座不如其星座形象給人溫馴、柔順的錯覺，實際狀況比較貼近捍衛地域的公羊，尤其是受到威脅，或是激發競爭意識的時候，公羊必定給敵人迎頭痛擊。受到戰神火星守護的牡羊人，將世界看成一場競賽，造就心態上常有「我優先」的觀念，那些赴約習慣早到的人，通常都是跟此星座非常相應的人。為人處事有如急驚風，當其他星座還在

觀望的時候，他早已一馬當先，頭也不回的衝上前去了。外向、熱情，富有勇氣的牡羊座，常比擬自己是生命的鬥士；因為天生具有競爭意識，對事情的反應也很直接，想要的東西，更會不假思索的去爭取。也因此，在各領域當中常發揮領頭羊的角色，善於領導他人。

　　牡羊座的人生座右銘可能就是「作為」，是典型的行動派人物。積極加上喜歡主導的個性，鮮少會懷疑自己的決定跟判斷，主觀色彩鮮明、做事果斷。性急的牡羊人也痛恨搖擺不定，即便到頭來可能會撞得滿頭包，但他們更樂見自己至少有所行動，而不是束手待斃的讓機會溜走。「先發制人」也是這類人常用的招式。隨時間過去，身上的傷痕不計其數，牡羊人卻把它當作榮譽的勳章。身為十二星座之首的牡羊座，自然獨立性高，本位主義濃厚；總是喜歡當人們的火車頭，熱衷於開創許多新事物，但卻不善於維持跟穩定，常得讓其他人幫忙收拾爛攤子，因而招致埋怨。其實在牡羊座像個勇者、戰士的外表下，他們的心思卻是比誰都還單純，對於想要的會直接表達，很難與城府深畫上等號。「誠實」這種美德更是牡羊人的招牌特質，肚子餓就是肚子餓，絕不會強求自己忍耐身體上的不快。雖然脾氣暴躁了點，對人對事也沒什麼耐性（尤其是跟原始欲望有關的：飢餓、疲累、性愛……等），就像個被溺愛的小孩，但十分重視自我觀感的他們，只要牽扯到面子問題，也會展露出嚴肅的一面。

♉ 金牛座（4月20日～5月20日）— 田園詩人

土象固定星座、守護星：金星

關鍵字：我有（I have）

　　金牛座的星座符號象徵牛的頭部與牛角，其英文名 Taurus，源自拉丁文，指的是公牛，日本漢字寫成牡牛座，中文多譯為金牛座。其實「金」

這個字為金牛座下了很實際的註解，一則金牛座的守護星金星，二則金牛星座對金錢、財物的呼應。金星是愛與美之星，受到金星守護的金牛人，發揮了金星美感對於物質生活享受的那一面；一般來說，金牛座有良好的感官認知，不論視覺、聽覺，還是味覺、嗅覺甚至觸覺上，他們都有極佳的鑑賞力，也有一流的品味。就像中世紀古典莊園的農主，過著自給自足的穩定生活，對於不屬於自己的東西，不會強求，但如果是自身的所有物（摸得到的財物或是精神上的價值觀），是絕不容許他人擅自拿取、侵犯的。個性上較為謹慎與保守，對事情的反應相對緩慢許多，做決定的時候更是慢條斯理、從容不迫，好比牛兒穩健地踏出每一步，但一定會有頭有尾、貫徹始終。

金牛座擁有物質上的保障，是金牛人首要重視的地方；由於留戀金錢的安全感以及守多於攻的理財態度，也讓他們比起其他星座更容易累積財富。另外，善於守成的金牛人，自小就養成不浪費又務實的習性，那些國小、國中從開學都背著同一款書包到畢業的人，根本是金牛座的最佳代表。要改變他們的信條，可比登天還難，一旦是金牛人認定的價值觀，便會終生奉行，絕不更改，此舉則常會引來頑固不靈的批判。耐力極強和堅持到底也是金牛座的一貫作風，面對衝突時，選擇以靜默、不合作抵抗的也多是這類人。在金牛座中規中矩、慢郎中的外表下，人們會誤以為他們是百分百的草食族，殊不知若是採到攸關金錢或是所有物的地雷時，必會招致牛脾氣大爆發的苦果，畢竟強烈的佔有慾也是本星座的人格招牌之一。

♊ 雙子座（5月21日～6月21日）── 百變精靈

風象變動星座、守護星：水星

關鍵字：我思考（I think）

雙子座的星座符號象徵並肩的兩人，也如同羅馬數字二的符號，其英文名 Gemini，源自拉丁文，指的是孿生子。從雙子座的星座符號我們知道雙子人的雙重性與二元性，其心理狀態的複雜程度可想而知。既是黃道上第一個風象星座，又是變動星座的一員，「花蝴蝶」的封號其來有自，總愛在紅花綠葉間來回穿梭。受到使者之星水星的守護，發揮了水星向外展現心智活力的那一面。善於溝通以及連結的雙子座，總能把不同領域或面向的人事物整合，相互串聯，並找出彼此的關係。他們在面對不同人群的時候，會不斷調整自己說話的態度與方式，見人說人話，見鬼說鬼話；即便是第一次見面的陌生人，也能在短時間內打開話匣子，彷彿可以跟任何人談上天。熱愛收集訊息的他們，甚至有「資訊恐慌症」的傾向，總是不斷在更新消息內容，唯恐自己落伍；此外雙子人感興趣的題材也相當多，不僅多元，也相當廣泛，所以幾乎什麼話題都能搭上線，十足的記者架勢。不停地傳播、分享訊息，也不時地提供最新資訊，但是資料的準確度與否，就有待其他星座進一步查證了。雙子座關切的往往是資訊的蒐集與傳遞，反倒不是訊息本身的真相與道德意義。

　　雙子座的另一特徵就是善於模仿，能輕易適應任何環境，加上活潑以及多樣化的個性，身邊不乏各式各樣、各行各業的朋友，但可能不會太過深交。愛嘗鮮的雙子人，也盡可能的在有限的人生裡，增加自己的興趣選項，看起來多才多藝，但往往都不夠專精，而停留在表面。「興趣導向」的他們也可能在與人交談的時候，有跳躍性的思考和說話方式，大部分原因是他們不耐煩討論的話題，而呈現出轉換頻道的溝通技巧；這也會導致言行的不一致。過於善變則是此類人的另一個問題，他們必須學會堅持自我原則，或是持之以恆的做事方式，這種滾石不生苔的生活哲學會使得雙子人的人生議題顯得膚淺。如果能善用自身的應變能力，他們常能在職場中身居要職，能言善道又樂於學習新知的雙子人，永遠知道流行的去向，

也知道該如何與時俱進。

♋ 巨蟹座（6 月 22 日～7 月 22 日）— 慈守護者

水象基本星座、守護星：月亮

關鍵字：我感覺（I feel）

星座特質

　　巨蟹座的星座符號象徵螃蟹的雙螯或雙鉗，也像母親哺乳幼子的模樣，展露此星座的母性。英文名 Cancer，即指螃蟹。一如螃蟹有著硬殼保護內部組織，巨蟹人自我保護的傾向強烈，他們有堅硬的外殼和螯子，用來保護自我以及他所珍愛的家人。學過塔羅牌的人知道，占星術的巨蟹座對應到戰車（The Chariot）這張牌，就不難想像巨蟹座的保護慾特質，戰車就像巨蟹的武器：外殼和螯子；用以防衛以及攻擊，也是他外在的「家」。受到月亮守護的巨蟹座，情緒起伏似乎跟隨月相圓缺有著潮汐的變化，他們的內心彷彿是塊海綿，總能吸收到當下環境每個人的情緒。也因為如此，巨蟹座常用冷漠或麻木來掩藏自己內心的翻動，只因為害怕露出那顆脆弱易感的心。我們很難想像這麼靦腆、害羞的巨蟹人會有齜牙裂嘴的時候，但是關係到他的家族、根源或是隱私時，巨蟹人擅長的情緒漩渦，必定讓周遭人無一倖免。

　　「為母則強」這句話形容巨蟹座非常貼切，當他平時仍是「女孩或男孩」的時候，他願意為了成全他人，放下身段，將各種情緒藏好，你說一他不會說二；而當他搖身一變成為「母親或父親」之時，各種強權、各種困難都無法抵擋的了他。這中間最大的差異，即是什麼引起了巨蟹人的保護慾？可能是家人，可能是親密的關係，可能是他最不想被碰觸的地方。別以為時間會抹去傷痕，記憶力超群的他們，對於過去往往最放不下，你

可以說他們戀舊，也可以說他們執著，但巨蟹座可能會反駁你說：「過去種種的回憶造就了現在的他們。」他們無法忘記過去，甚至會安排起自己的尋根之旅；了解自己的家族、自己的歷史，對巨蟹人而言是很重要的。歸屬感與安全感也是巨蟹座的兩大課題，唯有找到自己的依歸、找到情緒的連結，巨蟹人才可能真正地做自己。如果能好好使用這敏感、感性的天分，在藝術造詣上將會有不凡成就。巨蟹人要學習如何在軟弱與堅強間找出平衡，並控制這股力量，而不是依賴別人當作情緒的出口。

♌ 獅子座（7月23日～8月22日）—— 一國君王

火象固定星座、守護星：太陽

關鍵字：我將會（I will）

獅子座的星座符號象徵獅子的尾巴或是鬃毛，也像一頭獅子翹起屁股伸懶腰的模樣。英文名 Leo，源於拉丁文獅子的縮寫。身為萬獸之王的獅子座，天生就愛受人膜拜，更希望自己就如同偶像般有一票鐵粉（忠實粉絲）；而他們舉手投足間也散發著王者的氣息，無論男女，都是國王、皇后。受到尊者之星太陽守護的獅子人，魅力四射、閃耀如日，即便是最內向的獅子，也希望得到他人矚目的眼神，至少獲得他人的認同是必需的。獅子座最大的強項，同時也是最大的弱點，就是以為自己等於世界的中心；以此前提下「榮譽」便是他的人生目的，自然不會做出太越矩的事，但誤認為天下人都是繞著他公轉，甚至要求別人侍奉、阿諛，往往都會弄得獅子失了面子又丟了裡子。話雖如此，這卻也是獅子最可愛的地方，就像一隻大貓，即使犯了錯，還是張大雙眼、倔強地等你給他台階下。就像其他的火象星座，獅子座的熱情也不在話下，加上固定星座的特質，他們的火焰不易退去，為人忠實、落落大方，甚至為朋友兩肋插刀在所不惜；前提

是，你要打從心裡覺得他們很特別。欣賞他們的獨特性，就是抓住獅子人雄心的第一步，再順著鬃毛輕輕撫摸，投以欽佩的目光，包你以後出門不怕沒靠山。

在獅子座貴族氣質的華麗外表下，藏著一顆敏感的心靈，他們總用戲劇化的表演方式來武裝自己，許多獅子不像表面來的堅強。孩子緣一向很好的他們，喜歡將快樂帶給他人，像高掛天空的太陽，永遠這麼燦爛。但是不自覺的強烈自我意識，也常常苦了其他星座，對於別人的付出，甚至會視為理所當然，如此一來便會受人排擠，成為了孤獨的國王。獅子人要學會謙卑，彎下身子傾聽他人的聲音，國王也需要人民的愛戴，才能鞏固家園。雖然有天生的領導能力，卻常常我行我素、剛愎自用，必須學會廣納建言。獅子人總是居高臨下，能瞬間領悟事情的核心重點，可多發揮這方面的長處。愛面子又好勝心強的他們，吃軟不吃硬，避免正面與之衝突，不然被獅吼功打到就非小事了。獅子人也得克制自己的得失心，如果因為害怕失敗而舉步不前，就失去了貴為「王者」的豪情和膽識。

♍ 處女座（8月23日～9月22日）── 精算男女

土象變動星座、守護星：水星

關鍵字：我分析（I analyze）

處女座的星座符號象徵為何，說法很多，有些占星教科書說是少女的秀髮、天使的翅膀；有些說是成束的麥穗；有些則說是聖母瑪利亞（Virgin Mary）的英文縮寫；更有想像力的甚至說是女性生殖器的象徵。其英文名 Virgo，即指室女。從處女座的星座符號可以知道處女人的複雜性，他們堪稱是最純潔的星座，卻有最複雜的面向。如果將十二星座比喻為人生的進程，處女座顯然是個人發展（尚未進入社會）至極的階段；此時的我

們已經明瞭自我的獨特性（牡羊座）、擁有的資源（金牛座），在探索世界（雙子座）找到歸屬（巨蟹座）後，進而肯定自我（獅子座），在處女座的階段，我們開始學習自我批判。受到水星守護的處女座，發揮了水星向內展現智力分析、歸納的那一面（與另一個水星主宰的雙子座相左）。處女座關切什麼資訊是有用的，什麼是無用的？反應到處事態度即是什麼是立即該做的，什麼是可稍緩的？他們優秀的辨識能力，深具完美主義色彩，就算時間有限，他們仍堅持做到盡善盡美。重質勝於量、近乎苛求的做事方式以及抽絲又剝繭的細膩心思，「最難搞星座」傳言不脛自走。

　　許多人印象中處女座都有潔癖，實則不然；與其說他們有潔癖，倒不如說他們對於「秩序」有相當程度的迷戀（幾近強迫症），這當然也是為了讓事情能更有效率地進行。然而若每件事都要求有秩序、有條理，往往做好了事卻傷了人情，嚴重者更會遭到疏離。客觀理性、富邏輯的處女座也很在乎日常細節，任何瑕疵都難逃他的法眼，要注意的是；過度在意瑣碎事項，反造成見樹不見林的窘境。「工作是人生的租金」這類話也是處女們常掛在嘴邊的，他們非常明瞭工作的重要性，除實際的回饋外，職場或說是修羅場也是其發揮能力的舞台。處女人該了解做事與做人的根本不同，面對工作可以要求、可以挑剔，但面對活人，則該嚴以律己，寬以待之。「準備、日行一善、人生以服務為目的。」既是童軍銘言，也很能用來形容處女人，他們總會花許多時間，計劃周詳地面對挑戰；「服務」也是處女座的關鍵字，透過服務他人，處女座更能找到自身價值。

♎ 天秤座（9 月 23 日～10 月 23 日）— 和平愛神

風象基本星座、守護星：金星

關鍵字：我平衡（I balance）

天秤座的星座符號象徵一把維持平衡狀態的秤子；也像一座連結兩地的橋梁，其英文名 Libra，源自拉丁文的秤子。從天秤座的星座符號可以發現兩個要點；其一他們很重視人事物的「平衡」原則，其二是天秤人在人際關係裡最引以為傲的橋梁外交功能，不管跨領域、跨性別、跨國，還是跨人種，天秤座都能處之得宜。受到愛神維納斯（金星羅馬名）守護的天秤人，反應出金星美感對於精神生活的那一面；他們談吐得宜、舉止優雅，更是十二星座出俊男、美女的大本營，個個皆是紳士、淑女般地氣質不凡，引人注目。天秤座是第七個星座，這意味著如果將十二星座的大圓切成兩半，他就是另一半圓的開頭，並與牡羊座一百八十度相對；同樣來自基本星座（創始星座）家族成員，卻絲毫看不出其基本星座「本位」的特質，和凡事爭先、衝第一的牡羊座可說是南轅北轍。為了能夠充分的權衡關係以及事物的公平、公正，他們竭盡所能地拿捏彼此的差異和差距，盡量將資料數據化，好找出最符合平衡原則的方法，雖然這締造了雙方的和諧，卻也常讓天秤人陷入了兩難、游移不定和優柔寡斷的深淵。

愛好和平的天秤座，厭惡各種粗魯、低俗、冒失等彷彿未開化的野蠻行為，他們喜歡秩序、高雅，並合乎禮儀的文明社會。誕生在此星座的人，善於用洗鍊又世故的方式來待人接物，也造就此類人天生熟練察言觀色的功夫；懂得在任何場合，說出最合時宜的話語，待人彬彬有禮，男的斯文、女的端莊。天秤人奉行「中庸之道」，心中永遠有把尺，不斷定奪人際關係的平衡，試圖創造出雙贏甚至多贏的局面。的確，他們擁有這種天賦，能在資源分配不均中找出皆大歡喜的方法。但我們必須知道，任何環境以及社會中本就是個不公平、不平衡的狀態，有的人含著金湯匙出世，有的人出生弱勢，任其一生都很難打破階級的枷鎖。而天秤人這種平衡的原則出自於理想，帶到真實生活裡面的時候，太多的挫折和打擊，常會令他們心碎。天秤人一味想要保持平衡的動機有時只是想維護表面的和平，而去

迎合他人；避免衝突的代價，就是忽略了事情的真相，甚至引來偽君子的撻伐。他們得發展更成熟的心智，來面對人際關係的陰暗面。

♏ 天蠍座（10月24日～11月22日）— 性感尤物

水象固定星座、守護星：火星與冥王星

關鍵字：我渴望（I desire）

天蠍座的星座符號象徵一隻昂起毒針的蠍子，一說是男性的生殖器官。其英文名 Scorpio，源自拉丁文，指蠍子，其變形 scoop 一詞在英語則有祕辛的意思。這個神祕的星座一向以最為人熟知的「報復心」、「心機重」聞名，其冷酷的程度讓人避之唯恐不及。其實這一切都是天蠍座對情感強烈執著的副產品，別忘了天蠍座是水象的固定星座，即表示他們對人用情很深、時而刻骨銘心。如同蠍子總是深居簡出，平日暗伏於巢穴中，等待獵物靠近的最佳時機，祭出毒針的致命一擊。同樣受火星守護的天蠍人，則將世界看成攸關生存的殘酷舞台，適者生存，不適者淘汰的物競天擇論與他們十分相應。如果說受火星主宰的牡羊人展現的是光明競爭的衝勁，那天蠍人則是暗中進行操控的堅強韌性，前者是古惑仔，後者是幕後老大（冥王星常被比喻成火星的高八度）。另個層面是受到冥王星影響的天蠍座，加強了極端的天性，「寧為玉碎，不為瓦全」的烈士志節，更是他們所嚮往。堅強的意志力更是天蠍人賴以維生的武器，能忍他人所不能，好比臥薪嘗膽的勾踐，隨時都有置死地而後生的心理準備。

與金牛座遙遙相對的天蠍座，佔有慾也很旺盛，如果金牛座看中的是自身的所有物和價值，那麼天蠍座最在意的就是彼此的感情。他們無法接受任何不忠與背叛，醋勁大發的蠍子足以做出極其殘忍的事。與他們交往可說是福份，但也要有心理建設，平時他們可以將你照顧的無微不至、愛

得死心塌地；但若你有什麼偷吃的蛛絲馬跡，絕對藏不過 FBI 天蠍幹員的第六感，即便當下沒有表現出來，他也只是在等待適當時機，準給你一記痛徹心扉的教訓。很多人以為這是個好色的星座，其實論色慾金牛人重感官也算肉慾星座前幾名，只是他們較壓抑罷了；而天蠍座的情慾則是以感情為基礎的，只有雙方情到濃烈時，「性」對他們來說才是有意義的。某種程度肉體的性高潮也象徵著精神的死亡與重生，而這也是此星座的核心使命。藉由重生與轉化來認識自我。許多星座不懂這頗具威脅性的蠍子，認定他們是自私的獨裁者，其實天蠍人的情感是不易被人看穿的；他們可能藉由工作成就或是強硬的鐵腕作風來隱藏自己，但就像浮冰一樣，我們只看到其上，卻沒見著海平面下的冰山。天蠍人的內心實則是座海底火山，蠢蠢欲動的熱情只留給真正懂他們的有緣人了。

♐ 射手座（11 月 23 日～12 月 21 日）— 自由旅人

火象變動星座、守護星：木星

關鍵字：我預見（I see）

　　射手座的星座符號象徵的是希臘神話中半人半馬的生物，牠手上那把總是朝向遠方的弓箭。射手座又稱人馬座，其英文名 Sagittarius，源自拉丁文，指的是弓箭手。從射手座的星座符號上帶來雙重的意義，一是他半人半馬的造型，結合了人性、獸性以及神性的三位一體；他保有身而為人的覺知，卻又擁有動物的原始慾望，另外則是與射手座神話故事有關的教育性、宗教性。二是朝向遠方的弓箭，代表射手人的「未來導向」，比起眼前的事物，他更熱衷於尚未發生的事，主張理想主義。受到木星守護的射手座，天生有股好運道，似乎總能在千鈞一髮之際，得到貴人的援助；也因為射手人本身的樂觀和自信，他們不曾真正的倒下，即使跌倒，短時

間內也會拍拍臉上的塵土，當作玩笑般地，再次站起來奔馳。木星是希臘眾神之王宙斯的化身，神話裡的祂風流成性，到處拈花惹草，樂此不疲；射手座也許不這麼的花心，但風流倜儻、渴望自由，不想被任何限制束縛，卻是無庸置疑的。

這個星座喜歡大還要大，不同於上個星座天蠍座關注情感的深度，射手人在意的是生命的廣度。寬敞的空間、偌大的環境可以讓他自由地奔跑、盡情地摸索；而在星盤上與之相對（呈現一百八十度）的雙子座，如果說其代表的是近處的觀察，那射手座就代表在遠處的探索，兩者類似卻又迥異，前者是此處的連結，後者是彼岸的追尋。我用這麼抽象又哲學的字眼敘述，你就可嗅出射手人是個關乎獨立思考、樂於哲學思辨的星座，俗話說：「讀萬卷書，不如行萬里路。」這根本就是射手座的座右銘。旅行；特別是長程旅行，旅行中遇到的風景、形形色色的人物，還有異國的氛圍，這些經歷和體驗都是射手人成長的養分。就像其他變動星座家族一樣，射手座往往重於過程而非結果，他們要的是追尋的意義，而不是實際可以得到的東西（雖然木星的好運常會化做現實的物體）。也因為對於更高智慧的追求，射手人也與宗教有密切關係，他們希望得到更高的旨意；這些人多半是狂熱且勇於冒險的，像個逐水草而居的遊牧民族，樂天的他們也總能在任何處境中，找到屬於自己的快樂。耐性不足普遍是此星座最大的問題，而誇張、直接又魯莽的態度，常會傷到其他星座纖細的心靈。

♑ 摩羯座（12月22日～1月19日）—事業先鋒

土象基本星座、守護星：土星

關鍵字：我利用（I use）

摩羯座的星座符號象徵希臘神話裡上半身是羊、下半身是魚的奇異

生物。摩羯座日文又稱山羊座，千萬別跟火象的牡羊座混淆了。其英文名Capricorn，源自拉丁文，指的是山羊。這個單字與許多有「首要」意涵的字很像，像是首都 capital、標題 caption，還有船長 captain 等，顯示這個星座與身居要職有許多關聯。摩羯座有如星座形象，讓人想到走在顛簸崎嶇路上，緩緩登上山頂的山羊。「刻苦耐勞」更是這個星座的關鍵字之一。受農神之星土星守護的摩羯座，似乎生命的目的就要爬上最高點，睥睨群雄。看過電影《班傑明的奇幻旅程》的朋友，對片中主角的印象一定十分深刻，他出生時就像八十歲的老嬰兒，並且逆著成長的定律長大，隨著年齡的增長變得越來越年輕。摩羯人就是「老起來等」的最佳典範，為人更是相當的「臭老」，他們保守謹慎；年紀小小可能就開始計畫未來二、三十年的人生藍圖，比起同齡的孩子，從求學時代開始，就相當的早熟。但老天是公平的，摩羯人過了中年，卻比其他人看來年輕、有活力。

　　一則有土星的高要求，摩羯人對於自己的表現永遠不自滿，這不是種謙遜，而是打從心裡覺得自己還是不夠好，即使其他星座已經認為做到九十分或是滿分了，在摩羯心裡卻可能只在及格邊緣罷了。這樣的高標準，加上以自律聞名的生活守則，在在提升了摩羯人在未來掌握大權的本事。二則同樣是基本星座的摩羯座，對於開創有強烈的幹勁，又有土象星座的加持，讓他憑著過人的耐性和穩定度，一步步地建造自己的事業王國。「英雄不怕出身低」也很適合形容摩羯座，白手起家的例子對他們來說更是不勝枚舉。結合以上兩點，摩羯人的企圖心堪稱十二星座之最，但是爬得越高，跌得越深；自尊心也很強的摩羯人，越到高位越是不能放下身段，以致與人產生了種種隔閡，而忘了最開始的初衷。責任感越強的人，內心越是脆弱，與其相對的巨蟹座一樣，摩羯人也有顆敏感的心靈，但他卻試圖壓抑、封閉起來，轉化向外追求世俗成功的動力。對摩羯座來說，只有靠雙手搭起遮風避雨的地方，才能真正保護自己以及所愛的人。

水瓶座（1月20日～2月18日）—人類學家

風象固定星座、守護星：土星與天王星

關鍵字：我瞭解（I know）

　　水瓶座的星座符號象徵兩道平行的粼粼水波，一說是電波。水瓶座又稱寶瓶座，不過因為名字裡的水字，很多人都以為他是水象星座，當瞭解他們後，你一定就會清楚這向來情感抽離的水瓶人，是百分百名符其實的風象人。其英文名 Aquarius，源自拉丁文，指盛水容器，字首 aqua 就是水的意思。與其說水瓶座盛裝的是有形的水，到比較像裝著無形的「智慧之寶」（水瓶座的主宰星天王星，被看成是智神之星水星的高階能量）。與其他風象家族一樣，這個擁有人像圖騰的星座，是個重視文明，遠離原始情慾的星座。常有人將他擺在異類的位置，甚至說他們是來自外星球的人種，當您明白到水瓶人原生的衝突性，自然就能知道他們的獨特與難以妥協之處。受到土星與天王星這兩顆對立星體守護的水瓶人，生活常在上演天人交戰的戲碼，前者是守舊傳統、後者是激進改革，兼具了左右兩翼的心理特質，你說水瓶座古怪的脾氣是不是古怪得很有道理？一方面水瓶座追求的是穩定發展，但當制度開始出現腐敗的時候，他會立即揚起叛變、革命的旗幟，好好將社會整頓一番；既是專制的獨裁者，又是民主的催生者。

　　水瓶人在乎的是理念和實踐，當他們還年輕的時候，常常得罪許多在上位的人，不管是有心或無意，他們天生就與權貴處不來，隨時都想一手推翻，建立新的體制。但是年紀漸長的水瓶人，學會了接受並調和這兩種矛盾的情緒，在他們身上我們看到人類的睿智、處事的智慧。他們明白一味地堅守不合時宜的傳統，等於是在讓時代原地踏步，而過度激進且沒有經過相關配套的驟變，一樣也會為社會帶來傷害。關心群體福祉的水瓶

座，喜歡為弱勢發聲，他們寧可與人保持距離，來確保自己的客觀性。「真相」對水瓶座來說，比什麼都來的重要，過於沉溺在某個特定關係裡，都會使他失去了超然。還記得童話故事裡，那個揭穿國王新衣假象的小孩嗎？擁有說出實話的純真還有勇氣，就是水瓶人最引以為傲的地方。對想長相廝守的水瓶另一半來說，愛情與麵包都不是他真正想要的，水瓶座想要的是關係的「自由」，難怪常有人說當水瓶座的朋友比戀人來的幸福，博愛又有四海一家精神的水瓶人，這就是他愛人的方式。

♓ 雙魚座（2月19日～3月20日）─浪漫情人

水象變動星座、守護星：木星與海王星

關鍵字：我相信（I believe）

　　雙魚座的星座符號象徵兩尾朝反方向游動的魚兒，也表示雙魚座的雙重性，其英文名 Pisces，源自拉丁文，指的就是魚。看過瓊瑤言情小說或是日本少女漫畫，還是古典名著《紅樓夢》的人，你應該從沒想過書中人物會有實體化的一天吧？那麼看看周遭的雙魚座，你就能明白我的意思了。如果說火象星座代表男人，水象星座代表女人，那水象變動星座的雙魚座絕對是「女人中的女人」！感性、善變、敏感、富有神祕的靈性，這些名詞好像是專為雙魚座創造的，他們就是如此的多情、這樣的多愁善感。同樣受木星守護的雙魚人，展現了木星溫柔、誘人的那一面，向來也與宗教頗有緣分；如果說受木星主宰的射手人代表的是跋涉千里的佈道家，那雙魚人則是扮演救贖者或是被救贖者的角色，前者是透過宗教領導他人，後者是藉由犧牲自我、成全他人，達到與宇宙大我融合的目的。如果將十二星座比喻為人生的進程，雙魚座這最後一個星座顯然是人格發展

至極的階段；此時的我們已經明瞭自我的獨特性（牡羊座）、擁有的資源（金牛座），在探索世界（雙子座）找到歸屬（巨蟹座）後，進而肯定自我（獅子座）、批判自我（處女座）；隨後開始社會化、選擇伴侶（天秤座）、觸碰情慾（天蠍座），在了解社會思想與潮流（射手座）找到自我定位（摩羯座）後，回饋人群（水瓶座），在雙魚座的階段，我們學習服務人群與其背後更大、更深的意義。

　　海王星也是雙魚座的主宰星，祂消弭了雙魚人的疆界感—不管是有形的或是無形的；這顆行星總是與人類的潛意識有關，雙魚人也許覺得人生有如夢幻泡影，是夢一場。而海王星也為雙魚人帶來藝術上的造詣（海王星是愛神金星的昇華）；文學、美術、音樂……無所不包。倘若在星盤上與之相對的處女座，有辨識與分類、分析的才能，那雙魚座則是將一切都融為一體，就像回到最初渾沌的狀態。這兩個星座有許多相似處，譬如說處女座與生理健康有關，雙魚座則是與心理健康有關，他們的神經都很纖細，也很細緻；雙魚座甚至可以做到柔焦的地步，雙魚人常會忽略生活的實際面，畢竟那有太多粗糙、不堪入目的事物，因此雙魚人常有過度理想化、逃避現實的傾向。另一個處女與雙魚相同的地方，就是「服務精神」，處女座靠勞力去服務眾生；雙魚座則是靠精神、願力去服務上帝，這兩個星座都傾向自我否定，所以建立他們的自信心非常重要，雖然雙魚人的自我可能早已融入到環境之中，至於到底是迷失自我還是達到佛家所說的無我境界，就要看雙魚人自身的覺知了。

第五章：
大千數字下的你：「生命靈數」

在前兩章，我們已經知道太陽星座對個人性格的影響，在構成「自我」的要素上扮演了舉足輕重的角色，同時也是人格中最外顯、最易被察覺的部分。星座靈數閱人學既是結合了「太陽星座」與「生命靈數」概念的個性分析法，在了解時下大眾較為熟悉的太陽星座後，接下來的章節將揭開「生命靈數」的神祕面紗，探訪這個潛藏在人們內心以及心靈潛意識的奧妙數字國度。

⊕ 數字人生

自我們呱呱墜地擁有第一組獨一無二的統一編號以來，數字在我們的生命中，烙下了深遠的印記。生活裡俯拾即是數字的編碼，它可能是你正盯著螢幕把玩；行動智慧裝置的手機號碼、電子信箱、社交網站的帳號密碼；也可能是隨機的銀行帳號、剛結完帳拿在手上的發票序號、或是本期即將開出的樂透對獎號碼；甚至是傳情諧音工具（還記得 B.B.Call 的年代嗎？）……等等。在人類發明了度量系統後，各種單位計算方式相繼問世，「數字」已與我們的生活密不可分，其中西方阿拉伯數字，更是你我最為熟悉、普世廣為流行的數元符號。這套數元起源九世紀的印度，於中世紀傳到了歐陸，除了運用在數學和科學領域，其符號系統影響至今。這不禁

讓我想到《小王子》（Saint-Exupéry，The Little Prince）書中曾說過，大人從來不講：「他說話聲音如何啊？他喜愛什麼樣的遊戲啊？他是否收集蝴蝶標本呀？」他們卻問你：「他多大年紀呀？弟兄幾個呀？體重多少呀？他父親挣多少錢呀？」他們以為這樣才算瞭解朋友。的確，數字無形中已經在我們腦海中有了深刻的反射；但你是否想過，數字背後又潛藏著多少鮮為人知的性格祕密呢？

⊕ 靈數之父

　　回憶大家中學時期，課堂上常用到的「畢氏定理」，想必讓許多數學資質如我的莘莘學子煎熬過。其定律發現者畢達哥拉斯（Pythagoras，570 BC）除了是當代深具影響力的哲學家、數學家、幾何學家、音樂理論家外，更是生命靈數學（Numerology）的集大成者。距今兩千五百年前，出生在今屬希臘薩摩斯島的畢達哥拉斯，年輕時曾到過中東遊學，也曾造訪南歐的義大利，師承希臘七賢之一的泰利斯（Thales）；中年後至埃及以及巴比倫等地，對其宗教、儀式格外嚮往；並接觸許多神祕主義的知識。晚年後畢達哥拉斯將其所學整合，創立了以數學祕密知識為中心的哲學宗教團體—畢氏學派，亦為靈數學的雛型。畢氏學派的宗旨是「萬物皆數」（All is number），認為每個自然數都有其不凡的意義，所有的事物都含有數的成分，數是形成宇宙的要素。其學派的基本信念還包括：1. 實在最深刻的本性是數學、2. 哲學可使精神純淨、3. 靈魂可與宇宙契合、4. 符號有神祕的力量、5. 宗派團員必須絕對的忠實與守密。因此在當時畢氏學派可說是非常的玄密、隱密。雖然畢達哥拉斯一手創建的學派並沒有持續擴張，但他對萬物皆數的真知洞見與堅強信念，加上他賦予數字的神祕意義，使得生命靈數學（Numerology）現今仍在西方民間流傳，與塔羅牌（Tarot）、

占星術（Astrology）並列為西洋三大神祕學。

⊕ 靈數與星座

同為西方三大神祕學之一的生命靈數學，與塔羅還有占星術有若干重疊、吻合之處，若以時間軸來看；西洋占星術起源於兩河流域的新巴比倫王國（西元前七至六世紀）、成熟於古希臘時期（西元前三世紀至一世紀）、生命靈數系統由愛奧尼亞地區的畢達哥拉斯所提出（西元前六世紀）、塔羅牌一般定義最早是出現在中世紀的歐洲文獻中。這三種學說相互羈絆、影響，像是十二個太陽星座，還有西洋占星常用的四大元素跟重要星體，都可以在塔羅牌裡找到相應的卡牌；比如牡羊座是塔羅里的皇帝牌（The Emperor）、金牛座是教皇牌（The Hierophant）、風象星座呼應寶劍牌組（The Swords）、水星是魔術師（The Magician）……等等。同樣地，十二個太陽星座也有相對應的靈數數字，依照太陽星座的特質，我們可以將其「對號入座」；而這也是星座靈數閱人學令人著迷的地方。除了原本外顯的太陽星座特質，再加上較為內隱、偏向潛意識的靈數性格，找出這兩種個性，就像有了經度與緯度，可以讓我們重新認識自我與他人的價值、重新定位自我與他人的角色關係。

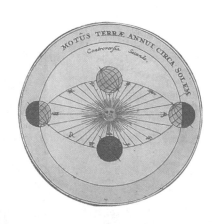

第六章：

生日密碼與「九個星座靈數」

　　在上章我們了解到生命靈數學與西洋占星術的相互呼應之處，進而可以透由生命靈數與其對應星座的性格來認識隱性那一部分的自我（不同於顯性的太陽星座）、知曉隱藏在誕生日數字背後的神祕意義。在本章我嘗試用心理學、社會學以及東西方哲學的角度，來介紹九個生命靈數的特質與意涵，希望讀者對這些看似熟悉實則陌生的數字，有更深一層的認知，以及更廣的應用。個人的生命靈數計算方法簡單，只需將單出生日（不含年月）相加至個位數，就能知道自己的生命靈數。例如：出生在 5 月 13 日，靈數為 1+3=4，靈數就是 4；出生在 11 月 29 日，靈數為 2+9=11，1+1=2，靈數就是 2；再從附表中找出靈數數字 1 至 9 與對應的星座，我們就能知道靈數 4 對應到水瓶座、靈數 2 則對應到巨蟹座。

⊕ 九個生命靈數與對應的星座

數字 1 . . . . 獅子座　　　　數字 2 . . . . 巨蟹座

數字 3 . . . . 射手座　　　　數字 4 . . . . 水瓶座

數字 5 . . . 雙子座 / 處女座　　　　數字 6 . . . . 金牛座 / 天秤座

數字 7 . . . . 雙魚座　　　　數字 8 . . . . 摩羯座

數字 9 . . . . 牡羊座

數字 1 與獅子座（每月 1 日、10 日、19 日、28 日出生）

別名：創始數

字彙：獨立

象徵物：太陽／代表色：紅色

春秋時代老子（約西元前 600 年）著《道德經‧第四十二章》云：「道生一，一生二，二生三，三生萬物。」東漢文字學家許慎（約 58 年－約 147 年）著《說文解字》亦云：「惟初太極，道立於一，造分天地，化成萬物，凡一之屬皆從一。」都可看出數字 1 於混沌中覺醒的開創性與獨立性，有了第一才有其二和其後，頗有盤古開天的意味。《易經》第一卦「乾為天」更是個極陽之卦，象徵數字 1 主觀、自主的特質。數字 1 的基本能量和本質是「創造」與「自信」。創造力（creativity）最早的概念由美國心理學家吉爾福特（J. P. Guilford，1897～1987）所提出。他研究人們的擴散性思考（divergent thinking），也就是根據既有的資訊素材產生大量、多樣化的訊息；即所謂開放性的思考方式。而現今使用的托倫斯（E.Paul Torrance，1915～2003）創意思考測驗，就是在評量使用者的創造力，包含：1. 變通性、2. 流暢性、3. 獨特性。所以我們可以知道，數字 1 代表著突破侷限、跳脫舊有框架，並提出獨特見解、新觀念且運籌帷幄的能力。曾有人說過：「再度成為一個孩子，你就會充滿創造力。」所有孩子都是具有創造力的。

自信（assertive）的個人特質則包含：1. 優勢肯定、2. 信念、3. 敢於挑戰與承擔、4. 堅持不懈。有自信的人通常能認清自身的優勢與劣勢，並能妥善發揮，而不至流於自負或自卑。他們基於對自我的信念，能主動地接受挑戰；且勇於承擔、堅持到底、忠於自我且從不輕言放棄。另一個與自信有關的概念是「自我實現」，此即馬斯洛（Abraham Maslow，1908～

1970）的人格中心理論，指的是我們在成長過程中，在身心各方面的潛力獲得充分發展的歷程。「自我實現」的人格特質如：能享受自己的私人生活、具有浪漫的情懷、尊重別人的意見（但並不表示接受別人的意見）、有倫理道德觀念，能區別手段與目的、對生活環境有時時改進的意願與能力……等等。

　　「創造」與「自信」這兩項心理特質，都是數字 1 的基本能量，也與太陽主宰的獅子座十分相應；因此數字 1 與獅子座有密不可分的關係。他們通常是精力充沛的參與某件事的推行，深具領袖特質，而且積極地渴望做些事情，不會靜靜等待事情發生。他們絕不是生命的旁觀者。數字 1 與獅子座也覺得成就與作為是人生中非常重要的事，並且為自己的野心、勇氣和膽識感到自豪，頗有「一夫當關，萬夫莫敵」的氣勢。他們內在強大的驅策力，總是不斷在開創新的領域、未知的疆土，也常成為這些領域的專家。這類人一旦專心在某件事上，多少會讓人誤以為有亞斯伯格（asperger syndrome）的傾向，因為他們容易自我耽溺，甚至有自戀的行為。不過數字 1 的確很適合發現、處理問題，並且將其大刀闊斧的整頓一番，他們在利己的原則上，抱持著健康和誠實的態度。奉行個人主義的數字 1 必須懂得合作與圓融，不然就枉費了內心那個具有原創性小孩的力量，而名符其實成為了一個霸道、孤僻的國王；他們要先學會「被領導」，才會知道要如何真正地「領導」別人。

數字 2 與巨蟹座（每月 2 日、11 日、20 日、29 日出生）

別名：平衡數

字彙：合作

象徵物：太極／代表色：橙色

《易經》第二卦「坤為地」指出大地為母，天生的母性，如母親般地柔順、犧牲、付出。數字 2 是個偶數，有雙重以及成雙成對、喜歡圓滿的意涵。數字 2 的基本能量和本質是「適應」與「平衡」。說到此二者，就不得不提到認知發展心理學權威—皮亞傑（Jean Piaget，1896 ～ 1980）。首先我們先談談適應（adaptation）：調整認知結構以調適環境需要的過程；其中則包含了同化（assimilation）與順應（accommodation）的心理機能，前者是運用原本就有的認知來處理所面對的問題，並將新事物吸納進來。而後者是為了符合外在環境的要求，主動修改原有的認知。透過數字 2 敏感的觸角，他在環境中很快就能找到自己的「歸屬」、找到有意願與自己合作的人群；即便對方是初次見面，他也會循循善誘，釋出善意，來達成雙贏的局面。綜合以上種種，可以了解數字 2 代表改變自我或是與他人合作，來適應環境變化的能力；這其中需要有細膩的心思以及察言觀色、協調斡旋的技巧，數字 2 可說是最佳的外交官。

　　平衡（equilibration）：因適應環境需要，產生認知改變，改變之後與環境協調，因而又恢復平衡。簡言之，數字 2 受到內在驅力的影響，不同於數字 1 的獨立存在，他的世界觀，彷彿一切都得是成偶成對，少了一半便不再完整，這也就是數字 2 的「平衡心理」。數字 2 重視公正與平等，但這也讓他們在面對問題的時候，變得躊躇不決、優柔寡斷。凡事都想圖個周全和圓滿的結果，就會讓自己變得心力憔悴。他們甚至有依賴他人的想法，心想只要交給別人做決定，就不至於得罪到誰，不過到最後卻讓自己變成了牆頭草、爹不疼娘不愛，這樣地成全他人，反倒失去了平衡的意義。

　　「適應」與「平衡」這兩項心理特質，都是數字 2 的基本能量，也與月亮主宰的巨蟹座十分相應；因此數字 2 與巨蟹座有密不可分的關係。他們是溫和柔順的和平主義者，也非常善於適應別人，或者可以說是過度的

適應他人了。凡事較缺乏主見，敏感又柔軟的內心，常淪為被利用的對象。數字 2 也擅長合作，以公平的方式處理人際問題；「一加一大於二」的觀念深植在他的內心，總認為只有靠合作取代競爭才是最大的贏家。他們寧可犧牲掉自己的立場，來達到表面的和諧，這樣不僅對自己不公，也是種對他人的不義。要懂得更誠實面對自己的需求和情緒，而不是一味想追求理想中的平衡關係，如此才可能真正落實公平。數字 2 也像月娘一樣，需要太陽反射，才能發光、肯定自我，他們要學習做自己的主人，而不是透由他人的眼光尋找自己。此外，數字 2 也很會照料、滋養周圍的人，有好媽媽、好爸爸的形象。

數字 3 與射手座（每月 3 日、12 日、21 日、30 日出生）

別名：表達數

字彙：理解

象徵物：三角形／代表色：黃色

有了三個點、三條線／邊，才能構成一個面；數字 3 與人類的文化、哲學甚至宗教有很深的關係，例如基督教的三位一體（聖父、聖子與聖靈）；佛教的三寶（佛、法、僧）；道教象徵財富、子孫與長壽的三星（福、祿、壽）；《中庸》提到的三達德（智、仁、勇）；以及《易經》所說的三才（天、地、人）……等不勝枚舉。數字 3 的基本能量和本質是「表達」與「同理心」。表達能力（expression competence）又叫表現能力或顯示能力，是指一個人把自己的思想、情感、想法和意圖等，用語言、文字；或是臉部的表情和肢體動作等，清晰明確地表達出來，並善於讓他人理解、體會和掌握。數字 3 一向具備了優異的表達力，無論是口語表達、文字表達，或是肢體反應等，他們都習慣以誇大、富渲染力，且旁人能夠容易吸

收的方式來贏得他人的信服。在溝通表達上更是如此，諸如演講、對話、報告、討論、答辯、授課……等，對他們來說就像呼吸一樣自然、簡單。數字 3 常給人信心十足、情緒高昂的態勢，而他們平日就熱愛充實自我人生閱歷，能將生活中的趣聞軼事帶入話題中，信手拈來，出口成章，把聽者逗得眉飛眼笑、興致盎然。他們就像一名熟知行銷策略的超級業務員，懂得發揮自身魅力，將想推廣的理念或產品，說得口若懸河、妙語如珠，讓人不為之心動都難。

同理心（empathy）與同情心（sympathy）不一樣，同理心是從自己的經驗找出類似的情境以同理對方的痛苦，讓對方知道自己不是孤獨的，是站在對方立場設身處地思考的一種方式。人本心理學大師羅哲斯（Carl Rogers，1902～1987）曾敘述同理心包含了情感層面（敏感度）、認知層面（觀察和思考過程）及溝通層面。至於同情心則像「人飢己飢」的反應，因為看到對方受苦的處境，而從我們內心油然生起的一種悲憫情緒，基於人間關懷、關愛的根源，我們會試圖鼓勵對方正面思考，但事實上這些鼓勵經常是於事無補。同理心與同情心的兩大關鍵差異，在於前者是單純以對方立場思考事情，但後者卻有了比較優劣的心理，因為發現他人與自我的差別（通常是他卑我尊）而產生的情緒；再者是同理心多了一份「連結」，讓自己進入他人角色的連結，能更接近他人在本位上的感受，更容易理解對方所處狀態下的反應。

「表達」與「同理心」這兩項心理特質，都是數字 3 的基本能量，也與木星主宰的射手座十分相應；因此數字 3 與射手座有密不可分的關係。數字 3 帶有善良的本質、誇大的情緒和關懷他人的特質，他們同情心強，往往以慷慨大方的方式回應別人。他們強烈的表達慾望，須小心逢人就不時宣揚自己的信念，或是炫耀、賣弄自己知識這類過度自我膨脹的情況。數字 3 樂觀又有哲學的傾向，會將自己的信念轉為信仰，他們也很需要宗

教和信仰系統來指引人生道路、以及做為行為舉止的圭臬。他們向來具有天生的幽默感，待人總是溫暖且輕鬆，在他們身旁似乎感覺不到壓力。不過數字 3 必須認清「同情心」與「同理心」的差別，這類人的同情有時會變成自身的弱點，而遭到有心人的利用，或是反過來在同情他人的過程中，有「紆尊降貴」的心理，甚至產生施恩於人的高姿態和優越感。數字 3 也需要注意浮誇和自大的傾向，尤其遇到反應較慢的人，更會變得驕傲；「關羽失荊州，驕兵必敗」也是數字 3 該學習的功課。

數字 4 與水瓶座（每月 4 日、13 日、22 日、31 日出生）

別名：執行數

字彙：貫徹

象徵物：方形／代表色：綠色

由四條等長的邊、一樣的內角組成的正四方形，是個非常規矩、穩定的幾何圖形，其所有對邊平行且對角線互相平分；自然界也有規律的四季；地理上則有定位方向的四方（包含傳統的四神：青龍、白虎、朱雀、玄武）；古典哲學更認為宇宙是由四大元素所構成（火、土、風、水）。數字 4 的基本能量和本質是「穩定」與「挑戰」，這兩者有因果循環的關係，數字 4 追求穩定的過程勢必對心理和生活形成挑戰，而迎接挑戰的最終結果就是為了穩定，這也是數字 4 最具張力的地方。首先，我們先談談穩定，說到穩定就得先了解什麼是「安全感」（psychological security）；此即穩定的核心價值。人本主義心理學家馬斯洛（Abraham Maslow，1908 ～ 1970）認為，具有安全感的人常感到被人喜歡、被人接受，從他人身上感到溫暖和熱情；感到歸屬，感到是群體中的一員。反之，缺乏安全感的人往往感到被拒絕，感到不被接受，感到受冷落，或者受到歧視；感到孤獨、被遺

棄；經常感到威脅、危險和緊張。在其人格中心理論提到個體追求安全感的階段，我們變得越來越對尋求環境的安全、穩定和保障感興趣，產生了發展某種結構、秩序和某種限制的需要。數字 4 對安全感和穩定的需求是強烈的，他們對於秩序、定律、法則也非常講究。

在追求安全感的同時，我們也會迎來挑戰，並嚐到它所帶來的壓力。壓力（stress）一詞由心理學家漢斯・薛利（Hans Selye，1907 ～ 1982）首次提出，將其定義為：任何一種刺激，只要會誘發生理或心理平衡狀態的改變，該項去適應的刺激即稱為壓力。壓力對人及環境的關係可能是正面或負面的。不過壓力也非全然的壞，適當壓力的刺激是必需的磨練與挑戰，好的壓力能驅使人集中精神，在最佳的狀態下應付困難，從而得到最好的表現和最理想的成績。重要的是如何覺知壓力的存在，設法去面對，進而解決才是最核心的課題。台語有句俗話「拍斷手骨顛倒勇」，不畏困難挫敗，有志者事竟成。壓力也是我們漫漫人生路上，成長、進步所必要的養分。

「穩定」與「挑戰」這兩項生命特質，都是數字 4 的基本能量，也與土星、天王星共同主宰的水瓶座十分相應；因此數字 4 與水瓶座有密不可分的關係。「穩定」與「挑戰」的法則既對立又互補，帶有強烈的張力。數字 4 不但關切紀律、責任和義務，某種程度也渴望能打破制度、突破傳統，追求更高的自主。數字 4 平時雖然逆來順受，給人溫和友善的形象，卻時有令人震驚和極端的想法。他們面對新事物的時候，難免會有抗拒，但經過時間的磨合，吸收這些新觀念後，也會變成自己的鐵則和紀律。他們在年輕的時候顯得較為保守，隨著年事漸長，會越來越叛逆。一方面數字 4 不喜歡冒險，喜歡待在自己習慣的舒適圈，然而內心總有股聲音，催促他做出改變，尤其是生活中的挑戰，更能解放數字 4 的潛能，徹底的改造他認為不合時宜的觀念和有形的事物。數字 4 得學習平衡這兩股力量，

避免掉入一味地堅守已經迂腐的思想，或是「為了反對而反對」這兩種極端的陷阱。

數字 5 與雙子座、處女座（每月 5 日、14 日、23 日出生）

別名：自由數

字彙：體驗

象徵物：五角星／代表色：藍色

長久以來，數字 5 與五角星符號，在人類歷史上各哲學、神祕學（五芒星）以及宗教中常被使用，直到今日，亦常見於我們的生活當中；例如許多國家的國旗、貨幣都有五角星。數字 5 的基本能量和本質是「自由」與「探索」。德國古典唯心主義哲學家康德（Immanuel Kant，1724 ～ 1804）曾說過：「自由不是想做什麼，就做什麼，而是教會你不想做什麼，就可以不做什麼。」；國父 孫中山先生也多次在演講指出：「一個人的自由，以不侵犯他人的自由為範圍，才是真自由。」由此我們可以知道，自由與他人的行動是息息相關的。在哲學、政治、宗教及心理學上，「自由」是最難定義、最難解釋的名詞，它卻是身而為人最單純、基本的權利。一九四八年聯合國大會通過《人權宣言》：「人人生而自由，在尊嚴和權利上一律平等……不論其種族、膚色、性別……人人享有言論和信仰自由並免予恐懼和匱乏。」二十世紀的自由思想家以賽亞・伯林（Sir Isaiah Berlin，1909 ～ 1997）更明確提出了積極自由和消極自由，前者是指人在主動意義上的自由，即作為主體做的決定和選擇，均基於自身的主動意志而非任何外部力量。後者則是在被動意義上的自由，即人在意志上不受他人的強制，在行為上不受他人干涉的狀態，由此可知數字 5 強調的是自己活動的自發性和主動性。

提到探索，就要了解它背後的動機—好奇心（curiosity）：對新異和未知事物渴望知道的傾向。古羅馬哲學家西塞羅（Cicero，106 BC ～ 43 BC）認為好奇心是一種與生俱來對知識和學習的熱愛—沒有任何利益的誘惑；美國心理學家詹姆斯（William James，1842 ～ 1910）把好奇心看做是一種原始的本能，把個體對新鮮事物的接近看做是一種適應；二十世紀初，心理學界普遍認為好奇心是一種驅力（drive），將好奇心與厭惡情緒聯繫在一起，好奇心得不到滿足會導致厭惡的生起，為了減少厭惡、不適感，進而產生尋求知識的表現。

　　「自由」與「探索」這兩項生命特質，都是數字 5 的基本能量，也與水星主宰的雙子座、處女座十分相應；因此數字 5 與雙子座以及處女座有密不可分的關係。熱愛自由和擁有強烈求知慾的數字 5，對任何新鮮的事物都充滿好奇，受到水星雙重性的影響，一方面將能力發揮在向外的溝通、傳播、以及訊息的交換與分享上。另一方面則是向內的分析、批判以及資訊的組織、再利用等。數字 5 在求學階段的時候，基於本能的好奇心和求知欲望，那些在學校以及倫理道德上，被禁止宣傳、禁止接觸的領域，往往都能勾起數字 5 的好奇驅力，想去一探究竟；尤其越是資訊不充足、真相越不明朗的情況下，越會激發他懷疑、推測的心理，加上數字 5 的伶牙俐齒和機靈反應，常讓管教者感到頭痛。步入社會之後，這類情況較為改善，卻加強了數字 5 的分析能力，不斷探索新的工作技巧和方法，運用在職場上，更能得心應手。重視自由的他們也得注意工作的彈性，一成不變的環境會讓他們窒息，多元的生活經驗才是他們想要的。反之，數字 5 也要加強自己的專注力和養成自律的習慣，要以「搬巢雞母生無卵」這句俗諺時時警惕自己。

數字 6 與金牛座、天秤座（每月 6 日、15 日、24 日出生）

別名：奉獻數

字彙：美

象徵物：六芒星／代表色：靛藍色

六芒星最早出現在古印度宗教當中，代表男女的結合，正三角形象徵男性，倒三角形則象徵女性，代表了融合和圓滿；而現今六芒星則是猶太教和猶太身份的公認象徵，也就是我們常說的「大衛之星」。數字 6 的基本能量和本質是「公正」與「樂群」。著名的公平理論（Equity Theory）由心理學家約翰・亞當斯（J.Stacey Adams）於一九六五年提出，他認為公平是激勵的動力，人能否受到激勵，不但受到他們得到了什麼而定，還要受到他們所得與別人所得是否公平而定。當人們感到不公平待遇時，在心裡會產生苦惱，呈現緊張不安，導致行為動機下降，甚至出現發泄怨氣、忍耐或逃避的行為。在此前提下，他假設個體會評估其社會關係：即個體在付出或投資時所希望獲得某種回報的過程，個體對於自己所付出的時間和精力都是有所期望的；再者，個體並不是無中生有地評估公平，而是把自己的狀況與他人進行比較，以此來判斷自己的狀況是否公平。因此，他要進行種種比較來確定自己所獲報酬是否合理，比較的結果將直接影響今後工作的積極性。數字 6 是個理想主義、完美主義者，然而要將公平原則落實在現實中，仍有許多困難，最終數字 6 可能會發現要將其特質發揮出來，會遭遇許多的挫折，而導致灰心沮喪。

樂群指的是樂於與他人相處，從別人那裡得到益處，是以友輔仁的意思；其中關係到「社會化」的意涵。社會化（socialization）是指人們學習社會期待、成為一份子的過程：一方面經由社會角色彼此互動，傳遞成員間共同的信念和行為，另一方面培養社會共識，確保社會發展。簡單來說，

社會化是人類學習、繼承各種社會規範、傳統、意識形態等周遭的社會文化元素，並逐漸適應其中，以形成獨特自我的過程；由此看來，數字 6 是個十分重視人際關係、社交互動的數字。

「公正」與「樂群」這兩項心理特質，都是數字 6 的基本能量，也與金星主宰的金牛座、天秤座十分相應；因此數字 6 與金牛座以及天秤座有密不可分的關係。喜歡公平正義以及追求平等、和諧人際互動的數字 6，受到金星雙重性的影響，一方面將能力發揮在物質資源合理分配的能力上，一方面則重視精神面向的社交生活。他們樂於給予與分享，為人樂善好施，也有過人的審美眼光和藝術天分；崇尚禮儀，行為得體、舉止優雅。然而數字 6 也必須學會克服自己假想的理想、完美主義，畢竟實際的生活面，不見得有如他們所想的公平、美好。必須得接受自己與他人的不完美，如此一來，數字 6 才有前進的動力。他們也要將「凡事求和，委曲求全」的心理丟出窗外，一味的矮化犧牲自己，來換取他人的認同，不是個長遠之計，更不是處理人際問題的方法。他們也可以試著體會電影《令人討厭的松子的一生》所言：「人的價值不在於從別人那裡得到什麼，而在於自己究竟能給予別人什麼。」相信這麼想，數字 6 一定會過得更快樂。

數字 7 與雙魚座（每月 7 日、16 日、25 日出生）

別名：神祕數

字彙：真理

象徵物：彩虹／代表色：紫色

在基督信仰中，上帝用六天創造世界，第七天休息；西方世界也常認為數字 7 是個神聖又幸運的數字；7 也象徵結束與圓滿，代表古典占星學傳統七星曜（日、月、水、金、火、木、土）掌管的一週七日。數字 7

的生命能量和本質是「信任」與「蘊藏」。德國社會學家齊美爾（Georg Simmel，1858～1918）指出信任（trust）是社會中最重要的綜合力量之一，離開了人們之間的一般信任，社會自身將變成一盤散沙，因為幾乎很少有什麼關係能夠建立在對他人確切的認知之上。如果信任不能像個人經驗那樣強或更強，那麼很少有什麼關係能夠持續下來。心理學家則從認知的分析出發，他們認為信任是個體對情境的反應，是由外部刺激而決定的個體心理和行為。美國社會心理學家多伊奇（Morton Deutsch，1920～），他認為信任是一種主觀的、以個人為中心的信念；個體是否信任他人要取決於其對外部世界的主觀態度，會受其所處的情境影響。各領域的研究者對於人際信任的詮釋，普遍認為具有四項意涵：1.善意、2.依賴、3.風險承擔、4.信念。善意是信任者對被信任者行為意圖的正面認知；信任具有一定程度的依賴性，信任與依賴之間有前因後果的關聯，表示雙方存在著交換關係；信任與風險也可被視為一體的兩面；信任也是一種心理的信念或意願。

蘊藏：蓄積深藏未露；藏：隱匿、收存、寶藏。如同佛教所說的阿賴耶識（一切種子識）：收藏一切寶藏、庫藏。佛教認為阿賴耶識是一切業力的寄託所在，是生命的業報體，也是六道輪迴的主體，若沒有阿賴耶識的觀念，輪迴觀也無法成立；這與心理學家榮格（Carl Gustav Jung，1875～1961）提出的集體潛意識（collective unconscious）相應，他認為集體潛意識是心靈的深層結構，相較於個人潛意識，若用海島做比喻，「意識」就是海島高出海平面的部分，而在水面下平時看不到，但會隨著潮汐顯露出的部分，代表「個人潛意識」，至於連結各孤立的海島、隱藏在深海的海床，就是「集體潛意識」。集體潛意識與心理原型有關，並能超越時空，做為人類「心靈的遺傳和心靈的繼承」。數字7往往能嗅出人類隱藏的共同集體潛意識，反應在自身未察覺的人格、行為中以及夢境裡。

「信任」與「蘊藏」這兩項心理特質，都是數字7的基本能量，也與

海王星主宰的雙魚座十分相應；因此數字 7 與雙魚座有密不可分的關係。對數字 7 來說，「正常地」生活也許是件不容易的事，自小，他們善良、敏感且容易受傷的靈魂，時而被自己所深愛的人所傷害—無論有意或無意。每當投入一段關係，或者開始著手一件事情的時候，他們總是展現無比的興奮和熱情，單純的相信只要肯付出，就一定會有美好的結果，然而數字 7 總是把現實想得太美好，甚至忽略掉了許多細節去交代，每當關係出現裂痕或是事情發展不如預期、事與願違的時候，數字 7 的沮喪是很難平復的。他們得接受人生本是苦澀的事實，也得學會讓自己更成熟、更理智，丟掉情緒化的包袱，試著用更寬廣的「愛」去滋養他人、包容萬物。這是個最「無我」也是最「宿命」的數字，他們常能與周遭的人做潛意識的連結，夢境與想像力對他們來說，更是不可或缺的存在。一段成熟關係的維持絕不是單方的責任，數字 7 要拋棄受害者的意識跟枷鎖，要知道不管任何狀況，發球權也在自己的身上、永遠擁有選擇的權利。

數字 8 與摩羯座（每月 8 日、17 日、26 日出生）

別名：因果數

字彙：建構

象徵物：無限符號／代表色：金色

　　阿拉伯數字 8 如果橫躺下來，就會變成數學的無限符號，代表著無窮盡和無限大；在華人世界中，他更是個討喜的吉祥數字，這個數字更隱藏了許多看不見的財富。數字 8 的生命能量和本質是「慾望」與「權力」。慾望可以分為生理慾望（口渴、飢餓、性慾……等）跟心理慾望（求知、成就、名譽、物慾……等），在慾望的推動下，人不斷佔有客觀的對象，從而與自然環境和社會形成了一定的關係。法國精神分析師拉岡（Jacques

Lacan，1901～1981）認為欲望是人心中「匱乏」（lack）的衍生物，也就是說，因為有了匱乏，才有欲望，欲望對人來說即是要填補心中的匱乏。然而貪婪的慾望是無止境的，「人心不足，蛇吞象」；而過度壓抑慾望則會讓人心產生焦慮，最佳的狀況則是將慾望知覺到自我意識中，我們必須體認到「人人都是有慾望的」，進而認識到自己與他人的關係，而不是對慾望的否定。

　　權力（power）是影響他人行為的能力，是引導他人去做或不做某些事情，導致事情依其意志改變的力量，本質上兼具權威（authority）與影響力（influence）的意涵。德國社會學家馬克斯・韋伯（Max Weber，1864～1920）曾為權力下過定義：1. 它必須是複數的；如果只有單獨一人，就不可能產生交會行為與權力的操弄、2. 它是視情境而定的；權力的操弄必須視操弄者與被操弄者的關係而定、3. 它必須根植於對資源的擁有或控制，為了要使他人就範，掌權者必須擁有不同形式的資源。馬克斯進一步指出任何組織的形成、支配均建構於某種特定的權威之上，適當的權威能夠消除混亂、帶來秩序，簡而言之，權力包含有「支配」和「強制」的功能。數字 8 的權力確實可以讓一個人在某個領域達到地位的巔峰。至於由權力衍伸出的「權威」，心理學家認為是組織中正式權力的行使、具有合法地位，能使組織成員服從規範，捨棄自己的標準並依上級指示來執行任務，這之間人際互動的往來・也使得權威帶有一定的影響力。

　　「慾望」與「權力」這兩項心理特質，都是數字 8 的基本能量，也與土星主宰的摩羯座十分相應；因此數字 8 與摩羯座有密不可分的關係。數字 8 常會無意識製造一些情況，來試探他們的力量、耐力和持久力，包含了超越肉體、心理的強大意志力。他們的人生功課是要與自己的內在權威做連結，而無須操縱別人，或被他人操縱。他們具有審慎的膽識，以及控制意志的能力，這會讓他們得到世俗的成就；然而在某些情況下這類人若

不是害怕展現自己的權力，就是害怕擁有權力。數字 8 在心靈層次尚未覺醒之前，就像我們在國文課本裡讀到的「蜋蜋」一樣，牠被描述成貪得無厭，好往高處爬，最後反倒失足墜死的小蟲。數字 8 若能學會分享，他們將會發現心靈真正的滿足不是來自於外在物質世界財富的累積，而是學會給予、承擔他人的幸福，這才是人世間最大的富足。

數字 9 與牡羊座（每月 9 日、18 日、27 日出生）

別名：般若數

字彙：根基

象徵物：萬花筒／代表色：銀色

　　古今中外，數字 9 都是神聖和天意的象徵，9 是陽數中的極數，代表著蒼天、帝王。《說文解字》亦云：「九，陽之變也，象其屈曲究盡之形。」數字 9 的生命能量和本質是「勇氣」與「領導」。個體心理學家阿德勒（Alfred Adler，1870 ～ 1937）主張我們真正的社會生活任務包含了工作、愛情、親情、友情，以及和自我相處、尋找人生意義的能力，回應這些生活任務的勇氣（courage），參與或接納社會生活的態度，都直接地影響我們的一生。他說明了「勇氣」是在困難當頭仍冒險前行的意志、是了解與鍛鍊心理健康的主要推力。此外，印度靈性大師奧修（Osho，1931 ～ 1990）也曾說過：「如果你不勇敢，你就不真實；如果你不勇敢，便無法去愛；如果你不勇敢，你便沒有能力深入現實中探究。所以，只要先有勇氣，其他一切就會發生。」至於與勇氣相反的恐懼（fear）：是指自身對事物的不了解、不確定感；是一種我們企圖擺脫、逃避某種情景而又無能為力的情緒體驗。然而，弔詭的是，勇氣卻可能是因為恐懼所生起的，人類也因為恐懼，學習解決辦法而讓世界更加地進步。

領導（lead）是領導者及其領導活動的簡稱。領導者在帶領、引導和鼓舞人群的過程中，也會發揮組織和支配的作用；這當中當然考驗著領導者的智慧。心理學家認為成功的領導者應該具備下列特質：1. 企圖心、2. 積極、3. 組織能力、4. 責任、5. 忠心、6. 決斷、7. 自信。《說文解字注》更詮釋：「領猶治也；領，理也；皆引伸之義，謂得其首領也。」可見領導兩字含有治理、引導的意思。領導是以適當的方法與行動，像是協調、激勵、參與、授權、溝通等，在團體交互行為的過程中，以身作則，從心理上影響他人，來增進其運作能力，啟發其潛能及自動自發、團結合作的團隊精神，以達成共同目標的一種藝術。領導以促進成員間的分工合作、溝通與互動為目的；但不是以指揮他人來滿足個人的支配慾為手段。

　　「勇氣」與「領導」這兩項心理特質，都是數字 9 的基本能量，也與火星主宰的牡羊座十分相應；因此數字 9 與牡羊座有密不可分的關係。勇氣並不意味著攻擊性或戰鬥，它指的是我們能夠積極地面對問題、處理問題；包含內心的恐懼，因為可怕的不是恐懼本身，而是我們將之放大、脆弱的心。這類人渴望獲勝、競爭性強、喜歡率先行動。隨著與人群的互動、增加自己的社會技巧，他們能發展高度的領導才能，往往在團體中擔任決策的角色，但前提是數字 9 發揮自身的智慧，願意將正直的性格做最大且有益他人的發揮。他們也很喜歡冒險，因此容易陷入不必要的險境當中。他們自己可能意識不到恐懼，所以不會覺得自己特別勇敢，然而這些舉動和心態常會讓同行感到擔心。無論如何，數字 9 是個善於激發、鼓舞他人的類型，在他們身旁總能感到興奮且擁有活力，因此，他們也得學會更加自律、體認到別人的處境，如果數字 9 能將正直和深思熟慮的智慧加以融合，這將對數字 9 自身以及群體有更多的助益。

【第二部】

應用篇

第一章：
太陽牡羊座與九個星座靈數

太陽牡羊座與數字 1／獅子座

（3 月 28 日、4 月 1 日、4 月 10 日、4 月 19 日出生）

生日解碼

牡羊座與獅子座結合的羊獅型人格，十分重視自己給人的第一印象，換言之，塑造絕佳的自我形象已成為他們的第二生命。羊獅型為人非常地誠實又正直，以真誠且強韌的自我面對人群，屬於單刀直入的直腸子類型。自我在外顯意識與內在潛意識的相處上是吻合、沒有衝突的。你很難發現他們垂頭沮喪的時刻，總是散發著陽光與火氣（他們的脾氣是出名了的暴躁），卻也是他們最可愛的地方。

我提醒大家別被字面上的意思誤會了，以為他們是「披著羊皮的獅子」，羊獅型的人從裡到外，都是血統純正的火象星座，意思是他們擁有火象的所有正面特質：耀眼、勇敢、果斷、具有領導的天賦。從反面看，也代表他們較自私、自大、不懂得放低姿態、不善於合作等。即便擁有罄竹難書的火爆失控紀錄，但考究其原因，通常也都是跟生理機能有關（千萬別讓他們在該吃飯的時候餓著肚子），或是為了強烈的正義感使然罷了，羊獅型就是這麼單純、這麼孩子氣。

人際交友

羊獅型的人對於交朋友這事好比呼吸一般自然，他們想要盡可能的結交各式各樣的朋友，從左鄰右舍的阿貓阿狗、學校職場上的同學同事、社團活動的各類同好、乃至於因機緣偶然相識的新朋友，他們都能打開心胸，發自內心的與之交往。也因如此花蝴蝶式的交友原則，通常羊獅型的好友量勝於質，君子之交佔大宗。可是上述的這些好友們若是生活出了狀況，羊獅型他們絕對是義不容辭、兩肋插刀在所不惜，「重義氣」也就成了羊獅型交友守則的第一位。

家庭生活

羊獅型的人個性雖然大刺刺且豪情，但他們也很重視家庭生活。他們不願意將自己柔弱或是私下的樣子展現出來，因此他們鮮少談及自己的家庭；在羊獅型厚重的戰士鎧甲下，擁有柔軟、易感的靈魂。「在外是孩子王，回到家卻是愛撒嬌的小娃兒」，這是羊獅型早期的最佳寫照，隨著年事漸長，逐漸成熟的他們，早已將家裡的擔子背在肩上。當他們意識到自己夠強壯的時候，願意負起保衛家園的責任。然而羊獅型的壞脾氣，卻也常困擾著家人，情緒來的時候，好像隨時在上演電視鄉土劇般，如果他們能更有智慧、冷靜理性地處理自己的情緒，就能避免掉許多莫須有的遺憾。

感情世界

戀愛關係裡，羊獅型絕對是玩得非常忘我的專家，他們想要愛的比對方更深、愛的更廣。羊獅型的熱戀期很長，他們對愛情的執著，說是愛得刻骨銘心也不為過。另一方面，他們卻又想保有自己的自由，無法容許對方過度的依賴，試著保持一定的距離，適當的留白是對治羊獅型戀愛關係的不二法門。伴侶（夫妻）關係裡，羊獅型看中的則是雙方的平等和正義，

願意付出承諾的他們，想要經營的是天長地久的穩固親密關係。他們走入婚姻後，一改原本的幼稚天性，凡事盡責，眼光也看的遠，唯一要容忍的就是要給他一定的自我空間，才是經營美好姻緣的長久之道。

理財觀念

羊獅型的理財觀是「守大於攻」的類型，他們為人海派，但是對於金錢的想法仍是保守的。對羊獅型的人來說，只有看得到的存款才是財富，十分直接了當；因此他們對於自身的錢財多半抱持著能不花就少花的心態。除非是打腫臉充胖子，或是輸給了自己自尊心的虛榮心理等特例，不然他們是願意採取花在刀口上的守財型人格。而且他們對於金錢這類數字天生就會顯現細心的一面，所以千萬別以貌取人，以為勇於冒險的羊獅型就一定是花錢不手軟的衝動購物狂。而定存或是債券以及利變型、還本型保單較適合他們。

職場生涯

羊獅型面對工作時，雖不是百分百的完美主義擁護者，仍可以確定的是，他們如果認真投入於工作，那做事要求起來絕不輸給土象的處女座。喜歡按照自己的計劃跟進度做事，每個細節都不馬虎，甚至展現了奴性的一面。若是主管階級或是將工作視為人生志業的羊獅型，對自己的事業體更是戰戰兢兢，面對未來舉步維艱，行事更是步步為營。對他來說，工作上的實質報酬還是其次，那都是附加價值罷了，羊獅型要的是過程中不斷迎來的挑戰。

別踩地雷

十分重視自我形象的羊獅型，如果太不長眼的人千萬得小心此款給予的後座力，絕非一時能夠平息，其猛烈砲火絕對是你的夢靨。有時，羊獅型要的只是張面子、只是個台階，發生爭執時，你再有理、再理直氣壯，

也不能輕視他們的「火力」。先褒後針砭，絕對是不觸怒他的好方法。大致上羊獅型的人都好相處，此款自詡為路見不平，拔刀相助之俠客俠女，只要小心別在他眼下小動作頻頻，或是抨擊他的至親、隱私，一切都會相安無事。

太陽牡羊座與數字 2／巨蟹座

（3 月 29 日、4 月 2 日、4 月 11 日出生）

生日解碼

牡羊座與巨蟹座結合的羊蟹型人格，與太陽牡羊座的其他家族不同，此款是屬於比較悶騷的類型。由於外顯意識與內在潛意識對「安全感」的衝突，讓他們在做決定的時候，考慮的面向很多，容易顯得焦躁不安。但這樣浮動的情緒，羊蟹型是不允許自己隨意表露出來的，畢竟面子對他們來說仍是很重要的，交情不深的人無法解讀他們的真正的心緒。

羊蟹型的人，擁有強烈的保護慾，彷彿世界隨時要開戰似的，外頭充滿各種危險和突發的意外，自他們懂事以來，便本能地以為自己有責任去保護他們所重視的人。羊蟹型就好比日本動畫裡那一座會移動的城堡，面對敵人能給予砲火攻擊，探其內部卻是美輪美奐，備感溫馨溫暖。羊蟹型的情緒來得快去得也快，他們鮮少會去記恨；這不表示他們記性不好，相反的他們能對過去某年的場景人事物，倒背如流，他們不刻意記仇，是因為他們寧可單純也不想把自己變得太複雜。傷痛的回憶牽絆，會讓羊蟹型的人生裹足不前。

人際交友

羊蟹型的人對於交友時而開放，時而呈現保留態度。想與他們打交道不難，他們也善於應付各種類型的人─如果他們願意的話。然而能真正走

入羊蟹型心坎的好友卻不多，能看穿他們心緒、懂得他們包裝後真實情意的朋友是基本款，如果是能甘苦與共、共患難的兄姊弟妹就能完全得到羊蟹型的心。否則羊蟹型是會挑朋友的，因為他們敏感的思緒不易看穿。如果是自認才智不足或是沒有一顆能體恤他人的心，基本上是很難獲得羊蟹型好感的。擁有共同的興趣或嗜好，也能讓他們打開心房；一旦成為了好友，你們的關係不易打破，被羊蟹型認定的好友，是能共患難打天下的。

家庭生活

羊蟹型有著一顆細膩感性的心，他們對待自己家族的人更是如此。保護欲強烈的羊蟹型在家庭也會展現自己的父性母性，他們也常是家族依賴的對象，但是看似強勢的他們，其實面對家人也常會有優柔寡斷的心態。起因是羊蟹型不想打破和諧與平衡的心理，有時家人的過度要求還有予取予求，羊蟹型總是有求必應。不懂得拒絕的下場，就是不斷壓抑自己真實的想法，到最後若是破功，長期不滿的情緒便會一發不可收拾。建議羊蟹型的人即使沒有受到委屈，也要將自己真正的心意表達出來，如此才是真心對待家人負責任的方式。

感情世界

戀愛關係裡，受到羊蟹型對安全感的需求，他們對於愛情總是抓得很緊。不可否認，羊蟹型一旦談起戀愛，佔有慾是出了名頑固的，他們不允許你的生活排除太多的愛情，如果可以，他甚至希望你倆的愛情便是生命的全部。伴侶（夫妻）關係裡，羊蟹型有時會顯得專制、霸道。婚姻對他們而言不是兒戲，而是兩人乃至雙方家庭的聯盟結合。他們一方面呵護著彼此的關係，一方面時時堆砌一道道無形城牆，保護你們的婚姻關係，好像總有第三者會強行介入一般。羊蟹型的人也得學習完全信任自己的另一半，學會讓高牆倒下，才是你倆婚姻幸福甜美的開始。

理財觀念

羊蟹型的理財方式一般來說都很穩定，他們總是一步一腳印的努力賺錢，然後將存款逐漸變得豐厚。但是羊蟹型有著劣根性的花錢方式—鋪張浪費。他們喜歡藉由奢侈品來彰顯自己的價值，這對心智還不成熟的羊蟹型無非是個致命傷，他們必須學會自己的價值並不是靠外在物質來衡量的；無論如何，羊蟹型對投資獨到的眼光仍是有的，一般來說，他們對股市也有不錯的嗅覺，只要條件成熟，靠投資賺錢也非不可能。而定存或是風險稍高的基金以及投資型、分紅型保單較適合他們。

職場生涯

羊蟹型面對工作時，除了原本小心翼翼的特質外，他們也很在乎職場的彈性與自由度。一成不變的作業環境他們顯得被動，而主控性高、半外勤式的工作較適合他們。羊蟹型在意的是理念的溝通，雖然他們能將上級交辦的事物處理得服服貼貼，但如果能加入理念傳播的元素，他一定能做得更快樂。若是主管階級或是將工作視為人生志業的羊蟹型，對自己的事業體企圖心將會更大。他們在職場上總是行動力十足，劍及履及，下決定也很快速、節奏清爽明亮，不會有任何藕斷絲連的念頭。唯一要注意的是因競爭引起的怒氣，羊蟹型因工作升起的怒火是會導致旁人受池魚之殃的。

別踩地雷

牡羊座與巨蟹座結合的羊蟹型人格，十分重視安全感的需求，即便外表看起來再怎麼無害，此款最受不了他人的背叛和刻意挑釁。千萬別以為他們看似好欺負，進而利用他們的善良，最後選擇背叛他們。還有一點很重要，就是千萬別讓羊蟹型的人沒事做，不是說他們生來勞碌命，而是他們太享受自己的母性父性，除非是真的已經成為人母人父，否則羊蟹型非

常喜歡照顧他人，有喜歡認養乾弟乾妹的習慣；所以盡量別讓他們閒著，時時滿足他們為人父母的心態是很重要的。

太陽牡羊座與數字 3 ／射手座

（3 月 21 日、3 月 30 日、4 月 3 日、4 月 12 日出生）

生日解碼

　　牡羊座與射手座結合的羊射型人格，同樣擁有純正火象星座（牡羊座與射手座）的血脈，為人正直、個性清爽明亮。受到射手座的影響，他們會將自己的個人信念發展成人生的信仰，這也是此款的生活目標以及生活方式；有如遊牧民族般地逐水草而居、四處遷徙。「以馬背為床，以蒼穹為家」很適合用來描述羊射型放蕩不羈、熱愛自由且不拘小節的性格，他們是不能被束縛的，開闊廣大的空間才符合他們盡情探索世界的要求，過於狹小的住所是會讓他們生病的。

　　對羊射型來說，自由不是個抽象的觀念，他們早已將其活出自我的形象；外顯意識與內在潛意識相處和諧，他們是用樂觀、毫無包裝的自我去面對人群的。因此他們的直接、真誠，時常不經意地傷害到其他族群的幼小心靈，這點要稍加注意。

人際交友

　　羊射型這般游牧民族的性格，讓他們結交朋友也是這麼自然、如此隨性。他們的好友類型廣包四海，他們認為交友就如閱讀一本書，在旅途上遇到的每個有緣人都是他想探索、了解的對象。偏偏羊射型就是喜歡遊歷四方，因此他們總希望盡可能的去體驗、去感受這個大千世界。羊射型有時對待朋友的方式，比自己都好，因為他們很重視友情的義氣，這難免會受到家人與伴侶的小小抱怨。如果是遇到萍水相逢的有緣人也就罷了，但

是如果是遇到帶著其他不良動機的酒肉朋友，可就要特別留心。

家庭生活

　　羊射型的人即便外表看似隨和好相處，但他們是很重視家族情感的，家人間的凝聚力也很強。「家」對他們來說更是在外追逐豐富人生後，可以完全放鬆、休養的處所，因此他們的住宅不會坐落在鬧區，至少可以說他們會選在安靜的地方，他們不喜歡被打擾。其家人也很單純善良，善於傾聽，常以心領神會、關愛的方式，和平相處。有時羊射型的父母是屬於溺愛型的家長，從小凡事都會幫他們做好，而讓羊射型失去在家獨立的機會。建議羊射型的爸媽應體認到跌倒受傷才是讓羊射型的孩子開始長大的第一步。

感情世界

　　戀愛關係裡，羊射型是屬於衝動的類型，只要氣氛夠好，他們很容易墜入情網。他們熱衷冒險的精神，在戀愛關係裡亦是如此。對他們來說情感的慾望是毫無隱藏的，喜歡就是喜歡、討厭就是討厭，沒什麼灰色地帶。伴侶（夫妻）關係裡，羊射型十分樂見天長地久的婚姻。他們也以盡婚姻之責為己任，然而身為他們的伴侶卻不能以婚戒來束縛他們的自由，尤其是強烈的求知慾望。婚後的他們仍是需要大量的生活空間，當然自己的交友圈也不可被剝奪。給他適度的空間，讓他在婚姻、家庭之外，尚保有自己的一片天地，同樣的他們也會以此為回報，永遠忠於你倆的愛情。

理財觀念

　　羊射型的理財觀保守且務實，有多少本事就會有對應的消費行為，不會刻意賣弄。他們花錢花最凶的地方，應該就是花在田宅、家庭這類事務上，擁有良好的休憩場所，對他們來說，花錢是值得、也很捨得。羊射型願意花許多開銷在自己的家人身上，願意給他們吃最好、穿最好、住最好

的。原則上，羊射型是擅長守財的，他們若有心，也很習慣將生活的支出記錄下來，這類持家的賢慧習慣，與他們豪爽的外在實在有些不相稱。而他們處處為家庭著想的緣故，因此房地產的投資很適合他們，還本型、利變型保單也是不錯的選擇。

職場生涯

羊射型處理工作時，心思細膩、一板一眼，他們對工作也抱持著平時觀看不出的耐心。如果可以做到一百分，他們絕對是希望自己能做到一百二十分，因此有時一些急件會讓他們應付不來。凡事按部就班來的他們從不妄想有捷徑可循。因此常在職場上吃些悶虧，所幸他們交友廣闊，每到適當時機總有好友貴人相助。若是主管階級或是將工作視為人生志業的羊射型，對自己的事業則展現了大將之風。通常他們的事業經營回收較慢，屬於大器晚成的類型。羊射型在職場的低調性格，很少與人為敵，因為他們總是將心思放在工作上，也不喜歡搶功，這也是為什麼羊射型升遷較慢的緣故。

別踩地雷

牡羊座與射手座結合的羊射型人格，十分重視自由與主觀特質。倘若有人有心阻擋他的自由大道，想必將招致羊射型如箭在弦，不得不發的攻擊。此款人堪稱能與任何類型的朋友相處，因此謹記不要踩踏到他們隨心恣意的純真心靈、硬是要他們接受你的觀點，避開這些就能與之和平相處。另外要特別提醒的就是，他們受不了知識貧瘠的人，與他們打交道最好的方式，就是聊聊今天的新聞，或是新奇有趣的事物，必能打開話匣，暢談無阻。

太陽牡羊座與數字 4／水瓶座

（3 月 22 日、3 月 31 日、4 月 4 日、4 月 13 日出生）

生日解碼

　　牡羊座與水瓶座結合的羊瓶型人格，擁有牡羊座的正直、競爭意識以及水瓶座的創意和改革思維，綜合在一起，便能產生強大的金頭腦，是勇氣與智慧的組合。此款對任何新奇事物都抱持著強烈好奇心，也是標準的懷疑論者；凡事總要打破砂鍋問到底，喜歡探究事件的背景和成因。天生直覺良好的他們，也擁有先見之明，血脈裡有著一支對流行敏感的風向球，能適時提醒周遭友人未來該注意的事項，儼然是名「未來觀察家」。

　　基本上，羊瓶型是很能與人打成一片的，但他們內心仍有其矛盾之處，一方面他們想保有自身的單純，對人抱持信任；但另一方面，他們早熟的心智也明瞭人心有陰暗的地方。早年的時候，他們可以恣意地穿梭在任何類型的好友群組間，惟隨著年紀的成熟，領略到人世的炎涼，便開始有抽離的心態。

人際交友

　　羊瓶型結交朋友絕非難事，認識他們的人都知道，此款給人的溫暖是細水長流般的長存，而不是午後的一場雷陣雨。羊瓶型冷靜又抽離的交友方式，結識好友有時對他們來說就像不斷在「採集樣本」。他們對這世間有太多的疑問了，對錯綜複雜的人際關係更是如此，因此能夠保持距離且盡其所能的認識越多人、維持資料庫的多元完整性，一直是羊瓶型的交友心態。會有這樣的心態，也是因為他們想讓自己站在相對中立的位置，不想讓自己受情緒影響太多。從另一面看，這樣博愛的羊瓶型在處理人際問題時，往往能夠不偏不倚地正中問題的核心，進而找出解決的辦法。

家庭生活

　　羊瓶型的人即使對待友情看似漂泊、理性，但卻有其根深蒂固的家庭觀念。他們外在思想感覺前衛，然而家族觀念卻是保守的，羊瓶型的父母多半是傳統的類型，很重視倫常，當然身為父母嚴厲的身教言教也就不在話下。儘管如此，他們對待孩子能夠毫無保留地付出，總希望給孩子最好的教育和物質環境，家風純樸務實。父母也有意無意灌輸羊瓶型一些理財觀念，養成其早熟的心理價值；通常他們家裡經濟若不是小康，也會是中上流的富有之家，而錢財也往往是雙親靠白手起家，努力儲蓄而來。

感情世界

　　戀愛關係裡，羊瓶型是屬於冷靜的類型，但他們似乎摸不清朋友與戀人的界線，與他們交往得要有曖昧與灰色地帶的心理準備。因為他們對待朋友和情人皆無私心、沒有偏頗，這樣不分厚薄的博愛原則常遭來伴侶的醋心大發。伴侶（夫妻）關係裡，羊瓶型吸引到的有緣人，通常都是奪目高調的類型，可能是因為自身較為低調的關係，結為夫婦的伴侶姻緣，對方比自己強勢許多。但「上有政策，下有對策」，羊瓶型最有力的後盾，便是其廣大的人脈資源。羊瓶型的伴侶關係常是歡喜冤家，雙方都是創意豐富的人，只要兩人互相尊重，感情生活依舊是多采多姿。

理財觀念

　　羊瓶型源自家庭教育的薰陶下，基本的理財觀仍是有的，不會做出誇張的衝動消費。只是有點要特別注意，就是他們對「理想」的金錢配額似乎是用不完的。平時不怎麼花錢的羊瓶型雖然一直都是以節儉的標準生活著，但是若攸關到自己「夢想」的時候，那麼花錢的數目字也會讓人替他們捏把冷汗，甚至將長期積蓄孤注一擲的狀況也不少見。建議羊瓶型有夢想是好事，但自己的理想若是沒有計畫，只是一時生起的念頭也要經過時

間的評估和考驗，不然先前努力存的錢財會付諸流水。因此除了定期存款，還本型、利變型保單也很適合他們。

職場生涯

羊瓶型平時在好友圈游刃有餘，十分從容，但面對工作時，卻拘謹許多。他們很重視職場的作業氣氛以及同事間的團體向心力。貌似有條無形的銀線時時牽引著他們的情緒；若是整間辦公室情緒高昂，他們的鬥志也會燃起，效率驚人，反之則會呈現萎靡之態。若是主管階級或是將工作視為人生志業的羊瓶型，對自己的事業則是如履薄冰、小心翼翼地呵護著。通常他們世俗成功的步伐較為緩慢，即便他們擁有絕世的天分和才華，也是要經過長時的磨練，才可走上高位。因此他們對事業的經營非常務實，認為天下絕無白吃的午餐。

別踩地雷

牡羊座與水瓶座結合的羊瓶型人格，十分重視社會的未來性和創意。他們雖待人低調，不喜歡出風頭，卻不表示此款沒有脾氣。千萬別被他們教養優良、溫文儒雅的形象所騙，誤以為很好應付，甚至打了可以評頭論足、造謠是非的念頭。羊瓶型的智慧有如大智若愚，他們不表態不代表你可以在太歲爺頭上動土，尤其此款痛恨任何不實、以訛傳訛的流言蜚語。與這類人交友，首重知性，如果對事物沒有見解、新觀念（也別想稍做功課敷衍行事，馬上就會被拆穿）；雖然仍舊可以做做朋友，但緣分可能就此斷送，建議與之交往，時刻充實自己是必修的課題。

太陽牡羊座與數字 5／雙子座與處女座
（3 月 23 日、4 月 5 日、4 月 14 日出生）

生日解碼

　　凡是與數字 5 有關的組合，都會增加本人性格的複雜度，因為受到雙子座與處女座這兩個星座的雙重影響；牡羊座與雙子座、處女座結合的羊雙（處）型人格也不例外，此款更以口直心快、反應機警著稱。他們的腦袋瓜似乎永遠都停不下，總是不斷在運作、不斷在計畫新的行程，外在世界越新奇、有趣的事物，也很能吸引他們的目光。羊雙（處）型是屬於劍及履及、目標導向的類型，行動果決、快速，且不拖泥帶水。

　　但從反面看，羊雙（處）型這樣的行事風格，其實也是很冒險的，倘若判斷不夠詳盡，很可能因衝動而招致後患。此款的行動力極強，且思考迅速，當他人還在猶疑的時候，羊雙（處）型早已付諸行動。但這樣的個性，也會讓他們常陷入懊悔之中，卻又在極短時間內重新出發，因而重複「思考即發動，發動後可能後悔，懊惱再重新行動」的模式。

人際交友

　　羊雙（處）型的人是很重視朋友的，因為朋友就是他們最重要的情報來源。他們能與人群相處融洽，也很願意放下身段，接受好友們的見解，進行良性的溝通與互動。羊雙（處）型本身就是行動迅如風的人，因此他們下決定通常都很快，而之所以有這麼篤定的自信，一方面也是因為他們平時就做足了功課，至於功課的情報當然就是從好友群那裡所提供的。因此好友的數量越多、類型越多元，他們能掌握的訊息資源也就越多，自然便能快速且果決的去執行，進而達到自己的目標。

家庭生活

　　羊雙（處）型這般急驚風的個性，源自於嚴謹的家庭教育，他們的父母時時刻刻要求他們的紀律，凡事都希望羊雙（處）型的小孩能做的最好。這樣斯巴達的教育，養成他們在外有如軍事般的作風，也養成了做事

清爽、重視效率的習慣。「一手是棒棒糖，一手是教鞭」，這是羊雙（處）型幼童時期的家庭教育寫照。這雖然很有效，卻也讓羊雙（處）型的孩子變得較為現實、且很會察言觀色。讓他們看事情容易變得過於目標導向，本末倒置地忽略自己存在的價值，以為外在的標籤才是自己需要費心追求的事物。建議羊雙（處）型的父母偶爾也要讓孩子放鬆，讓孩子適性自由的發展。

感情世界

戀愛關係裡，羊雙（處）型的人看得較為嚴肅，跟他們談戀愛即便過程是甜蜜的，但他們自身卻是十分清醒、不會因戀愛而沖昏了頭。此款的戀愛通常都是按照計畫進行的產物，一見鍾情的機率不高，他們就算居於主動，也是對愛情思維地很透徹。沒有未來的戀情，對他們來說是不會長久的。伴侶（夫妻）關係裡，羊雙（處）型反倒有宿命論的成分，認為兩者從相遇到結合都是命運的安排，因此做好隨時犧牲自我的心理。羊雙（處）型也很願意給另一半極大的個人空間，即便雙方結為連理，仍以雙方的事業為重，允許彼此保有自己的天地。

理財觀念

羊雙（處）型實踐家的性格，讓他們容易累積財富，他們也擁有獨到的理財見解。基本上此款對於金錢仍是保守的，然而他們對於藝術品或是古董類的玩意兒卻是愛不釋手。這類商品雖然凸顯他們的外在身分，卻也是個消費的無底洞，容易將努力守住的存款輕易的花在上述的奢侈品上，雖然替家中增添情調，卻不是個經濟的好方法。而從小在父母耳濡目染的教育下，羊雙（處）型的孝心也不落人後，因此關於家庭的花費，此款也就花得順理成章、天經地義。建議他們可以善用定存以及房地產資源，還本型保單與利變型保單保單也是不錯的選項。

職場生涯

羊雙（處）型在工作職場上，總能不動聲色完成自己的目標，雖然他們行動力一流，但他們也很會利用線民消息，於檯面下進行情報交換，創造雙贏的結果。原則上，此款善於與人打交道，與辦公室的同事相處和諧，他們也能一視同仁合群地工作。若是主管階級或是將工作視為人生志業的羊雙（處）型，對於事業的經營喜歡多角化的經營模式，在他們的領導下，公司營運項目就像便利商便般，什麼都能滿足顧客的需求。羊雙（處）型很重視公司有如魔術師的形象，隨時都有驚奇、隨時都能變出新把戲。他們對待下屬同樣開明，首重團隊創意的發想。

別踩地雷

牡羊座與雙子座、處女座結合的羊雙（處）型人格，非常重視資訊的流暢與獲取。他們總是不停地忙碌、不停地從甲地跑到乙地、不停地串聯和整合甲方與乙方的資源。在他們的世界，凡事都有可以找到關聯的地方，如果你是屬於一板一眼又固執的類型，那麼此款可能不是理想的交友對象。此款的耐性稍嫌不足，他們很難停下腳步與你解釋、說明一番，建議你多充實自己的見解、增加自己的訊息量，才能真正走進他們的世界。

太陽牡羊座與數字 6／金牛座與天秤座

（3 月 24 日、4 月 6 日、4 月 15 日出生）

生日解碼

牡羊座與金牛座、天秤座結合的羊牛（秤）型人格，堅守中庸的待人處事原則，是中和派的代表人物。他們與其他牡羊家族不同，行動慢條斯理、優雅且心態容易搖擺、優柔寡斷。此款的外顯意識與內在潛意識有互

相牴觸的地方，對外具有競爭意識，內在卻是自給自足，崇尚寧靜。打個比方，他們的外在是戰神，內在則是愛神。但無論如何，這類人是熱愛生命的，一般來說同性緣跟異性緣都不錯。

其實大多數情況羊牛（秤）型遇到人我資源衝突時，內心常是天人交戰的，他們一方面想爭取自身的利益，一方面又不想破壞平衡，維持表面的和平。建議羊牛（秤）型的人要學會對自己真誠，如何在與外界合作的同時，仍保有自我的特質，不要過度投射外頭的干擾，這對他們來說是很重要的課題。

人際交友

羊牛（秤）型對待朋友是有很深的保護慾的，好像擔心摯友隨時會被搶走、隨時會遇到生命財產的危險，他們就像一個大家長，肩負起保護好友們的責任。此款視朋友為家人，只是通常他們更以家長自居，因此一些媽啊、爸啊的綽號自然也就如影隨形。他們是願意替好友親自下廚做飯的人，原因只是希望朋友們能吃得健康、安心。只是這樣的細心呵護，每當情緒一來，也很容易讓友人吃不消；反之，他們也常扮演朋友們的心靈垃圾桶，什麼事都可以找他們傾聽、訴苦一番。

家庭生活

羊牛（秤）型的家庭就是個偉大的王國，而父母就是君主與夫人，掌管家庭的大小事。對羊牛（秤）型的小孩來說，爸媽的命令是不可違抗的，他們就是孩子的天與地，「爸媽說一，我絕對不會說二」，這是羊牛（秤）型年幼時期的家庭教條，雖然父母達到了教養孩子的目的，但也讓他們失去了替自己選擇人生的機會和能力。即便他們擁有良好的教養，對人有禮、謙沖自牧，但這些都不是羊牛（秤）型真正的樣貌，因為他們自小長久的壓抑，容易轉化成怒氣。建議爸媽也該尊重孩子們的選擇，給他們正

確的價值觀，也要給予相對的自由，讓他們有勇氣追求自己想要的道路。

感情世界

　　戀愛關係裡，羊牛（秤）型是理性凌駕感性的類型，任何浪漫的招式對他們來說皆不管用，他們看中的是可以量化的東西，譬如金錢、物質或是成就。他們喜歡找與自己志同道合的伴侶，最好擁有同樣的理念和價值觀最為適合。伴侶（夫妻）關係裡，羊牛（秤）型尤其擅長整合夫妻雙方的財產與資源，將之經營得可圈可點。不過羊牛（秤）型要注意夫妻間的權力運用，他們在婚姻關係中容易失衡，不管是他們掌控對方，或對方控制自己都不是健康的夫婦關係。唯有透過不斷的溝通還有尊重，才能找到兩人的默契與平衡點，不然兩人很容易為了財務問題或是孩子的教養而爭吵。

理財觀念

　　羊牛（秤）型對於金錢的慾望很深，他們在年輕的時候，便會嘗試各種理財與投資技巧，債券、基金、股票甚至期貨他們都躍躍欲試，因此相關的金融情報就需要靠自己勤作功課或是良友來合作解決。羊牛（秤）型下手通常頗重，如果是風險高的投資很可能會造成無法挽回的損失，因此建議他們對於金融投資要特別謹慎，也勿因小人言而做了錯誤的判斷。他們可以試著找能信任的夥伴一同討論，而羊牛（秤）型也要控制自己對於錢財無底洞的渴望，知足常樂。他們也適合投資型以及分紅型的保單。

職場生涯

　　羊牛（秤）型細膩的心思以及對於美感絕佳的天分，頗適合從事與藝術、美學、公關類的工作。他們在職場上常扮演追隨者的角色，長官交辦的事項，他們都能從容不迫的完美處理，也因為追求和諧，此款很重視辦公室的和樂氣氛，必要時他們也願意犧牲小我，娛樂大眾。若是主管階級

或是將工作視為人生志業的羊牛（秤）型，對自己的事業則抱持著深思熟慮的遠見，他們很能觀察時事，知道整體社會的流行趨勢，採取必要的行動。在他們年輕的時候便處處留心同事們的一舉一動，對人心有一定的把握；而這些養分讓羊牛（秤）型晉身主管後，發揮得淋漓盡致。

別踩地雷

羊牛（秤）型兼具了戰神與愛神的特質，大抵熱愛生命。但如果因為這樣，你就以為他們很容易陷入愛情的泥沼就錯了，他們不易對人動之以情，凡事都以務實面為考量，對他們來說理智永遠戰勝情感。所以妄想以感情攻勢或是死纏爛打招數靠近他們的人要注意了，千萬要懂得分寸，免得換來一陣白眼，他不是活在童話世界的公主王子，而是以賺大錢、做大事為目標的革命品種。如果以為隨和的他們好商量，就可以趁機揩油、佔便宜，你絕對會永世列入此款的黑名單之中。

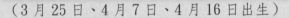

太陽牡羊座與數字 7／雙魚座

（3 月 25 日、4 月 7 日、4 月 16 日出生）

生日解碼

牡羊座與雙魚座結合的羊魚型人格是多愁善感的類型，他們與其他牡羊族群不同，「自我」這層防護衣薄弱，由於外顯意識與內在潛意識融合困難，所以此款常會有意志與情緒相互矛盾的時候。牡羊座本位導向的傾向在他們身上減輕許多，他們更容易與別人的心緒交流，很簡單便能嗅出他人情緒的轉換，因而能避免掉許多莫須有的爭執。

正面來看，羊魚型因為自我意識較為單薄，因此容易與他人合作，但有時會被過於強勢的人牽制左右，這點要稍加注意。所幸他們仍保有牡羊座的積極，所以當情況失控、不能再忍氣吞聲的時候，性格中的那位鬥士

還是會跳出來，為自己爭取該有的尊重和權益。反面來看，如何整合內外心緒不一致的問題，即是羊魚型的首要目標，該固守堅持自身原則的時候就要堅持，該配合他人的時候就要放下身段。

人際交友

羊魚型善於穿梭在任何場合中都不會顯得尷尬，受到雙魚座影響的那一面，讓他們很能處理別人的情緒，就像一面鏡子，能將眼前人物的實像映照出來。因此他們的好友類型也是很多元的，此款不會刻意去挑朋友，對他們來說，只要是有緣的人都可以做朋友。羊魚型的人對於交友這件事就是這麼的開放、隨興。他們也將認識新朋友，當作打開眼界的方式，對於學習很有熱情的羊魚型也總希望朋友能告訴他們自己過往所沒經驗過的有趣見聞，以此增加自己的見識。

家庭生活

羊魚型的家庭活是多采多姿的，他們的父母通常都是學者出生，就算不是文人家庭，父母也會花大量時間閱讀、吸收新知。對其雙親而言，知識才是力量。自小在這樣書香環境中長大的羊魚型，對什麼事情都有很大的好奇心，也養成了他們愛閱讀的習慣，從書報、電視、電腦到手機，他們在家中似乎總停不下來，一直不斷在西找找、東看看。回到家的第一件事也是打開電視看新聞，與家人打招呼的方式便是問問今天發生哪些事？哪個政府官員又出包？哪個明星鬧緋聞？國際間又有什麼新的情勢？

感情世界

戀愛關係裡，羊魚型容易吸引到父母型的情人，或是自己用父母的方式愛著對方，那些戀父戀母的情結傳聞不脛而走。前者會對羊魚型的人百般疼愛，甚至到了溺愛的地步。而後者羊魚型則會對情人擺起架子，但對方也會甘於被指使，理由是因為羊魚型的細膩，總能把對方照顧得無微不

至的緣故。伴侶（夫妻）關係裡，羊魚型更是小心照料彼此的愛苗，雖然少了些浪漫情懷，但結為連理的他們更顯務實，凡事以工作和生活為重。這也許會引起伴侶的不滿，殊不知羊魚型用情最深的地方都在細節裡面，也許他不再那麼會調情，但他始終會記得你的習慣與私人瑣事。

理財觀念

羊魚型的理財觀是很直接、不迂迴的，他們的金錢世界沒有曖昧和灰色地帶，消費行為就是花錢，剩下的存款才是賺錢，那些白紙黑字上的數字才是最真實的存在。羊魚型是善於存錢的類型，但是有時心血來潮的衝動購物偶會發生，只要他們養成記帳的習慣，每當看到花錢的紀錄，必定會讓他們非常不爽，進而要求自己下不為例。定期存款會是個不錯的方式，錢放到銀行也能避免衝動花錢的狀況，或是找理財顧問規劃自己的錢財也是不錯的選擇；還本型保單、壽險也很適合他們。

職場生涯

羊魚型面對工作時，能文能武、兼容並蓄，他們能妥善執行事務，並能把藏在細節的魔鬼老實地抓出來，效率更堪稱一流。而當團隊合作時，他們也能發揮領導能力，巧妙的統御協調。若是主管階級或是將工作視為人生志業的羊魚型，對自己的事業體也是如履薄冰的經營方式。他們從不認為天下有白吃的午餐，一切的成就都須經過千錘百鍊。當然公司的成功也絕非一人所為，因此他們對待下屬和職員視如己出，也能夠得到員工們的愛戴。羊魚型也常扮演教化他人和貴人的角色，獨具慧眼的他們常能挖掘出許多出身平凡的無名英雄，進而拉拔提攜到正確的位置。

別踩地雷

牡羊座與雙魚座結合的羊魚型人格，在鐵漢的外表下，有著一顆柔情心腸。就算表現得再慓悍，他們的內心是敏感且脆弱的，因此一些玩笑話

千萬別開，尤其涉及到自尊和隱私的話題，如果真傷到了他們，表面上他們仍可以與你繼續做朋友，但其實內心早已哭了上百回，你們的友情也就有了破洞。羊魚型的精神靈敏度極高，一句無心的話也可能傷到他們，與他聊天話題可以很多很廣，但請保持客觀、就事論事，不要作其他的人身攻擊。他們的自爆系統是隱密的，隱密到事發的當下你根本無法察覺，直到輾轉從他人口中才得知事態的嚴重性。

太陽牡羊座與數字 8 ／摩羯座

（3 月 26 日、4 月 8 日、4 月 17 日出生）

生日解碼

牡羊座與摩羯座結合的羊摩型人格，擁有牡羊座的孩子氣，也有摩羯座的老成世故，看似平行的兩條線，在此有了交點。星座符號同是羊族（前者是長角大公羊，後者是山羊）形象的羊摩型，初認識的你可能會以為他們就像其他牡羊一樣直率、熱情，然而越熟識的人，越能看出他們骨子裡倔強、安靜以及成穩的那一面。此款也是行動派的類型，但不會因一時衝動而行事，而多了些考量和計畫，深思熟慮的他們很難會因為他人的慫恿而貿然行動。

羊摩型下定決心做的事情，便會貫徹到底，但手段偶有獨裁的時候。他們有羊族喜歡往上爬的性格，設定了目標之後，便是一步步地邁向巔峰，路上的石頭、顛頗也無法阻止他們向上的雄心壯志。年少的他們就透露出早熟的氣質，穩健而堅定；但奇妙的是，過了中年之後，反倒出現了年青人的稚氣，這種與常人逆行的成長過程，實在耐人尋味。

人際交友

羊摩型的人年輕的時候，對於交友較不重視情分，他們認為朋友就是

擴展自己眼界的一種方式，雖然他們也懂得珍惜朋友的道理，但友誼就像萍水相逢一般、來來去去，因此他們每個成長時期的朋友都會出現斷層。小學、中學、大學的朋友很少會繼續保持聯絡，出非他們有心想維持，不然友情就像斷線的風箏，隨風飄向無垠的天空。羊摩型會出現這樣的落差，可能源自他們從小便過於早熟的心靈，認為朋友是可以替代的，所以才不會特別珍惜每個成長過程的好友，等到出了社會，初次嚐到孤立無援、寂寞難耐的苦果之後，才開始思考友情的價值。

家庭生活

羊摩型的人有著成熟的思考模式，時而給人肅穆的觀感，這可能與他們來自保守的家庭有關。羊摩型的父母常會過度保護自己的孩子，雖然在物質條件上無怨無悔的付出，但家長心裡面是無法對小孩放下心的，他們會在羊摩型的童年築起城牆、開挖護城河，來保護他們覺得心靈脆弱的孩子。長大成人後，一方面羊摩型想要繼續扮演爸媽永遠的乖兒子、乖女兒，潛意識中默默禱告自己永遠不要長大，才能繼續躲藏在爸媽豐厚的羽翼下；但另一方面又希望自己趕快長大，才有能力代替父母保護家園。這樣衝突的心理價值，讓羊摩型的孩子過早失去了童年。

感情世界

戀愛關係裡，羊摩型是保守的，即便他們對愛人有滿滿的愛意，也很難在理智的監控下表現出來，但不能否定此款的浪漫胸懷，特定節日耍耍小浪漫，羊摩型還是很樂意去做的。若想與他們交往，則要有一定水準的理財觀，不然他們是很難會為了區區的迷戀而燃起愛苗。伴侶（夫妻）關係裡，羊摩型依舊是傳統的，結了婚的他們無論男女，都會很重視家庭，有強烈的家族觀念，每逢三節都是回家團圓的重要日子，再忙也得空出時間。這是他們展現孝意的方式，即便婚後離開了原生家庭，他們也會三不

五時回到父母家中，因為他們在爸媽眼中永遠是個孩子。

理財觀念

羊摩型對金錢的強烈不安感，會讓他們從小就養成理財的習慣，因此可能年紀輕輕就有了不少存款。但是唯一會讓他們「破功」的就屬現在最流行的 3C 高科技電子產品。尤其是聲稱多智慧、多人性、多方便的商品，往往都會讓羊摩型的人發失心瘋，況且這類產品都是要價不斐，這也成了此款守財唯一美中不足的地方，建議他們不要過度崇拜科技，因而讓自己好不容易累積的存款流失太多。他們可運用自身人脈熟識基金操作來達成理財技巧，投資型保單、利變型保單也很適合他們。

職場生涯

羊摩型面對工作時，擁有絕佳的商業頭腦，思路清晰、反應迅速。但是在他們願意投入一份正式工作之前，他們傾向在年輕的時候多打工，各方嘗試。因此他們的履歷表的工作經驗通常都是寫到爆表，且喜歡體驗各種不同領域的工作環境，經歷各種不同的生活方式。若是主管階級或是將工作視為人生志業的羊摩型，對自己的事業體則很要求公平原則，無論是生意往來，或是公司對內的獎懲制度，都會秉公辦理，不會有一絲偏頗。在管理上，羊摩型是十分自律的；當然有功勞的職員，改給的獎勵他們不會手軟，而對於惹事生非的職員，必定也是給予重大打擊，絕不寬貸。

別踩地雷

牡羊座與摩羯座結合的羊摩型人格，看中的是一個人的實力與能力，若是想靠關係走後門，或是一味諂媚，恐將招致此款的極度厭惡。他們將人生看成是戰場，人生旅途上更是場場戰役；軟弱、意志力不夠堅定的人很難能與他們同進退，不自量力又想虛張聲勢的人，羊摩型會毫不留情的拆穿其面具。默默耕耘，一步一腳印辛勤工作，不會抱怨且常懷感恩的人

們，才是他們敬佩的對象。那些出身劣勢，白手起家的人，也能得到羊摩型的援助，他們是名符其實的企業家兼慈善家。

太陽牡羊座與數字 9／牡羊座

（3月27日、4月9日、4月18日出生）

生日解碼

牡羊座與牡羊座結合的羊羊型人格，屬於典型的牡羊人，擁有所有牡羊座的正面特質：熱愛競爭、自我中心、主觀意識、熱情積極、行動派……等，而負面特質則包含：協調力差、合作度低、剛愎自用、缺乏耐性、急躁……等。由於外在意識與內在潛意識重疊，他們能將人格面具與面具後的真實自我統御地十分完美，充分展現牡羊座應有的氣質，展現極度自我特色，於各領域中都有機會成為先鋒、佼佼者。

羊羊型喜愛開拓新的事物，在事件處於開端的時期，他們有十足的活力和幹勁，但這把鮮明的火焰不易續燃，需要暫時轉移焦點，或是補充薪柴（新鮮感）才能讓此款繼續保持熱度，從一而終。不然羊羊型的人做事容易三分鐘熱度，虎頭蛇尾。

人際交友

羊羊型喜歡交朋友，朋友的類型網羅四海，做人非常誠實的他們，交朋友的方式十分自然、不造作，因此好友很多當然不在話下。他們可以跟任何人相處，主動的他們擁有許多認識陌生人的機會；等個公車、吃頓飯、或是在電梯裡等任何場合，他們都能不怯場地與人交往。聊的話題也是以自身為出發點，只要話能投機，這樣的投機就能變成投緣，所以羊羊型的好友不嫌多。好友就是能夠聊天的對象，雖然話題可能都繞在羊羊型身上，但他們的熱情和真誠確實令人不易拒絕。

家庭生活

　　羊羊型的家庭生活是傳統的，爸媽的類型若不是十分持家賢慧、慈藹可親，就是肅穆自律、要求嚴厲，或是兩者兼具。早期的家庭中，羊羊型常扮演著被溺愛過度的小孩，以及在爸媽的嚴謹監控下，什麼事情都得經過父母同意的雙重角色。受溺愛的那部分，有時會讓羊羊型變得幼稚，不知道外頭的天高地厚，凡事皆以自己為重心；反之，受到嚴格管教的部分，則會讓羊羊型變得早熟，時常壓抑心中真實的想法，深怕一不小心就會惹來一陣責罵，而失去幼小心靈應有的單純，變得很會察言觀色。

感情世界

　　戀愛關係裡，羊羊型是熱烈且忠誠的。他們會使出渾身解術只為了換取你一抹微笑，做盡各種浪漫或近乎愚蠢的事情來博取你的歡心，羊羊型談起戀愛是六親不認，非常執著的。他們在愛情初期的時候，可以為你扮醜在所不惜，這麼愛面子的羊羊型，在朋友面前絕不敢做、害羞的事，為了你他們願意做。伴侶（夫妻）關係裡，羊羊型原本霸道，以自我為主的心態，在走入婚姻後的他們也會漸漸收斂許多，逐漸了解到兩人世界不僅只有他們，學習用另一半的角度看事情；最終他們也會放下身段，學著去傾聽、學著更有耐性。

理財觀念

　　羊羊型對金錢的方式很單純、很簡單，他們不喜歡過於複雜、有太多繁文縟節的理財方式。他們要的是白紙黑字、實際上看得到成果，公開且透明的金融理財。因此努力存款是此款賺錢的終極目標，每當看到存摺上的數字與日俱增，就是他們最欣慰的事情。當然也不是說他們就不會去做投資（機），而是越簡單越好，過於複雜和冗長，是會讓他們興趣大失的。

若是有可信任的專人引導，那麼理財效果將大大加分，一般來說他們的投資眼光還算不錯，投資型保單和還本型保單也很適合他們。

職場生涯

　　一般認知總認為牡羊座的人是急先鋒、不拘小節的類型，就外在性格來說是如此沒錯，但也因為羊羊型直線的思考模式，他們覺得在現實的考量下，努力工作才是理想生活的捷徑，也因此羊羊型工作的時候是很賣力的，尤其細節部分也不會馬虎，不知不覺也養成了追求完美的傾向。若是主管階級或是將工作視為人生志業的羊羊型，在事業上多了平時看不出的穩重，步伐是穩健而沉重的。愛面子的他們其實對於外界的批評並不是視若無睹，於是由心中升起了強烈的上進心，希望自己在相關領域能被看見，這樣的企圖心驅使之下，日子越來越久，自己的事業版圖竟也越來越具規模。

別踩地雷

　　牡羊座與牡羊座結合的羊羊型人格，單純而不具心機，所以太愛拐彎抹角、喜歡指桑罵槐的人要特別注意，你的舉動將被其視為白目；明著講清楚、說明白才是此款為人樂道的地方。喜歡在背後議論他人、搬弄是非的人也要小心別被羊羊型的人正面抓到，此款十分重義氣，見義勇為、拔刀相助的事蹟更是不勝枚數。千萬別在他們面前裝神弄鬼，不然將受到羊角猛烈突擊。羊羊型的人很好懂，地雷區也非常明顯，他們是以真面目示人的種族，喜怒哀樂幾乎都寫在臉上，如果你冒犯他們還不識相，那真的是誰也幫不了你了。

第二章：
太陽金牛座與九個星座靈數

太陽金牛座與數字 1／獅子座
（4 月 28 日、5 月 1 日、5 月 10 日、5 月 19 日出生）

生日解碼

　　金牛座與獅子座結合的牛獅型人格，擁有土象與火象雙固定星座的特質，步調是穩重而踏實的，信念不容易動搖，非常的堅定。但因為外顯意志與內在潛意識是衝突的，他們會在高調華麗與低調樸實間游移不定，時而給人搶眼卻又害羞的感覺。牛獅型在乎的是那些恆常不變的事物，如果可以不要變化，他們更傾向維持現狀。他們擅長「維持」某種信念和狀態，原本金牛座慢條斯理的個性，加上獅子座自我中心的元素，更加深了他們不易馴服的個性。

　　牛獅型總不經意地引起他人的關注，舉手投足間有著貴族的品味，當然受愛神守護的金牛座本身品味就很好；他們即便穿著工作制服也能將其打扮得時髦，簡約風格中帶有高端時尚之感。

人際交友

　　牛獅型對待朋友是十分珍惜的，他們常將朋友視為自己的家人，因此常會在生活中有選邊站的狀況，他們好惡分明的性格，容易將朋友以二分法區分，黑白分明，圈內的就是盟友，圈外的則是共通的敵人。雖然牛獅

型鮮少展現此極端的個性，但當事情牽涉到個人與集體利益的時候，單純的牛獅型就會有這類非友即敵的觀念。大致來說牛獅型對人常保耐心，為人溫文儒雅而高貴，猛獅的那一面較少形於外，除非你動到他們的真格，不然此款皆是以「人不犯我，我不犯人」的低調態度生活著。

家庭生活

牛獅型的人為自己的家族感到驕傲，即便出生在平凡的家庭，他們也以自己的家族感到光榮。這類人的爸媽也許不是出身貴族，但談吐舉止間總有著皇室的氣場。他們也盡力將家庭布置得華麗，或是非常具有個人特色，可以一眼就認出其住宅的風格。牛獅型對於家庭是很忠心的，在他們還小的時候，父母也會教導其應有的行儀，並重視他們的外表與打扮，當然該有的教養也是需要的。這樣的家庭教育也養成牛獅型穩重、氣宇不凡的特質。牛獅型就像在城堡中長大的孩子，總透露出一股尊貴的氣息。

感情世界

戀愛關係裡，牛獅型喜歡能夠增加自己眼界的對象，平時的溝通更是不能少，雖然小倆口常為了生活的小事拌嘴，而越吵感情越好這樣的例子也是很多。牛獅型很重視雙方理念的契合度，但伴侶也常與自己的想法相左，這時候一定要冷處理，固執的他們若是非得吵出結論，通常都會兩敗俱傷。伴侶（夫妻）關係裡，牛獅型的佔有慾是驚人的，他們要求對方對自己百分之百的忠貞，然而牛獅型在外朋友多，也會花許多時間在交際應酬上，這也讓他們的另一半感到總有點「只許州官放火，不許百姓點燈」的不平衡感。

理財觀念

牛獅型是非常適合從商的類型，他們的經營、理財頭腦總動得非常快，外面在流行什麼，他們早已在家沙盤推演過一番。此款務實的性格在

用錢上更是表現得淋漓盡致，而保健類或是科技產品都能吸引他們的興趣。基本上，牛獅型富有生意人的精算頭腦，對金錢數字更是過目不忘，但有時過於拘泥在細項上，反而失去了投資的膽識。因此像是定存或是債券，以及基金等是較適合他們努力的方式。利變型保單還有分紅型保單也是不錯的選擇。

職場生涯

　　牛獅型面對工作時，擁有開創的精神，個性看似溫馴的他們，在職場上卻有大哥大姐的封號。因為他們工作的時候，口號是民主的、手段卻是專制的。對於同事他們能善盡人事天分，將辦公室的每個人都應對得服服貼貼，也很少樹立自己的敵人，但是在工作本身，此款的企圖心是搶眼的。在工作上他們力求效率、重視成效，是十足的工作狂人。若是主管階級或是將工作視為人生志業的牛獅型，首重自己事業體恆常不變的價值。他們會花多年時間去確認自己事業的核心價值，一但確定了中心思想，他們便抱著破釜沉舟的勇氣，朝著設定的目標邁進。

別踩地雷

　　金牛座與獅子座結合的牛獅型人格，十分重視以不變應萬變的原則、給人處變不驚的印象。想當然耳，要改變此款的習氣幾乎是不可能的事，那些血氣方剛的人要小心，強行改變此款的後果將不堪設想。再溫順的牛獅型也會因不自量力的挑釁，而打開獅子的血盆大口，到時你想反悔也無計可施。牛獅型大致來說都很好相處，只要避免觸動他們對於價值觀以及金錢的敏感神經，他們對於好友是會視如己出般地對待的；若是成為敵人，這個「標籤」將會很難從他們眼中完整地去除。

太陽金牛座與數字 2／巨蟹座

（4 月 29 日、5 月 2 日、5 月 11 日、5 月 20 日出生）

生日解碼

金牛座與巨蟹座結合的牛蟹型人格，屬於恬靜文雅、喜歡滋養他人的類型。他們具有穩定軍心的力量，即便行動不是那麼迅速，每一步卻是踏得實在、穩定。與其他的巨蟹座不同，此款擁有絕佳的耐性，對於情緒也不那麼反覆無常，有一定的邏輯理路可循。金牛座與巨蟹座都是較陰柔的星座，是傾向息事寧人的組合，但不能說他們沒有脾氣，只是他們的忍功一流。

凡事親力親為的他們是十分務實的，只是他們較少將自己的情緒顯露出來。值得一提的是他們善於滋養他人，喜歡為人準備飲食、布置良好的環境，處處瀰漫著溫馨又典雅的氣息。牛蟹型比金牛座多了些浪漫、比巨蟹座多了分沉穩，但就如上述所說的，他們太會隱藏自己的心緒了，以至於常讓人覺得他們的付出是理所當然。

人際交友

牛蟹型務實的個性在交友上也是如此，原本善於傾聽的性格，再加上善於分析的理智，因此他們常成為朋友們的諮商師。無論聊生活、戀情或是工作，都能達到超精闢的解說水平。在需要給予意見的時候，牛蟹型也能一針見血地指出問題的核心，給聽眾鉅細靡遺的解說，還有嚴謹精準的分析。當他們幫朋友解答疑難雜症的時刻，一改平時溫和的形象，言語變得鋒利、腦袋變得更加理性，難免會給人缺乏感性的觀感。

家庭生活

大抵來說，牛蟹型的家人都頗愛面子，也是人際交往中的翹楚。身來

具有貴族風範的牛蟹型家人，對於屋外的友人也是善盡人事，待人熱忱、舉止優雅。他們頗能不具私心地處理街坊鄰居的問題，手段俐落、清爽，是鄰居們眼中的和事佬。鄰友們有什麼事情也會來家中商量，牛蟹型的家人也樂於將家庭當作集會的場所，鄰居們彼此交心、談天說地，何樂不為？牛蟹型的父母多是正義感十足的雞婆個性，家人親友有什麼困難，他們都是赴湯蹈火在所不惜，但也可能因此肇生許多隱憂。

感情世界

戀愛關係裡，牛蟹型的佔有慾強烈，但是他們不容易被愛神的金箭射中，在愛情裡也不曾有過盲目的紀錄。務實的牛蟹型談戀愛是理智的，他們對於戀情起先是會計劃，再到執行，還會不時的驗收成果，對他們來說感情或許不是生活的第一順位，寧缺勿濫。伴侶（夫妻）關係裡，牛蟹型更是汲汲營營的經營著，也許婚姻比較像是他們的事業，而少了些自然與柔情。忠於婚姻的他們更遑論對方有不軌的機會，在他們嚴密的監控下，另一半的時程是公開透明的，這常會讓對方身心俱疲，連回家都不能好好放鬆。

理財觀念

牛蟹型對於錢財的重要性領悟的很早，且他們多半具有生意頭腦，年紀輕輕就懂得許多理財方式和技巧。然而重視物慾的他們卻又喜歡花些錢來犒賞自己，甚至會有以錢財來證明能力的想法，因此有時不理智的消費方式，的確會讓人跌破眼鏡。就算他們對於投資有一定眼光，但下猛藥的花費方式，也可能讓不易累積的存款付之一炬。較中庸的方法就是選購分紅型保單或是投資型保單這類商品，一方面能滿足牛蟹型對於花錢的膽識和自信，一方面也能半強迫自己存錢，不至於讓錢財流動得太猛、太快。

職場生涯

牛蟹型面對工作時，喜歡維持辦公室內的和諧氣氛，對他們來說保持職場環境的人和，更勝於競爭意識的營造。他們覺得通過團隊合作的模式取代個人的惡性競爭，更能激發員工們的效力。他們享受外在融合、相處和睦的無形價值，所以從事可自行調配時間的在家 SOHO 族，以及自立門戶、自行創業者也不在少數。若是主管階級或是將工作視為人生志業的牛蟹型，則會展現領導長才，他們絕對是樂於衝鋒陷陣的火車頭型主管，除了擁有天才般的敏捷反應，對事情的眼光也是長遠的。而在他們的帶領下，公司採取的是人道又前衛的施政方針。

別踩地雷

金牛座與巨蟹座結合的牛蟹型人格，個性溫暖、舉止斯文而緩慢。任何粗俗又無禮的對待最好別找上他們，否則將導致此款牛性大發的失控踐踏。他們重視家人以及友情，牛蟹型多以好好先生、好好小姐著稱，平時給人慢條斯理的形象。如果你能讓其失去理性、讓怒氣形於顏面；想必也是說了什麼、做了什麼人神共怒的事來，不然一般場合，此款的耐性會無限壓抑自己的情緒，就算火氣中燒也會慈言善目的娓娓道來，不失為修養極高的角色。如果還能因此而觸怒他們，那你真的該好好反省自己了。

太陽金牛座與數字 3／射手座

（4 月 21 日、4 月 30 日、5 月 3 日、5 月 12 日出生）

生日解碼

金牛座與射手座結合的牛射型人格，有著土象人的實際與執著，也有著火象人的理想主義與自由奔放。此款給人的印象是保守而踏實的，但認

識越久越能發現他們豪情不受拘束的靈魂。牛射型面對生活很務實，對於自己想要的目標也很明確，默默地用心生活著，就像古歐洲的莊稼主人，日復一日不畏辛勞的經營自己小小的王國。

與一般的金牛座不同，牛射型雖然也很重視物質生活，但精神上的需求一樣重要，兩者缺一不可。牛射型當中有很多人就像是電影《白日夢冒險王》的主角一樣，終其一生埋頭在工作上，直到有一天存夠了本錢，就會放下工作，到地球的另一端追求更高層次的精神交流，重新認識這個世界。

人際交友

牛射型在交友上很有四海一家的觀念，他們能一視同仁，崇尚墨家兼愛的待人原則。他們認為朋友間應該沒有等差，大家都是平等的，所以不會特別對誰有私心，他們的友情平淡而踏實，淡如水的君子之交也是此款交友的常態。也因為如此，牛射型較少樹敵，對他人總能抱以慈悲，朋友有困難他也不吝援助，通常人緣不錯。喜歡利用閒暇時間大量閱讀充實自我的牛射型，也總能在朋友間幫忙解惑，彷彿一名淡泊名利的智者，善於傾聽的他們也是好友們的諮商師。

家庭生活

牛射型有個外表華麗、實際上卻很神祕的家庭，他們的住宅可能坐落在有宗教色彩的地方。無論如何，他們的家人溫柔又有愛心，願意為他人犧牲奉獻。牛射型的爸媽可能出身社會階級高的望族，他們從小就在爸媽愛的教育下長大成人，父母對待孩子的方式是用滿滿的關愛去照料他們，雖然這可能延伸成溺愛的問題。所以如何在管教與寵愛間維持平衡，便是牛射型父母該掌握的地方。即便如此，牛射型的爸媽也希望孩子將來長大能成為對社會有貢獻的人，特別是具有同情心與同理心。

感情世界

　　戀愛關係裡，牛射型有其矛盾的地方，對於欲狩獵此款的戀人們，一開始可能會受到嚴苛的打擊，牛射型的戀愛標準很高，要突破其心防不容易。而能闖過重重難關，擄獲其心的勇者們在此要恭喜你們，離勝利已經不遠。伴侶（夫妻）關係裡，牛射型金牛座的佔有欲會出現在伴侶身上，一些風吹草動都會讓他們醋心四起，希望兩人無時無刻都膩在一起。但一方面牛射型也認為伴侶應該多去外頭結識好友、增加自己的見聞，保有雙方的自由空間。這樣複雜的心理常會弄得夫妻之間失和，沒有統一的標準，常造成雙方誤會叢生。

理財觀念

　　理財世界中牛射型絕對是保守的類型，但這不代表說他們就喜歡一成不變的理財方式，相反的他們想盡可能的認識理財金融的各種管道。雖然打著安全牌，但他們想要知道更多的方法；也許是抱著貨比三家不吃虧的心態，所以資訊能夠越公開、越多元，對他們來說是很重要的。實際理財之後，牛射型便會像事業般的經營，對錢財展現土象星座的細心與龜毛，希望能帶來更大的財富，對金錢的野心，他們是不落人後的。各類理財方式他們都很有興趣，而定存或是利變型保單這類的商品也很適合他們。

職場生涯

　　牛射型面對工作時，做事從容不迫，待人舉止雅致、行為合宜。但接手進行工作之後，便會埋頭實幹，認真的處理事務，專心一致、心無旁騖。這就是牛射型厲害的地方，他們在辦公室裡時而肅穆，做起事來有條不紊；但在茶水間或是休息的時候，又能與同事打成一片、話家常。若是主管階級或是將工作視為人生志業的牛射型，同樣也很懂得職場的分際，對下屬能一視同仁，不特別對誰產生私心，看中的是實力與能力。他們是嚴以律

己，寬以待人的典型主管，對部屬總能循循善誘，不怕他們犯錯，只怕他們沒有上進的心。

別踩地雷

金牛座與射手座結合的牛射型人格，有著務實與理想化的性格。不但擁有腳踏實地的為人，對於夢想更是斤斤計較，他們不會做不切實際的美夢，而是每天都在練習自己完成美夢的能力。因此那些看法消極、愛潑人冷水的人要格外注意，別找自己跟他們的麻煩，不然擇善固執的牛射型必然會對你好好「再教育」一番。動起真格的他們不怕浪費自己的時間，也要將你的「劣根性」好好轉化。天下無難事，只怕有心人的道理，牛射型是最了解的，讀過愚公移山故事的你肯定會以為愚公再世。

太陽金牛座與數字 4 ／水瓶座

（4 月 22 日、5 月 4 日、5 月 13 日出生）

生日解碼

金牛座與水瓶座結合的牛瓶型人格，結合了金牛座對於物質美感的追求，以及水瓶座掌管人文與科技的智慧。兩者皆為固定星座，加重了此款的固執程度，對於認為有價值的事物，還有人類的福祉等問題非常執著。雖然在外顯意志與內在潛意識上有衝突的地方，但這兩個星座都強化了牛瓶型的務實傾向，即便有天馬行空的想法，仍不會脫離現實面太遠。

若是還不會善用這兩股看似水火不容的力量，他們會產生安全感的質疑，激進點的牛瓶型對人際關係會採取懷疑態度，始終無法信賴他人，這便是牛瓶型最大的盲點。而如果能將對個人感官的鍾愛以及對群體無私的大愛互相整合，那麼這股力量將會是十分有利的，也是牛瓶型相較於其他

類型，最難能可貴的地方。

人際交友

　　牛瓶型早期對於交友的想法較不成熟，雖然能與他人保持良好的互動，但他們是以自身的利益為考量。在缺乏安全感的焦慮驅使下，他們無法完全信任他人，因而覺得世間是弱肉強食的社會，在這樣的顧慮下，他們對好友的善意往往出於背後自私的心理，認為只有討好別人才能得到他人的尊重，甚至勉強自己加入某些強勢的團體，只為了尋求庇蔭與保護。然而學會整合外顯意志與內在安全感的牛瓶型，能將自己真實的想法道出，也不會刻意去討好友人，而是將朋友視為重要的寶藏。成熟的牛瓶型會以保護朋友為出發點，認為朋友是需要自己的。

家庭生活

　　牛瓶型出生在一個世俗的家庭，爸媽可能是從事公務員或是不易變動的工作，為人老實且富愛心、重榮譽。牛瓶型的爸媽很重視身教言教，對兒時的他們也較嚴格，畢竟家醜不外揚，家中任何不光彩的事情都會被掃到地毯下。就算牛瓶型的爸媽不是愛面子的類型，但是家庭給人的良好形象仍是很重要的，因此牛瓶型自小的家教是嚴謹的，甚至到他們出了社會，回到家中還有門禁與宵禁。而家裡另一個重要的規矩就是物品不可浪費，與其說是小氣，不如說牛瓶型的父母重視物品得來不易的價值，任何東西都需要好好珍惜。

感情世界

　　戀愛關係裡，牛瓶型是調皮的百變精靈，要想討他們歡心並不容易。基本上他們門檻頗高，沒有相對的智力與幽默感很難攻進此款的心防，豐富的學識以及肯努力的上進心是入門款。伴侶（夫妻）關係裡，牛瓶型仍

保有稚氣，他們彷彿是這段關係的小孩，更熱衷扮演「大人與小孩的遊戲」，並不是說一定要誰照顧誰，而是他們喜歡享受在撒嬌與疼愛的關係當中，這對他們來說更是生活情趣的調味品。他們不排斥誰來主導，因為在獵人與獵物間不斷轉換，也是個既刺激又能讓愛情長久的方式

理財觀念

牛瓶型自小養成物盡其用的習慣，不喜歡浪費的他們也嘗試許多的理財技巧，所以各種理財金融方式，他們都躍躍欲試，只為了找出更容易存（賺）錢的方法。但有一點要注意的是，每當水瓶座那面跑出來的時候，牛瓶型會將錢財過度理想化，認為如果是為了親人或是為了朋友，花些錢不是問題，但這是個無底洞。注重人道精神的他們會為了慈善而慷慨解囊，這當然是值得鼓勵的，但他們也得視現實情況來做選擇，「自利而利他」是牛瓶型需要學習的理財觀。定存以及基金，另外還本型保單也很適合他們。

職場生涯

牛瓶型面對工作時，常是配合者的角色。善於察言觀色的他們，在辦公室獲有良好的人緣，他們也願意為他人的瑣事跑腿，來者不拒的他們，有時甚至會延宕到自己正在進行的工作，關於這點牛瓶型一定要學會拒絕別人的勇氣。若是主管階級或是將工作視為人生志業的牛瓶型則會展現領導特質，緩慢而堅定地帶領團隊走向高峰。他們很會運用心理戰讓公司營造同仇敵愾的氣氛；或許說是「得人心者得天下」吧，牛瓶型的體貼細心總能讓部屬心甘情願地為團體付出。而賞罰分明的他們也不會有紀律上的灰色地帶，因此更能創造身為主管的個人魅力，吸引職員主動為公司奉獻。

別踩地雷

金牛座與水瓶座結合的牛瓶型人格，首重物質的安全感以及精神理念的貫徹，他們堅強的毅力使然，非常討厭虎頭蛇尾或是無法堅持到底、半途而棄的人。而本命固定星座守護的他們對於自己的事情很有想法，即便表面可以跟你打哈哈，那也是因為他們為人不喜歡太嚴肅，但如果有人因此想對他們動歪腦筋，那麼就是踢到大鐵板了。尤其是關係到金錢財物以及群體共同利益之類的事，千萬別去煩他們，要想改變他們比登天還難，如果因此踩到牛瓶型的地雷那就別怪我沒事先警告了。被雙重固定星座的人討厭，那這輩子要再從他們的印象中翻身，機會渺茫。

太陽金牛座與數字5／雙子座與處女座
（4 月 23 日、5 月 5 日、5 月 14 日出生）

生日解碼

凡是與數字 5 有關的組合，都會增加本人性格的複雜度，因為受到雙子座與處女座這兩個星座的雙重影響；金牛座與雙子座、處女座結合的牛雙（處）型人格，有金牛座的穩定踏實，也有處女座的細膩敏感，還有雙子座的機靈反應。受到兩個變動星座（雙子座與處女座）的影響，原本行事拘謹且不愛改變的牛雙（處）型，也學會了善變的技巧，就像變色龍一樣可以將自己隱身在任何場合，處之泰然。

牛雙（處）型基本上是講求效率的務實派，安靜而穩重；但偶有些鬼靈精怪的創意點子有待發掘，他們在平凡無奇的日常生活中，能適應良好，按部就班的努力生活著。只要一有機會，他們心中不安定的靈魂就會蹦出來，變得聒噪、喜歡與人互動，這就是牛雙（處）型的雙面性。他們特別喜歡新的觀念或是新的事物，平時可以與人好言相向，而需要辯論的時候，他們也是辯才無礙。

人際交友

　　牛雙（處）型對待朋友用情很深，能夠將生活打理得比其父母還用心，將朋友視為家人這樣的心態是他們一貫的作風，對於朋友更是忠心耿耿、不離不棄。因此若受到朋友不公平對待，勢必會引起喧然大波。牛雙（處）型的細膩心思在交友上更是展露無遺，他們對朋友是很敏感的，對方的一舉一動都看在眼裡，他們也願意承擔起照料盟友的責任。倒不是說他的朋友哪裡有問題需要人特別照顧，而是因為牛雙（處）型喜歡此道；將好友當作弟妹般呵護，猶如朋友出門在外的第二對父母。

家庭生活

　　牛雙（處）型的家庭生活同樣是多采多姿的，他們的爸媽有一位是屬於思想較前衛、舉止豪邁自由的類型；另一位則是較為傳統嚴肅、做事處處要求的類型。當然這會引起許多的家庭紛爭，尤其是在孩子的教養這塊，相信牛雙（處）型有時自己也搞不清楚爸媽到底希望的是怎樣？因為一方希望小孩能無拘無束的學習，凡事不勉強，順其自然就好；但另一方則是希望小孩能贏在起跑點上，學習各種才藝，對於功課更是要求成績的進步。這也讓牛雙（處）型的孩子無所適從，不知道該符合誰的期望？

感情世界

　　戀愛關係裡，牛雙（處）型則是心態上較為嚴肅的類型，通常他們會以結婚為前提來做交往，所以會不小心嚇壞許多追求者。在戀愛進程中牛雙（處）型偏向保守傳統，有一定的規則和步驟；先是初識、約會、熟識後再進行更多的約會，後續才會有更親密的發展。伴侶（夫妻）關係裡，牛雙（處）型絕對是感情深厚的，他們與伴侶的結合是以感情為基礎，長相廝守，是令人稱羨的神仙眷侶。他們相信婚姻只是幸福家庭的第一站，持續在各崗位的學習仍是非常重要的，他們也鼓勵伴侶能夠繼續進修，而

不希望彼此被婚姻束縛。

理財觀念

　　牛雙（處）型對於理財的方式就是多聽多看，他們不會足不出戶的閉門造車，而會勤做功課，多方採訪親友的理財經驗，以及比較各家的商品優劣。或是乾脆請教專業人士幫忙解惑，總歸一句他們對金錢是務實的，但不會剛愎自用或是僅聽信他人其中一方的說法便貿然行動。蒐集越多情報對他們來說是非常重要的。值得一提的是，他們對於門檻較高、手續繁複的房地產，還有可以保值增值的藝術品、古董都有強烈的興趣。投資型保單、分紅型保單等可以提供保障與利潤的保單也都很適合他們。

職場生涯

　　牛雙（處）型面對工作時，有其彈性和不可妥協的兩面。彈性在於他們能善用察言觀色的看家本領，對待同事都能和顏悅色，善用技巧達到雙贏的局面。而不可妥協的地方在於，他們為了公司整體利益或是共同的目標，而無法更動既定的計畫，他們有時為了達到更高的福祉，犧牲掉個人的利益也不會心痛。若是主管階級或是將工作視為人生志業的牛雙（處）型則兼具領導者的理性與感性，理性的地方在於他們重視部屬們的效率，凡是就事論事。感性的部分則是，他們多能體察職員們的辛苦，該有的獎勵不會少；尤其是那些沉默的基層員工，更能得到牛雙（處）型的照顧。

別踩地雷

　　金牛座與雙子座、處女座結合的牛雙（處）型人格，擁有固定星座的堅毅信念，也有變動星座的柔軟身段，形而在外的是擇善固執的那一面，內心卻是善變機靈的。所以如果以為可以吃外表老實的牛雙（處）型豆腐，那可就大錯特錯了，就算不明著說，他們也會等待適當時機還以顏色。別考驗此款的記憶力，他們的記憶體容量比你想像大得多。而留戀物質世界

的牛雙（處）型，對錢財也是十分保護，所以別想打他們財務的主意；至於平時沒在觀察時事的人，與他們對話可能會造成語塞、話不投機的窘境，因此素日就該好好補充知識，與之攀談才不至於顏面盡失、自討沒趣。

太陽金牛座與數字 6／金牛座與天秤座
（4 月 24 日、5 月 6 日、5 月 15 日出生）

生日解碼

　　金牛座與金牛座、天秤座結合的牛牛（秤）型人格，屬於典型的金牛人，擁有所有金牛座的正面特質：柔順安靜、堅持到底、崇尚自然、善於理財、實際務實……等，而負面特質則包含：功利思想、墨守成規、保守過時、金錢至上、唯物主義……等。牛牛（秤）由於外在意識與內在潛意識重疊，他們為人善良、單純，不喜歡太複雜的事物；對於自我和與他人的關係都會展現忠誠的一面。

　　雙重固定星座與土象星座的牛牛（秤）型，原始重現了金牛座的典型。他們的意志是堅定的，很難有人或事物可以動搖他們的內心，凡事喜歡按照自己的步調行事，從容不迫、徐徐而來。受到愛神金星強烈影響的牛牛（秤）型，擁有絕佳的美感和藝術天分，他們對於物質生活有很深的依戀，也具有良好的品味。

人際交友

　　牛牛（秤）型對於朋友有兩個不同的面相，他們把朋友當作自己的親人，雖然此款不是喜歡到處打交道、串門子的人，但與之深交後，牛牛（秤）型很懂得珍惜友誼的道理。對朋友能負起打理生活的責任，對友人的保護慾也很強，想成為替朋友遮風避雨的羽翼。這無形中也會擺起長輩的架子，對友人耳提面命之外，也會不自覺地對他們使奴喚婢，引起其反

感。但大致而言，牛牛（秤）型對友情的出發點是善良的，他們甚至覺得好友時時在受苦，總有什麼難言之隱似的，對友人格外具有同理心。

家庭生活

牛牛（秤）型的父母多半是傳統的，他們的家也許不是住在三合院、四合院等傳統宅邸之中，但家裡的擺設還有格局等等，都會依照一定的風俗擺置。如果空間允許，絕對會有祖先牌位、神明廳……等等，房間的使用順位也遵守長幼有序的觀念，爸媽一定是主臥房，其他房間的使用權才會輪到自己和弟妹。父母的管教方式也較為嚴格而保守，撇開顏面不說（通常他們的父母都很愛面子），基本的倫常道理從小就深植在牛牛（秤）型的家教中。他們可能也在很小的時候就被要求背誦論語、弟子規、唐詩……等等經典文學。

感情世界

牛牛（秤）型的人在尚未進入戀愛關係前，是屬於有距離的類型，他們對另一半的要求很高，他們對待每段感情都很認真。在朋友眼中總是隨和、親和力極強的他們，要談場戀愛卻不那麼容易。伴侶（夫妻）關係裡，牛牛（秤）型畢竟擁有土象星座的務實，他們結婚不為別的，就是為了能夠共組家庭。他們在婚姻裡扮演守門員的角色，總能在任何狀況下守住雙方的承諾，因此小三（第三者）這類的人物很難滲透進牛牛（秤）型的婚姻殿堂。當伴侶想要發展婚外情等不法意圖的時候，敵軍早已被此款給殲滅。

理財觀念

牛牛（秤）型對於金錢很有一套自己的原則，時下流行一些存錢的小技巧、小方法他們早已親身體驗。他們對金錢的強烈不安全感，反應在外便是不斷透過學習新知來滿足自己對於金錢的慾望。平時看來溫順的牛牛

（秤）型，當話題轉到錢財之物，心智馬上變得靈活、言詞突然變得犀利。他們希望能透過各種不同的管道，來了解掙錢的方式，因此他們對於理財是早熟的。再者他們也樂於接觸一些合資的理財術，前提是合夥人必須是自己能夠完全信任的對象，只有在此原則下，他們才能放心地進行合資，或是共理財務。定存、投資型保單、利變型保單都適合他們。

職場生涯

　　牛牛（秤）型面對工作時，首重工作職場環境的和諧氛圍，以及與同事間的合作默契。而身為他們的上司，更要注意資源的合理分配，這也是此款十分重視的部分。如果發現偷懶的同事得到的報酬竟比認真的自己還多更多，這無非是嚴重的士氣打擊，將深刻威脅他們為公司賣命的意願。若是主管階級或是將工作視為人生志業的牛牛（秤）型，重視的是公司的職場倫理與人道政策，他們頗能兼具公司的傳統與前衛的解放思維。用人上絕對是以能力為主要考量，而有幸能納入牛牛（秤）型麾下的職員們，便能享受此款自由且創新的領導風格。

別踩地雷

　　金牛座與金牛座、天秤座結合的牛牛（秤）型人格，崇尚自然不造作的人事物。他們單純善良的心腸能與大夥打成一片，加上後天極高的修養，堪稱是紳士與淑女的最佳類型；做人很懂分寸，也會看人臉色知所進退。但如果對他們另有目的，想從他們身上謀取利益，那麼很抱歉，你可能要吃閉門羹了。就算外表看起來最老實的牛牛（秤）型，他們對人性仍是有許多覺知的，只是他們不想打破外在的和諧，而選擇避開衝突罷了。此款重視的不外乎自身的財務、以及他認為有價值的事物，也厭惡任何粗魯、無禮的對待。

太陽金牛座與數字 7／雙魚座

（4 月 25 日、5 月 7 日、5 月 16 日出生）

生日解碼

　　保守務實的金牛座遇上浪漫多情的雙魚座，其張力與衝突所產生的牛魚型人格，帶有土象的嚴肅以及水象的柔情。牛魚型的外顯特質，擁有金牛座喜歡享受美好事物（尤其是物質生活）的那一面，他們更是美食愛好者，也是珍饈美饌的評論家，舌尖上的挑逗往往能激發他們強大的創造力。加上雙魚座的影響，此款對於精神上的啟發，靈敏度極高，與其他金牛家族相比，多了幾分情感的細膩。

　　牛魚型最大的困難在於，要如何將這兩股朝一百八十度方向移動的拉力整合；在現實與理想間拔河，兼顧傳統與創新。心智還未成熟的牛魚型總在現實與夢境間拉扯，找不到自己的定位，面對枯燥的生活，總有想要逃離一切塵囂的出世心。逐漸成熟的他們能夠善用務實與夢想的能力，甚至加以融合，為自己的夢想訂出明確的計畫，每天朝著目標一步步地前進。

人際交友

　　牛魚型的朋友多是屬於感性的類型，或者可以說對情緒較為敏感的人居多。所以牛魚型常扮演好家長或是諮商師的角色，許多人都喜歡找他們一吐苦水，將生活遇到的不快，傾瀉在牛魚型身上。他們樂於當朋友的心靈垃圾桶，因為此款安靜又善於傾聽的特質，很容易成為好友間依賴的對象；而他們務實的建議也能提供好友實質的幫助。但這樣的狀況常讓牛魚型的人吃不消，對於太多抱怨、複面性的情緒無法排解掉，堆積在心裡久了，反倒成為他們的心理壓力。如何適時讓朋友知道自己的能耐和底線是很重要的。

家庭生活

牛魚型常為自己的家庭感到驕傲，也許他們的居所不是什麼鋪張奢侈的透天，也不是什麼珠光寶氣的大廈，但他們家裡一定散發著皇室貴族的氣息。牛魚型的爸媽就像位高權重的國王和皇后，居高臨下管理著生活的大小事。而牛魚型的家庭教育首重閱讀與學習的養成，他們的父母很怕孩子會輸在起跑點上，幼時便常讓他們學習各種才藝，珠算、音樂、繪畫、外語……多管齊下。雖然父母的出發點很好，但過多的學習也可能成為孩子的負擔，揠苗助長只會成為反效果，甚至讓孩子對學習產生排斥與恐懼的心理。

感情世界

在愛情的世界裡，牛魚型是十分害羞且低調的。他們較少主動出擊，雖然在朋友圈他們喜歡以大哥大姊自居，但在愛情的大門前，他們反倒噤若寒蟬、不知所措。建議有心想捕獲其芳心的準戀人們，可以試著將他們的父性母性引導出來，引起想保護和呵護的慾望，自然就能讓戀情的成功率大增。他們對小動物楚楚可憐般的哀兵戰術完全無法招架，這也是讓戀情增溫的第一步。伴侶（夫妻）關係裡，牛魚型對於婚姻非常務實且忠誠，即便愛得很深，但是手段卻有些專制，偶有讓伴侶無法喘氣的時候。他們全面監控的強勢態度，常會引起另一半的抱怨。

理財觀念

牛魚型在理財上是活躍但容易衝動的類型。他們對於理財有強烈的興趣，也肯花時間好好研究對自己最有利的理財方式，然而若是想用錢財來證明自己的能力或價值，這點就非常危險。對未來懷抱夢想的他們，有時會低估了投資的風險，就算金牛座保守的性格，會在最壞的情況適時的出手援救；但雙魚座的那面人格仍可能會誤判形勢，造成不小的損失。建議

他們對錢還是要謹慎小心，養成儲蓄的習慣，或是將存款以定存的方式處理。還本型保單、利變型保單頗適合他們。

職場生涯

在工作上，平時牛魚型善用自己的溝通技巧和人脈資源，能將工作上的瑣事幹旋得當，他們當然也很重視職場環境的人際和諧，因此只要別太過分的要求，他們很願意替人善後。但如果牴觸到他們的自尊，或是讓他們感到在工作上被羞辱，那麼必然會掀起一陣腥風血雨。此時再溫順的牛魚型也會變得跋扈，勢必為自己的顏面扳回一城。若是主管階級或是將工作視為人生志業的牛魚型，則會呈現複雜的面向，他們重視公司的穩定發展，對待下屬更是以嚴格出名，很少案子能在他們手中一次過關。

別踩地雷

金牛座與雙魚座結合的牛魚型人格，很能將自己和他人的夢想轉化成現實，靠的是他們永不妥協的毅力，以及願意從錯誤中學習的勇氣。這樣的組合最討厭的就是多於的奉承和揶揄，他們待人真誠，喜歡用真實的樣貌與人相處，所以他們也希望對方能夠有話直說、不要過度包裝。如果一味的想討好，或是拍些不必要的馬屁，那麼在此款眼中便是不入流、不上道。適度的讚美能成為人際關係的潤滑劑，但若是虛情假意的諂媚造作，就是牛魚型最大的地雷區。

太陽金牛座與數字 8／摩羯座
（4 月 26 日、5 月 8 日、5 月 17 日出生）

生日解碼

金牛座與摩羯座的牛摩型組合，兩者皆為土象星座，能將土象星座原有的特質發揮得淋漓盡致。他們的外顯意識與內在潛意識能量是和諧的，彼此相輔相成；牛摩型以真面目示人，不矯作、待人真誠。他們不但擁有金牛座的耐心和擇善固執的堅定心念，以及摩羯座面對挫折不屈不撓的毅力，在世俗的成功上，握有絕大的優勢和潛力。

牛摩型早期是保守傳統的，他們與大多數土象人一樣不喜歡改變，個性也較拘謹、嚴肅，善於「維持現狀」。但因為受到摩羯座的影響，讓他們具有強烈的上進心和企圖心，這樣的傾向在中年步入社會後更加明顯。在不得不改變的時候，他們也願意改變自己的心態和做事方式，藉以突破自己；目的是為了達到更高的成就，因此他們多半是「大隻雞晚啼」的類型。

人際交友

屬於典型土象星座的牛摩型，對於交友這件事似乎不這麼熱衷，原因出在他們認為朋友應該重於質而不在於量，他們不是穿梭在叢花綠葉中的花蝴蝶類型。朋友對他們來說不僅是可以溝通的對象，更該是可以分享祕密的親人。所以一般而言牛摩型朋友數量不會太多，但經過他們認定後的友誼，很難會變質、歷久不衰。另外牛摩型的友情時常帶有神祕的氣氛，他們擁有共同的價值觀，甚至有共同的信仰；每到假日會一起相約去教會禮拜多是此類型。也許表面看似冷漠的牛摩型，對待自己的真心好友，卻能夠毫無保留的付出，甚至犧牲掉自己的利益也無所謂。

家庭生活

牛摩型的父母就像非洲草原上的一對獅子，他們喜歡引人注目，這讓向來低調的牛摩型有些不習慣。無論如何，他們父母對孩子的教育方式是成功的，雖然不是以零體罰為原則（孩子做錯事，哪有不修理的道理），

但他們多半是以鼓勵與讚美為主。這也讓原本性情害羞的牛摩型在家有了發聲的機會；他們的爸媽也樂於向鄰居炫耀自己的孩子，會將孩子推向眾人聚焦的舞台。這勢必會造成一些小問題，尤其那些本就務實又害羞的牛摩型可能會很排斥父母這樣的舉動，讓他們產生不小的壓力。

感情世界

戀愛關係中的牛摩型依舊是以務實聞名的難搞派，他們不喜歡曖昧，喜歡與討厭有著很明顯的界線。想要追他們，自己有多少斤兩重一定得搞清楚，不是說他們很勢利，而是因為通常他們條件都很好，也不想浪費精神在不必要的交往上。伴侶（夫妻）關係裡，牛摩型仍不改重實際的本色，對他們來說感情是相對的，你付出多少，就會有多少相對應的回報。不過能與他們結為連理，也是此款的一時之選，所以他們樂於付出時間來經營婚姻。他們的婚姻是家庭的基石，擁有傳統觀念的他們，絕不允許有任何違背家庭和諧的事情發生。

理財觀念

牛摩型自小就很有理財的觀念，金錢、投資之類也常是他們與家人及友人談論的話題。平時安靜靦腆的他們，每當談及到「錢」字的時候，就會變得興奮又聒噪，重視錢財的他們，在理財上開悟得很早，還沒進入社會前便已知曉許多理財技巧。雖然此款多以守大於攻，認為只有慢慢的讓存款變多才是王道，但他們也不排斥些新穎的理財方式。牛摩型很依靠理財的人脈，因此一些能提高報酬率、小額投資的基金很適合他們；而投資型保單和分紅型保單也是不錯的選擇。

職場生涯

職場中的牛摩型除了保有土象星座的原則；像是擇善固執、謹慎仔細，

還有堅忍不拔的毅力。但對待同事，尤其是職場夥伴的時候，他們則會展現類似風象星座的特質；幽默風趣、善解人意，以及最為重要的——關係的熱絡。若是主管階級或是將工作視為人生志業的牛摩型，也相當重視職場的關係，無論是平行的關係、下屬的關係，或是長官的關係；他們都能發揮自身的影響力，運用語言溝通，去達成自己的目標。外表斯文的牛摩型工作上深具交際手腕，尤其是攸關到公司整體利益的時候，他們斡旋的功力十分高竿。

別踩地雷

　　金牛座與摩羯座結合的牛摩型人格，是辛勤的工作者。他們是不則不扣的實踐家、野心家，任何困難和挫折總能想辦法努力突破，而不是坐以待斃等待危機的來臨，對他們來說危機很可能就是轉機。那些喜歡潑人冷水的悲觀論者，或是善用花言巧語來博取他人好感的便佞者，都是此款最看不順眼的對象。唯有透過實力去證明自己能力，以及透過誠信交友原則來經營自身事業的人，才是牛摩型尊敬的人物。畢竟身為土象人，只有經得起時間考驗的人事物，才能吸引到此款的注意。

太陽金牛座與數字 9／牡羊座

（4 月 27 日、5 月 9 日、5 月 18 日出生）

生日解碼

　　金牛座與牡羊座結合的牛羊型人格，有著土象金牛的沉穩，也有火象牡羊的熱情，

彷彿融合了愛神的優雅恬適以及戰神的活力和信心。這兩者看似南轅北轍的性質，卻在牛羊型身上展露無遺；平時他們總給人安靜、埋首於工作且

自得其樂的形象，但認識他們越久，你越能發現此款內心潛在的勇氣、好鬥和用不完的精力。

　　牛羊型頗能調和這兩種截然不同的情緒，對待他人若能投其所好的，便待人如沐春風般柔和、自然；而對外敵（仇家）的時候也能雷霆大作，瞬間翻臉狂風暴雨而來。所幸這一切失控的慘狀猶如午後的一場雷陣雨，為時不長。牛羊型比起其他金牛家族，多了些勇氣，願意將他人敢怒不敢言的部分，通通帶到檯面上。

人際交友

　　牛羊型的交友方式濕中帶乾，濕的部分在於，他們對朋友往往用情深，很能像親手足般的照顧。牛羊型對朋友的照顧是全方位的，小至為你打理三餐，大至當你的生活顧問家，無論大小事，他們一手包辦。而牛羊型交友乾的部分則在於，他們為人的清爽不膩，他們對友情具有自由的空間。不會因為與友情的羈絆而非得要朋友留在自己身旁，在一定的範圍之內，任其自由揮灑也是他們欣賞的交友形式。所以他們對友情抱著有點黏又不會太黏的態度，該需要他們出馬的時候，他們義憤填膺、拔刀為友相助；該享受孤獨的時候，他們也喜歡退回自己的伊甸園，獨享專屬時光。

家庭生活

　　牛摩型的父母是傳統的類型，無論父嚴母慈，或是父慈母嚴，他們擁有一對行事風格相輔相成的爸媽。其中一人扮演較具威嚴感的角色，就像獅子般，在他們的巡視下，睥睨群雄，任何危險都無法在他的國度內出現。而雙親裡扮演慈祥角色的一方，則是東方社會傳統的賢淑之人。他們是支撐家庭的重要力量，家裡的大小事務都由其打理，孩子們有任何心事也都會向其訴說；是家庭凝聚力的象徵。在這樣傳統家庭長大的牛羊型，對人有著良善的動機，做事也很有條理；也讓他們的心靈富有彈性，能將陽剛

與陰柔兼容並蓄，看待事情也能從不同角度下手。

感情世界

在愛情世界裡的牛羊型有其嚴苛的面向。在尚未投入愛情前，他們的標準很高，自律甚嚴的他們雖不排斥愛情，但秉持寧缺勿濫心態的他們，遲遲未等到意中人前來。即便真有情意郎君、淑女到來，他們又不自覺得擺出不可一世、難以親近的模樣。伴侶（夫妻）關係裡，牛羊型保有天真可愛的那一面，卻也擁有小惡魔的時候。同時他們也重視婚姻裡的公平待遇，很少會為了家庭而放棄自己的事業，提昌性別平等的他們，更不可能會有「男主外、女主內」之類的傳統思維。

理財觀念

在理財金融上牛羊型有其動態與靜態的觀念；動態在於他們渴望透過各種多元的理財方式，進而達到存錢賺錢的目標，他們喜歡與朋友討論賺錢之道，也可能會嘗試不同的理財技巧，有關錢的議題上，牛羊型是活躍的。而在靜態上，此款善於守財，對於金錢有固執的傾向，就像其他金牛家族一樣，要他們掏出自己錢包裡面的「小朋友」，除非有什麼正當實際的理由，不然他們是很不甘願的。在動態與靜態雙管齊下的交互影響下，牛羊型是很容易致富的。定存、還本型保單或是簡便的投資型保單商品都很適合他們。

職場生涯

論及工作職場的牛羊型，亦有動態與靜態兩面，動態的地方在於他們善於與同事打交道，對他們來說，有個和諧的工作環境是很重要的。所以在用心投入一份工作之前，他們也會考慮這家公司的人和、團隊氣氛夠不夠友善？同事之間會不會勾心鬥角、互扯後腿？靜態方面，則是他們對工

作要求完美的堅定意志，做事仔細負責，不容許有任何差池；號稱是典型的工作狂人。若是主管階級或是將工作視為人生志業的牛羊型，多屬於大器晚成的類型。早期身為主管的他們，對待自己與部屬都講求「鐵的紀律」；然而到了營運成熟期，牛羊型的管理方式將轉成較為開放自由的風格。

別踩地雷

金牛座與牡羊座結合的牛羊型人格，外表給人慢郎中的樣子，其實內心是個急驚風。他們與其他金牛家族最大的不同，在於他們較有勇氣說其他人所不敢言的事，尤其是對於不公平、不正義的事情；更常以「天下興亡，匹夫有責」這句話當作座右銘。是屬於責任心強，且有能力將理念貫徹始終的類型。面對這般有正義感的牛羊型，別以為他們外表溫順、愛好和平；萬萬不可有欺君或是想趁機壓榨、欺瞞的小動作，如果被發現了，他們將以數十倍的代價要你償還，要你悔不當初。

第三章：
太陽雙子座與九個星座靈數

太陽雙子座與數字 1／獅子座

（5 月 28 日、6 月 1 日、6 月 10 日、6 月 19 日出生）

生日解碼

雙子座與獅子座結合的雙獅型人格，外顯意識的雙子座與內在潛意識的獅子座彼此調和。此款為人熱情正直，尤其重視溝通與協調。一般而言，他們都很外向，喜歡交朋友，對於各領域的話題都頗有興趣，與其他的雙子家族不同的是，他們較能長時間維持自己的興趣。受到固定火象星座獅子座的影響，他們較少出現雙子座擅長的跳躍性思考，反倒能將自身的注意力提升，能對某個領域持續潛心研究，彌補了雙子座普遍三分鐘熱度的缺點。

雙子座這個愛思考、愛溝通的星座，在乎訊息的傳遞是否能夠不受阻礙地流暢，在此前提下，訊息本身的道德議題也就不這麼重要了；但雙獅型因為有獅子座的內隱人格，所以他們仍是很愛面子的一群，對於一些八卦、醜聞（尤其是關乎自己的）就有許多保留。

人際交友

雙獅型在交友上有著顯著的雙子座血統，風象變動的雙子人將交友視為人生所必須，喜歡向外溝通的他們，怎能放過每個結識新朋友的機會，

朋友當然是越多、越齊越好，「品種繁複，品相多元」是此款的交友心態。然而以自身為出發點的雙獅型多是主動出擊，因此聊天的話題往往都落在他們身上，溝通過程裡的主導權似乎也在雙獅型手中。另一放面，雙獅型在交友上，因為強烈自尊心的影響，被人戲稱交友國王皇后的他們，也很懂得社交的禮儀，對於交際的門面、該有的態度與儀態更是錙銖必較。

家庭生活

雙獅型有對生活嚴謹的父母，他們可能在學術、醫學領域工作，屬於高級知識份子的類型；或是從事較為勞力條件的工作，無論如何，他們的爸媽對於人生看待得較為嚴肅，也認為教育或是習得一技之長對於孩子而言，是非常迫切的事情。因此在雙獅型兒時，就對學習特別注重，要求學校的功課與成績表現，這無形中也讓雙獅型累積不小壓力。且重視細節的教養方式，也讓他們的家教出名的嚴格，「精確與完美」變是此款從小的家庭教育核心，這也養成了雙獅型對於生活有著某些潔癖和不可妥協的原則。

感情世界

戀愛關係裡，雙獅型重視的是彼此關係的平等，他們不允許雙方的付出與回報落差太大。所以通常會找條件與自己匹配的對象，至少能聊得來是深入交往的第一步，如果話不投機，那麼外在條件再好也都白談。伴侶（夫妻）關係裡，雙獅型崇尚柏拉圖式的親密關係，他們對於自由、自主的要求很高，不會因為婚姻而犧牲掉自己的企圖心和事業版圖。雙獅型對於婚姻的觀念是新穎的，他們不覺得婚姻是種束縛，反該是保障彼此生活的一種手段；在這層保障裡面，也該保有雙方的自由。

理財觀念

雙獅型在理財上有著精打細算的本能，受到家庭教育的影響，自小他

們就擅於持家，對於家中的金錢流向更是關心，甚至到了爐火純青的境界。他們本能地覺得儲蓄或是賺錢就是對家人的一種責任，所以對於「金錢」就像好媽媽、好爸爸照顧孩子一樣，重細節，同時保護慾和防衛心也比較重，常給人小氣財神的印象。他們對朋友的心態雖然大方，但在用錢上則是斤斤計較，這也讓此款較容易存到錢。不過對待親人他們卻是很捨得，因此一些房地產的投資，還有定存、利變型保單商品都很適合他們。

職場生涯

在職場工作上，雙獅型一改平時給人活潑愛講話的印象，在工作的時候，他們是沉默寡言的，時而流露出肅穆的氣質。他們有股天生的洞察力，知道職場的有力人脈以及會扯他們後腿的人是誰，即使能夠與同事和平相處，他們也深知辦工室裡的權力鬥爭，非常懂得察言觀色。若是主管階級或是將工作視為人生志業的雙獅型，勢必是累積了許多能耐才能走到今日地位，職場裡的腥風血雨、眾生百態，在他還是基層職員的時候便已看透。到了主管的位置，雙獅型反倒變得收斂，也許是種想要反饋和彌補的心態，他們在職員眼中是個和藹的慈善家，也熱衷參加許多公司企業的慈善活動。

別踩地雷

人們常云說話有時就像把鋒利的雙面刃，「良言一句三冬暖，惡語傷人六月寒」這句話對雙獅型的溝通狀況更是形容的十分貼切。他們知道言語對人們的力量，所以也很能透過溝通表達，來獲取自己的目標。那些講話不知天高地厚、想到什麼就說什麼，以及得理不饒人的人，便是此款厭惡的類型。還有在他們面前千萬別賣弄學問，自己有多少文墨自己該清楚，如果得要雙獅型親自幫你提醒，那後果可就不好看了。雙子座的辯才無礙以及獅子座的怒氣沖天，絕非是你我想領教的。

太陽雙子座與數字 2 ／巨蟹座

（5 月 29 日、6 月 2 日、6 月 11 日、6 月 20 日出生）

生日解碼

雙子座與巨蟹座結合的雙蟹型人格，兼具了雙子座的理性思維，以及巨蟹座的細膩情感。比起其他雙子家族，雙蟹型多了些感性，讓他們更容易以對方立場來思考，不過也可能讓思考過程多了些情緒干擾；先入為主的想法，因而失去了客觀。

如果說雙子座代表的是年輕人的青春活力，對於新鮮的事物總是躍躍欲試；那麼巨蟹座則是為人父母的成熟魅力，對於他人的情緒敏感，有種被需要的渴望。結合這兩者的雙蟹型旁人初認識的時候，他們多半健談而幽默，但認識他們越久，你就會發現他們天生的父性母性能量，對於比自己小的晚輩更是照顧。他們也會在一天中撥出許多時間，好好地消化各種情緒，因為雙蟹型的情緒海綿吸收力很強，無論好的壞的情緒，他們照單全收，所以要安排時間讓自己沉澱。

人際交友

在交友上雙蟹型是活躍的，他們擁有很多好友，來自各種不同的領域，他們的口袋名單總是琳琅滿目。但擁有各種好友的雙蟹型，對於朋友非常忠誠，無論是學生時代、出社會或是公私領域的朋友，他們不會因離開環境就此斷了聯絡，即便久未聯繫，一搭上話又能侃侃而談。對於朋友熱情的他們，總以老大自居，很能將朋友照顧得細心周到。雖然偶爾會擺起兄長的架子，愛發號施令，但朋友們也甘於為之臣服。因為他們總以真心在對待好友，也把朋友的事情擺在優先的位置，彼此的關係非常穩固。

家庭生活

家庭生活中，雙蟹型的父母常是扮演批判者的角色，這雖然養成了雙蟹型自小就很自律負責的個性，但無形中也過早剝奪他們快樂的童年，變得單調而乏味。雙蟹型的父母通常都有很高的學歷，也從事收入優渥的工作，因此他們希望孩子越早學習越好。實事求是，個性嚴謹的雙親，要求孩子課業智力表現更為突出，雖然學習力高的雙蟹型總能達成爸媽的期望，在班上成績名列前茅，但可能是出於被動，而不是對於知識有著真切的渴望。建議他們的父母不要急於求成給孩子壓力，要讓他們對學習有真正的興趣。

感情世界

戀愛關係裡，雙蟹型有其理性和感性的成分，理性在於他們重視關係裡的平衡，心中總有個天秤不斷在衡量、權衡與戀人的重量。談起戀愛的雙蟹型總能把自己最好的一面展現出來，時而典雅，時而風韻萬千。但隨著戀情進入磨合期，他們感性（或說是情慾）的那面就會跑出來，對自己的伴侶雖然用情深切，但手段卻是獨裁的。過度的控制慾常會讓親密關係搞得雞飛狗跳。伴侶（夫妻）關係裡，雙蟹型則在婚姻的自由與束縛、創新與守舊間搖擺不定。

理財觀念

雙蟹型因為有著強烈的責任感，尤其是在家庭開支方面更是謹慎小心，他們在理財上，從小看著爸媽理性用錢的原則下，對金錢管理自有一套法則。生活中任何開銷大致都有記帳的習慣，凡事能省則省，長期用錢斤斤計較的心態下，也讓自己的儲金簿漸漸豐厚起來。只是有點要特別提醒雙蟹型，即是他們對於金錢的炫耀態度，可能會因為炫富心理，而花了不少冤枉錢。對於奢侈品的花費更要格外嚴謹，別讓一時的衝動而讓辛苦存起的錢財一去不返。一些定存或是債券與他們較為相應，分紅型保單以

及利變型保單也是不錯的選擇。

職場生涯

面對工作的時候，雙蟹型定下的目標都能堅持到底，甚至不動聲色的完成自己計畫已久的目標。在同事眼中也許他們是個愛玩耍、愛打鬧的樂天派。但認真面對職場的時候，他們專心致志的神情，也許會嚇到不少同事。隨著在公司的時間越久，越能展現他們的這一特質；該認真的時候很認真，該好好放鬆的時候玩得比別人都瘋。若是主管階級或是將工作視為人生志業的雙蟹型，對待部屬皆能和顏悅色地指導，很少看到他們動肝火的樣子。他們也善於激發他人的活力，讓公司上下朝著同個目標邁進，而雙蟹型也樂於擔任火車頭的角色，引領大家勇於付出，維持內部的良性競爭。

別踩地雷

雙子座與巨蟹座結合的雙蟹型人格，即便看起來有些幼稚，但他們的心靈是成熟的，特別是關係到家族或是私人情感的時候。你會看到不同以往，輕鬆詼諧的另一面─那種認真負責、願意為他人犧牲成全的樣子。情感豐富的雙蟹型，無法認受他人對自己隱私或是親人的批評，在當下他們也許沒什麼特別的反應，但認識他們的朋友都能知道此款的心正在流淚。雙蟹型是善於隱藏自己情緒的，那些負面的情緒總會被嘻笑、不在乎的自嘲掩蓋起來，只留給懂他們的有緣人去了解。

太陽雙子座與數字 3／射手座

（5 月 30 日、6 月 3 日、6 月 12 日、6 月 21 日出生）

生日解碼

雙子座與射手座結合的雙射型人格，外顯意識與內在潛意識有其矛盾與吻合的地方。矛盾點在於雙子座與射手座，若以星盤來看，彼此落在星盤的兩端，呈現一百八十度，遙遙相對。初認識的時候，雙射型給人活潑好動、永遠安靜不下來的感覺，打開話匣後，更能滔滔不絕地閒話家常，對任何新鮮事都有興趣，似乎有些輕浮。

但認識久了，便能發現雙射型喜歡獨處的那一面，總喜歡在寬廣的世界中，找尋專屬自己的一角，慢慢沉澱、內化繁雜的訊息。雙子座與射手座都很喜歡接觸人群，尤其對於溝通的渴望，對於資訊的渴求。雙射型是外向的，他們喜歡向外探求這個社會，再將訊息慢慢消化，反覆咀嚼成自己的見地。

人際交友

此款在人際交友上，依然有兩個截然不同的面向，其一是他們對於朋友有著強烈的需要，可能是他們很需要友情的相伴，也可能是朋友很需要他們，彼此依賴很深。雙射型機靈活潑的性格，自然能吸引到許多不同類型的好友，常居於主動位置的他們，很少人能拒絕得了他們猛烈的攻勢。另一方面，雙射型即使表面很大氣，對朋友的要求來者不拒，但其實他們內心有股說不出的孤單感；就好像處在喧鬧的人群裡，內心卻是更加寂寞的道理一樣。不管是自覺或非自覺的，雙射型的內心總需要個非常大的地方來排解、冷卻人際的熱情。

家庭生活

雙射型在家庭生活中，有對兼容並蓄的父母，他們實施高壓與懷柔的雙重政策。對待子女一般都較為嚴格，除了日常行為的儀態舉止之外，學校的功課更是不能馬虎。雙射型的爸媽通常出身高學歷的階層，對於孩子的教育更是看重，而生活裡的細節也是他們要求的地方。至於在懷柔政策

上，雙射型的父母也是其中的楷模。他們雖然對孩子期望很高，愛深責切，但對於孩子的感情也是非常深厚。「萬丈高樓平地起」，所以從小就被處處要求勤練基本功的雙射型，長大後便能體會到父母當初的用心。其實他們的爸媽心腸非常柔軟，只是他們善用嚴肅的面具來偽裝自己脆弱的心。

感情世界

戀愛關係裡，雙射型初期給人好好小姐、好好先生的印象，對於戀人的請求似乎不大會拒絕。他們也頗容易進入一段親密關係，只要氣氛對了、聊天能談得下去，就能與眼前的對象快速交往。並不是說他們對愛情膚淺，或是沒有門檻；而是因為他們總能看到愛人最美好的一面。伴侶（夫妻）關係裡，雙射型除了保有大剌剌的俠客俠女個性，對於生活也較不拘小節，可能是在原生家庭壓抑太久，一旦組成新家庭的時候，就會變得放蕩不羈。不過他們仍是十分講究孩子們的教育的，盡可能將家中布置成圖書館一樣，讓家人能夠無時無刻品嘗閱讀的樂趣。

理財觀念

在理財方面，雙射型則是拘謹的類型，善於精打細算且以絕對不吃虧為原則。在父母愛物惜物的管教下，也養成了雙射型不愛浪費的個性，在財務上更是如此，會將物品盡到（或說操到）最大價值，才肯罷休。原本外向活潑的雙射型，在錢字面前，則變得乖良、保守許多。他們在年輕的時候便已替自己（甚至伴侶）的退休生涯做規劃，對於金錢態度十分早熟，所以年少時累積巨額存款也大有人在。建議他們可考慮房地產的投資，或是還本型保單以及利變型保單等帶有年金特質的商品都很適合。

職場生涯

在工作上雙射型則展現超人般的意志力，對於自己立定的目標，總能如如不動，在不受他人影響的情況下，從容達陣。就算是最善變、思維最

敏捷的雙射型，面對「工作」這個選項的時候，也會變得沉穩而踏實。若是主管階級或是將工作視為人生志業的雙射型依舊有著保守的工作模式，他們落實的是「寬以待人，嚴以律己」的原則。對待同事和職員都能微笑以對，在公司素有「溫、良、恭、儉、讓」的良好形象；但其實雙射型的野心是深藏不露的。他們在自身的專業領域，是個不折不扣的工作狂，凡事做到盡善盡美，近乎苛求。

別踩地雷

　　雙子座與射手座結合的雙射型人格，十分重視人際溝通的品質。這個強調信念導向的組合，深怕自己跟不上時代的腳步，三不五時都在進修；每節新聞的更新，以及各領域的涉獵，你很難找到他們無法切入的話題。跟此款「資訊焦慮症候群」相處可說是輕鬆，也可說是壓力重如山。輕鬆的原因是他們自身的努力，你與他們什麼都能聊，無論是詼諧的閒話家常，或是嚴肅的社會議題，他們都能游刃有餘聊上好幾句。但也因如此，如果與他們話不投機，也是你該檢討自己是不是太沒在關心時事了？

太陽雙子座與數字 4 ／水瓶座

（5 月 22 日、5 月 31 日、6 月 4 日、6 月 13 日出生）

生日解碼

　　雙子座與水瓶座結合的雙瓶型人格，擁有雙重風象星座特質，是典型的風象人。善於思維的他們，也相當重視人與人之間的關係，尤其在溝通等精神層面，更是生活所必需。雙瓶型擁有雙子座聒噪、活潑外向的那一面，幾乎可以與眼前的任何人共存而不突兀。

　　但我們也別忘了，在雙瓶型好動、愛熱鬧的外在背後，受到水瓶座影響的他們，為了讓自己的觀點保持一定超然的立場，他們也習慣性的將自

我隱藏到高空當中。這一面的雙瓶型是較不為人知的，只有親密的好友才會知道，雙瓶型在人際關係上，保有一定的距離。他們則會堅持自己的立場和原則；對於自己的想法也較不容易妥協。水瓶座會加強雙子座思考的深度和廣度，較能以全面性的眼光看待事情，雙瓶型是成熟而睿智的。

人際交友

雙瓶型憑藉著風象星座的活潑機智，交朋友對他們而言是非常重要的事情，他們有強烈溝通的需要，更正確的說法是「演說」的渴望。善於分析以及蒐集情報的雙瓶型，在人際交友上投入許多的熱情，朋友是不可或缺的存在。雙瓶型也總會吸引到一些比較稚氣，或說是任性的朋友。常看到雙瓶型不時還要安撫朋友們的孩子氣，讓他們自顧不暇。另外，他們也善於激發他人的勇氣；勇於追求真相的雙瓶型討厭任何形式的虛偽，希望朋友們都能真誠以待，這無形中可能會讓朋友間有些小摩擦，因為坦誠相見、凡事都以真面目相處的結果，則會換來短兵相接以及緊張的關係。

家庭生活

在家庭生活中，雙瓶型父母的作風是傳統而保守的，特別是家族財務這塊更是嚴謹。他們的父母善於守成，認為「慣性」足以影響人的命運；因此在雙瓶型還小的時候，特別注重人格的養成，他們深信只有養成良好的習慣，才能面對將來的人生。雙瓶型的童年可能有些單調，每天都在重複同樣的例行公事，然而在父母高壓的教育下，使得他們學會了自律，也比其他同年齡的孩子，來得早熟。雙瓶型的父母篤信知識就是力量，只不過填鴨式的教育方式，可能會抹殺雙瓶型的學習興趣。

感情世界

戀愛的時候，雙瓶型很有紳士淑女的風度，崇尚細緻，討厭粗魯的舉止；他們比較傾向精神式的關係。伴侶（夫妻）關係裡，雙瓶型則可能會

變得跋扈，凡事較以自己為中心，活像個國王天后般，而他們的另一半也就只能躬身伺候。雖然這樣說是有些誇飾，不過雙瓶型在婚姻生活裡，確實強勢，這要歸功於他們的口才天分，能把黑的講成白的，總有自己的一套理由和說詞，身為他的伴侶很難能辯得過他們，只好照辦。不過也可能情況反過來，雙瓶型遇到了比自己學識更高、更會差使他人的伴侶，那麼雙瓶型也只能摸摸鼻子、自認才識不足了。

理財觀念

　　理財上，受到良好家庭教育影響的雙瓶型，基本上常以持家的賢淑態度來看待金錢事務，他們本應該可以累積到不少財富；但美中不足的地方在於他們對於自己的見識過於自信，而造成錯誤的投資。雙瓶型的理想夢想，如果與金錢有所瓜葛，他們往往會低估了現實的狀況，而讓自己的錢財流失很快，而且通常兌現美夢的金額都不小；並不是要他們放棄夢想的能力，而是當理想與實質的金錢擺在天秤兩端的時候，該如何定奪取捨，多聽親人好友的意見也是必要的。在此原則下，定存以及還本型商品就很適合他們。

職場生涯

　　雙瓶型在工作的時候，思緒變得較為集中，原本擴散型的思考模式，也會變得專注。他們很能勝任處理細節的工作，同時對於需要訊息傳播的工作也能得心應手。他們常把同事當作家人，較為成熟的雙瓶型會將公司視為一個整體，願意扛起保護職場的重責大任。若是主管階級或是將工作視為人生志業的雙瓶型更能發揮上述的能力，是公司重要的安定力量。他們處理事情非常有魄力，不會有朝三暮四的政策，一心只想壯大公司的雙瓶型，很有奉獻的特質，若是為了大局著想，也不惜犧牲自己。「人人為我，我為人人」也是他們的職場座右銘。

別踩地雷

雙子座與水瓶座結合的雙瓶型人格,是典型的風象人。那些教條主義,不懂得將知識內化並融會貫通的人,很難體會到雙瓶型的自在。這也是此款頗大的地雷區,一些思考僵化,過於追求制式規定的人,可能無法與他們相處融洽。除此之外,給人溫柔形象的雙瓶型,也討厭粗魯的舉止,如果太過白目的行為,可能會引起此款的不悅;但通常他們生氣的方式充滿冷意,「罵人不帶髒字」也是他們的專長。原則上只要別踩到底線,雙瓶型會是很好相處的類型。

太陽雙子座與數字 5 ╱雙子座與處女座
(5 月 23 日、6 月 5 日、6 月 14 日出生)

生日解碼

凡是與數字 5 有關的組合,都會增加本人性格的複雜度,因為受到雙子座與處女座這兩個星座的雙重影響,雙子座與雙子座、處女座結合的雙雙(處)型人格更是如此;屬於典型的雙子人,擁有所有雙子座的正面特質:聰穎機靈、富有彈性、重視理性、處事圓滑、興趣多元……等,而負面特質則包含:缺乏耐性、見異思遷、過於冷漠、虛偽矯作、行事膚淺……等。

有如此性格的雙雙(處)型,比其他雙子家族,擁有更具伸縮性的心智。若是發展過度的他們容易表現出不需配合時卻一味配合,或應該堅持立場卻突然改變的心態。總是處在某種「過度」狀態,最終難以落實自己的目標;且太會給自己找理由,替自己的失敗合理化,不願意去面對現實的挫敗。這樣猶如氣體的雙雙(處)型,如果缺乏明確的目標以及規律的生活方式,便會四處漂泊,無法為自己定位。

人際交友

　　興趣導向的雙雙（處）型，也能在與好友交流的同時，挖掘其他新的興趣。雖然話題可能都是繞在自身身上，但配合機靈快速的反應，以及幽默詼諧的說話方式，長居於溝通領導地位的雙雙（處）型，可說是好友圈的核心人物。看似再生活化不過的雙雙（處）型，能與許多人聊上天，輕鬆自然便架起了人與人之間關係的橋梁，但其實他們在與人互動的同時，也能透過心眼來觀察人群。

　　這也是他們每天的興趣；看著聊天對象的反應，再去洞察其背後的動機，他為什麼會說這句話？為什麼會有這種反應？接下來他可能會怎麼回覆？這些問題總在雙雙（處）型與人交談時於腦中快速閃過，並作出最合理的反饋。在人際關係上，他們絕對是稱職的記者，因為在各關係裡總能處理得游刃有餘、易如反掌，同時又具備偵探的明察秋毫和冷靜的觀察力。

家庭生活

　　雙雙（處）型這麼複雜的個性也可能是在家庭教育下養成的，他們的爸媽很重視孩子獨立思考的能力，這也讓他們自小就習慣獨立。他們的爸媽對孩子的身教言教是有耐心的，他們自己也可能從事與醫療衛生、資訊工程，或是需要動大量腦力激盪的工作。在如此耳濡目染中慢慢學習的雙雙（處）型也擁有高強的邏輯推演能力。此外，雙雙（處）型的父母雖然待孩子嚴格，卻也給他們許多空間和時間去自我消化，爸媽做了引領的工作，剩下的便不會干涉太多，讓孩子與自我對話。這也是雙雙（處）型在外處理許多資訊、與人互動後，仍可以自在的獨處；目的就是為了將訊息反覆咀嚼。

感情世界

談起戀愛的雙雙（處）型是嚴肅的，剛與他們交往的時候，你可能會被他們外在美好的糖衣所騙，誤以為他們是好說話的好好先生、好好小姐。但交往越久，越會發現他們在愛情裡的專制性格。伴侶（夫妻）關係裡，為了長久的經營，雙雙（處）型反倒變成理想主義的擁護者，他們與伴侶間必然有許多共同的興趣，或是價值觀，這也是他倆婚姻的基石。雙雙（處）型的婚姻生活是穩定的，因為他們總能看到伴侶最美好的那一面，甚至有些宿命論的觀點，覺得另一半是上天注定的選擇。通常他們與情人的相遇也是很不尋常的，至少他們認為是很特別的緣分，所以格外珍惜。

理財觀念

基本上，雙雙（處）型的理財觀是傳統的。受到原生家庭影響，較為獨立的他們，可能很年輕就有打工的經驗，所以對自己的金錢管理不會太陌生。他們不是衝動消費的類型，對自身金錢的流動也十分留意，所以存錢對他們而言並非難事。靠著喜歡與人打交道的個性，也熟稔許多賺錢技巧；而重視交友關係的他們，與他人一起合作賺錢的想法便油然而生。所以像是基金這類需要動用大眾的投資方式，對雙雙（處）型來說也是個不錯的賺錢管道。另外，還本型保單或是投資型保單也很適合他們。

職場生涯

雙雙（處）型在工作上很注重人際關係上的人和，與同事都能相處融洽，而且他們面對工作的專注力，能克服許多困難與挑戰。他們了解職場環境人心的變化，以及權力的擺盪，能在旁人沒有察覺下，緩慢而穩定地爬上成功的巔峰。若是主管階級或是將工作視為人生志業的雙雙（處）型，更能妥善運用他們知性且機靈的天分。他們對企業以及社會潮流有敏銳的嗅覺，能比對手早上好幾步，預測未來流行的風向球；並憑藉超人的情報蒐集能力，以及深思熟慮的智慧，進而一馬當先，引領群雄。雙雙（處）

型主管看重職員的能力，也希望其能在自由的環境中盡情發揮所長。

別踩地雷

　　雙子座與雙子座、處女座結合的雙雙（處）型人格，精神靈敏度極高，擁有水星這顆使者之星、智神之星的守護，是敏捷與智慧的組合。看到這邊，你應該知道我言下之意指的是，沒事可別去招惹此款！雙雙（處）型可以與任何人相處，但不代表他們在人事上就沒有標準，對於那些沒有本事、知識淺薄又不自量力，偏偏又愛強出風頭（盡出些餿主意，又從沒看到他們在做事）的人，可能就是引爆他們怒氣的最大元凶。雙雙（處）型是屬於「君子報仇，十年不晚」的類型，如果你還沒有收斂的自覺，那就等著收拾自己搞出的爛攤子和殘局吧！

太陽雙子座與數字 6／金牛座、天秤座
（5 月 24 日、6 月 6 日、6 月 15 日出生）

生日解碼

　　雙子座與金牛座、天秤座結合的雙牛（秤）型人格，擁有商業之神的智慧與機靈，以及愛神的唯美與和諧，是知性與感性的組合。他們能貫徹人際間的和平，一般而言，他們喜歡輕鬆自在的人際互動，崇尚簡約、樸素的風格，為人也是單純而不複雜。討厭粗魯還有不文明的事物，對種種暴力更是嗤之以鼻。

　　他們多半言語是輕柔的、文字是優美的；在與人交談的時候，雙牛（秤）型會盡量選擇優雅的詞彙，搭配他們流暢的口語能力和敏捷的思維，整體對話雖然流暢但不會見到任何鋒利的言詞，而是充滿知性以及溫暖的溝通。雙牛（秤）型的溝通是經過安排的，他們不會有不假思索、脫口而出的狀況，大部分都是先在腦海中構思才說出的話語，也使得雙牛（秤）

型成為名符其實的「說話大師」。

人際交友

注重說話之道的雙牛（秤）型，身邊也不乏許多朋友。因為他們和藹的態度，還有優雅的舉止，總能在交友圈內打響自己的名號，同時他們對友情的忠誠度又高，能維持穩定長久的情誼。他們也容易成為朋友的軍師，有何問題都能找他們商量，你能得到合情合理的專業答覆。在與他們對話的時候，過程中雙牛（秤）型不斷流露出的溫情，除了得到精闢的結論，你的心靈也會獲得洗滌，情感更得到了支持和連結。不過總是不斷在修正自己表達能力的雙牛（秤）型，因為思想上充滿了各種權衡的理念，因此下結論有時會較費時。如果遇到棘手的問題，更會讓他們陷入優柔寡斷的窘境。

家庭生活

在家庭生活中，雙牛（秤）型擁有一對嚴肅的父母。其父母雖然頗具威嚴，對孩子的管教嚴格，但皆是基於關愛的出發點。在物質上，爸媽會盡力提供最好的，各類名牌一應具全，希望孩子能夠開心。此舉可能是出於彌補的心態，因為早期雙牛（秤）型的孩童教育多半是在高壓的監控下度過。這樣的家庭教育，雖然讓雙牛（秤）型得到了比起其他孩子更多的資源，但如果從負面看，填鴨式的教育可能會讓孩子失去了自主學習的機會；另一方面，也可能讓孩子變得驕傲或是勢力，有了比較心理，甚至憑著自身條件而有高姿態的架子。

感情世界

戀愛關係中，雙牛（秤）型一如交友的型態，他們待人彬彬有禮，在戀愛初期，更是標準的淑女、紳士。那些會為你獻殷勤、展現禮儀風範的雙牛（秤）型，在異性圈裡面非常受歡迎，所以以此款為目標的戀愛競爭

者也很多，提醒你可能要有心理準備。伴侶（夫妻）關係裡，雙牛（秤）型同樣看中彼此的理念，但是慢熟的他們不會趕流行閃婚，通常都是在各方評估後，此款才會有所具體行動。如果你本身條件就已具足，雙牛（秤）型也會變得火急，早早便與你訂下婚約。雙牛（秤）型多以能夠與自己理念相符的對象為選擇，擁有「溝通前景」的因緣才是他屬意的。

理財觀念

雙牛（秤）型頗能洞悉一般人所察覺不到事物背後的價值，一些他人可能視為敝屣的東西，在他們回收再利用後，反倒創造了巨大的價值。同理，他們將此能力發揮在理財上，對投資是有利的。他們擁有股市行情的遠見，不會隨波逐流人云亦云，而會自己潛心鑽研，找出最有利的方法；並運用獨到眼光，獲利良多。不過這樣有風險的理財仍不是雙牛（秤）型賺錢的主力，思想較中庸的他們，還是喜歡起伏較小的投資，只是偶爾有些高槓桿的商品他們也不排斥，但要說服此款非常不易。某些認股權證或是投資型保單以及還本型保單都很適合他們。

職場生涯

靠著優秀的口語能力，以及視友為己出的心態，雙牛（秤）型在職場上，與同事的關係良好，也是維繫辦公室人際融洽互動的重要功臣。加上他們對待工作能夠心無旁騖地在極短時間內完成上司的交代，效率堪稱一流，雙牛（秤）型在工作能力及態度上都屬一時之選，因此職位的晉升也就水到渠成、通行無阻。若是主管階級或是將工作視為人生志業的雙牛（秤）型，則更重視四海一家的精神，將職員當作自己親族，能完全獲得部屬的信賴和愛戴。他們對企業的理念是明確的，也時常激勵同事職員一同向公司目標前進，靠著溫暖的言談和細膩體貼的心思，多能擄獲公司上下的心。

別踩地雷

雙子座與金牛座、天秤座結合的雙牛（秤）型，結合了智神水星的能言善道以及愛神金星的優雅身段，是屬於文人雅士的類型。他們身上時不時流著文青的氣息，受到雙子座的影響，他們總是不斷充實自我，不停更新最新的訊息動態；又以深具美感的口語或文字，來訴說他們的想法。所以他們最怕遇到「有理說不清」的狀況，碰到那些只想以暴力來解決問題的人，當然會讓溫文儒雅的雙牛（秤）型避而遠之。文明的他們講求的是平等、光明正大，還有不指桑罵槐或是含沙射影的理想溝通方式。

太陽雙子座與數字 7／雙魚座
（5 月 25 日、6 月 7 日、6 月 16 日出生）

生日解碼

雙子座與雙魚座結合的雙子魚型人格，兼具了雙子座的理性思維，以及雙魚座的感性情緒。在外顯意識與內在潛意識上，有某種程度的違和，最大的困難在於如何在理智與情感間做選擇，他們雖然有顆就事論事，講究客觀的左腦，也有顆發達的藝術右腦，權衡兩者是雙子魚型的人生課題。

大部分場合，雙子魚型就跟一般人無異，慣用理性思維的左腦，蒐集大量的資訊，用來判斷和思考。但如果涉及到私人情感或是藝術領域的時候，雙子魚型優秀的右腦便會開始活絡，直覺性的感知自己與他人情緒，徜徉在宇宙和一的靈性大海裡；平時總能交替出現的左右腦處理模式，並不會讓雙子魚型的人感到困惑，但偶爾出現的特殊狀況，則會讓此款猶豫不決，無法快速的下決定。

人際交友

　　交友上，雙子魚型他們忠於自我的表達方式，有什麼話都直說，較不會去顧慮太多，話題也多是以自我為出發點；這樣強勢的作風旁人反應兩極，不過欣賞他們溝通方式的大有人在，所以雙子魚型也有一票忠心的死黨。平時交友聊天生龍活虎的雙子魚型，其實內心也有追求低調的時刻，只是他們這樣的個性較難被發現。認識雙子魚型越久，你越會發現他們偶有喜歡孤獨的時候，在大夥聊得不亦樂乎的時刻，你會看到默默有個身影，獨自一人在一旁享受、品味他的時光。雙子魚型也許不像表面這麼活潑、愛講話，相反的當他覺得彼此友誼夠牢固、夠穩定的時候，他們反而變得安靜。

家庭生活

　　雙子魚型卓越的語言能力，多半來自家庭背景。他們的父母可能從事需要處理大量資訊的工作，像是教師、律師或是記者等職務，所以特別重視雙子魚型的邏輯思考力。雙子魚型爸媽能扮演嚴師的角色，也是其子女的最佳好友，他們常在教育者與同儕間轉換。一方面雙子魚型爸媽嚴格的教育方式，訓練出雙子魚型出色的左腦，對事情能用符合邏輯的智慧去解決問題；同時雙子魚型爸媽也是他們最好的知己，培養雙子魚型多元的興趣。雙子魚型爸媽也不會限制小孩的想像力，如有機會也會讓他們盡情發揮，無形中也開發了雙子魚型右腦的藝術細胞。

感情世界

　　談起戀愛，雙子魚型一改交友時的霸氣武斷，變得溫柔體貼。他們對待愛人的方式，就像對待自己的孩子般，細心而處處充滿著柔情。伴侶（夫妻）關係裡，雙子魚型則會重現孩提時代的光景，對伴侶開始變得會要求、變得嚴格。在愛情看不到的那些生活小細節，在婚姻、家庭中則是

被雙子魚型拿放大鏡努力看著，這樣事事謹慎小心的心態，很可能會讓伴侶不爽，引來不必要的惱火。婚姻是長遠的，一些生活小習慣可以慢慢調整，千萬別讓壞情緒毀了家庭的共享時光。

理財觀念

在理財上，受過嚴格教育的雙子魚型知道存錢的必要，他們頗有存錢的觀念，是守多於攻的保守類型。但每當薪水發下來的時候，萬一他們有了「想犒賞自己、想慰勞自己」的念頭，那麼就是危險的開始。雖然他們善於存錢，而此時的他們就像斷了理智線的機器人，麻木地衝動購物。等雙子魚型意識過來的時候，通常都為時已晚，身為他的家人、伴侶，一定要在發薪日當天好好看管他的荷包，以免大失血啊！因此定存、利變型保單或是還本型保單這類有約束力的商品，就能發揮一定的理財效用。

職場生涯

在交友上強勢的雙子魚型，同樣在職場上也總能呼風喚雨，成為辦公室的核心焦點。雙子魚型憑著出類拔萃的左腦，能將上級交辦的事情處理得完美，效率快之外，也找不到疏漏的地方。同時他又能發揮右腦的影響力，與同事交心、打成一片，他們極富渲染力的語表技巧，加上頗能洞察同事情緒的能力。若是主管階級或是將工作視為人生志業的雙子魚型，會出現像是佈道家的姿態，四處宣說自己的經營方針，他們很擅長「宣傳行銷」公司或個人形象，藉此打響名號。在這樣潛移默化之下，雙子魚型的公司職員，也都萬眾一心，齊力完成公司目標。

別踩地雷

雙子座與雙魚座結合的雙子魚型，擁有多重的人格，他們不能忍受凡事只有單一標準答案。比起是非題，他們更愛選擇題；比起選擇題，他們更愛問答、申論題。雙子魚型有太多新的想法在腦中打轉了，總是停不下

來的他們，不斷在體驗這個世界，如果你的思考速度無法有效跟上他們，或是只會一味應付他們，卻不能提出相左或新的見解，那麼你可能會快就會被雙子魚型列入黑名單之中。

太陽雙子座與數字 8／摩羯座
（5 月 26 日、6 月 8 日、6 月 17 日出生）

生日解碼

雙子座與摩羯座結合的雙摩型人格，有風象星座的柔軟身段，以及土象星座的堅毅不拔；有雙子座的口齒伶俐，也有摩羯座的老練世故。他們在為人處事上，頗能調和這兩種矛盾的情結，即便外顯意識與內在潛意識有些衝突，但運用得當也能激發許多創造力；在多數人意想不到、不會留意的地方，發現驚奇，衍伸自己的創意。雙摩型外在有著年輕人的朝氣，心裡卻住著一個老人；此款與其他雙子人相比，多了些成熟穩重，雖然思維也許不這麼快速，卻傾向務實與負責任，也比一般人來的自律。

雙摩型受到摩羯座的影響，沒有風象星座特有的愛講話跟喋喋不休，他們較喜歡將蒐集來的資訊反覆咀嚼，囫圇吞棗這類吞噬資訊的精神飢渴狀態，在他們身上並不常見。雙摩型擅長沉思，具有邏輯性的思考方式，客觀而理性，他們結合了風象星座與土象星座冷靜的特點，較不會有狂喜或是極哀等極端的情緒表徵。

人際交友

在人際互動上，雙摩型有動態與靜態的兩面。動態上，他們對於交朋友這件事是熱衷的，即便他們話不太多，但他們在訊息的交流上還是很在行，懂得何時開口的藝術。此款有駕馭溝通的本能，他們理性客觀的語言表達，能讓聽者聽得心服口服，就算本人沒有特別要求，他人也很願意聽

他們說的話，做他們心願的事情，這可能是種特殊天分吧？ 在靜態上，雙摩型很願意為朋友犧牲奉獻，他們對友人常懷慈悲心腸，對他人尤其是弱者抱有強烈的同理心，願意為苦難之人伸出援手。只是雙摩型都是默默地在做，低調的行善。

家庭生活

在家庭生活中，雙摩型的爸媽是嚴苛的，他們貫行斯巴達的軍事教育。無倫男生或女生，在還小的時候，做錯事便常被爸媽要求不准哭，因為那是弱者的象徵。在父母「軍令如山、軍紀似鐵」的教育下，每天早上，雙摩型已養成不用別人叫，自己就會準時起床的習慣；吃飯的用餐禮儀更是不得馬虎，飯後自己洗碗更是天經地義。雙摩型可能來自手足很多的大家庭，或是自己就是長子、長女，所以爸媽常以此為由要他們做弟妹的模範。這也讓雙摩型在家庭中很有競爭意識，覺得自己一定要做到最完美，成為家庭成員的表率；或是怕資源被瓜分，因此對自己的標準特別嚴格。

感情世界

在戀愛世界中，雙摩型重視公平的法則。他們願意完全付出自己的愛情，對愛人無所保留，前提是你也要這樣對待他們。要經過雙摩型認證成為親密關係是不容易的，起碼要有一定的經濟水平，生活夠溫飽，才能讓他們有勇氣進一步追求。伴侶（夫妻）關係裡，雙摩型無論男女，都會將重心擺往家庭，可能來自原生家庭的虧欠心理，他們希望自己能做到好爸爸、好媽媽的角色。這也是他們成婚的最大理由，就是想擁有一個完整的家。責任心強的雙摩型對愛情條件是嚴苛的，對付諸承諾的伴侶關係更是如此，所以他不會輕易許下承諾，通常都是經過多年愛情長跑，才會互許終生。

理財觀念

受到摩羯座影響的雙摩型，在理財上有其保守的一面。他們用錢較為謹慎小心，加上來自爸媽的教育，他們很懂得理財之道，生活中處處留心，節儉又討厭鋪張浪費，容易將自己的本錢越滾越大，積沙成塔。另一面，雙摩型憑藉著在人際關係上的觀察互動，會選擇基金這類工具來做為自己的投資，委由專業的基金經理人管理並運用其資金也是此款善用的賺錢方式。搭配他們「持家型」的存錢態度，要變得富裕並非難事。定存和帶有年金以及壽險性質的利變型保單也很適合他們。

職場生涯

面對工作的雙摩型，能在變與不變之間拿捏；變的部分在於，他們善用雙子座活躍的心智，透過流暢的溝通能與同事相處融洽。不變的地方則在於，雙摩型摩羯座的那一面，在自己的勤務上，盡足了本分，對工作認真的態度，誰也無法動搖。若是主管階級或是將工作視為人生志業的雙摩型，必定是經過萬重山的苦難才能到達這一步，多半經歷過基層工作的他們，也是白手起家的代表人物。所以他們特別能感同身受的為公司基層職員設身處地著想。不僅對職員很有愛心，也是同仁眼中的大慈善家，時常以公司或個人名義參加慈善公益活動。

別踩地雷

雙子座與摩羯座結合的雙摩型，具足了小孩的眼界以及大人的沉穩。即便他們外表多麼像孩子天真，實則內心是個成熟的大人，待人處事很有大人的智慧（奇怪，聽來好像在說某個偵探推理動畫的主角）。別以為雙摩型擅長人際溝通，就必定沒有自己的原則，他們的原則可是多到數不清呢！別忘了他們是在怎樣的家庭環境中長大的，那種「嚴以律己，寬以待人」的方式，不是每個人都學得會呢！所以不要想去佔他們的便宜，或是想藉外力去動搖他們；重視紀律的他們是沒這麼容易被影響的。

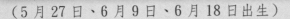

太陽雙子座與數字 9 ／牡羊座

（5 月 27 日、6 月 9 日、6 月 18 日出生）

生日解碼

雙子座與牡羊座結合的雙羊型人格，有著使者之神（雙子座）的智慧以及戰神（牡羊座）的勇氣與行動力，是屬於劍及履及的行動派人物。在人群中，你第一眼就能認出他們，優秀的反應能力，還有出眾的執行力，思考快速而果決，是能將思維和行動融合起來的人物。他們習慣過著有效率、敏捷流暢的生活，緊湊且流暢無阻迎接充滿挑戰的每一天。

雙羊型的外顯意識與內在潛意識是相容的，他們清晰而快速的心智，在與人溝通的時候，就像打仗一樣，富有競爭意識。他們可能常把「別囉嗦」掛在嘴邊，無法容忍他人緩慢或溫和的處理方式，習慣以敏銳、誠實（對他人而言可能是自私）、簡明的方式溝通。

人際交友

屬於劍及履及的行動派雙羊型，在人際交友上較以自我為中心，有時甚至給人蠻橫專制的印象。一般而言，他們對待朋友是大方而直接的，為人俐落，但不是每個人對他們急勁的方式都能領情，所以在某些場合多少有被孤立的現象。雙羊型友有著各式類型的朋友，也擅長穿梭在各人際關係裡，他們認定後的友誼不會變質，是越陳越香的類型。若你能跟上他們的速度，你會發現在此款具有侵略性的交流過程中，也能激發許多急中生智的狀況；一些平時沒有發現的創意油然升起，這也是雙羊型與人交談最大的益助之一。

家庭生活

在家庭生活面，雙羊型有對行事較保守的父母。自小就對其人格有重

大的影響，包含培養雙羊型有顆細膩的心思、凡事做到盡善盡美的耐性、嚴謹的生活作息……等等。父母這些舉動會引起許多家庭的摩擦，畢竟直來直往的雙羊型不能忍受將步調放慢的管教方式，尤其是在細節上著墨過多，這與他們能瞬間抓住核心的思考方式大相逕庭。但注重細節以及善於分析的雙羊型父母，也讓子女能有足夠的時間訓練自己的邏輯推演能力，為他們火急的思路提供了一帖良藥。

感情世界

戀愛關係裡，行動派的雙羊型會成為四處打游擊的獵人，無論男女，此款都是較主動的類型。行動力十足的他們，在揮灑汗水的當下，最能吸引到自己的意中人；雙羊型認真的模樣會讓許多人為之癡迷。伴侶（夫妻）關係裡，雙羊型除了堅守公平原則外，他們也十分要求彼此關係的成長。他們希望人生並不會因為婚姻而停下腳步，自我更高的探求必須是永無止盡的。即便是女性，也不會遵守傳統婦道留在家庭相夫教子，不會為了家庭而毅然放棄婚前的事業。但不是說他們就無法為家庭犧牲，受到原生家庭影響，他們是有深厚家庭觀念的，也很期盼家庭成員間的和諧。

理財觀念

受到牡羊座影響的雙羊型，對金錢很有自己的想法。總是直來直往的他們，對於金錢保持著非常直接了當的觀念，認為該花的錢就該花，該存的錢就該存。所以他們對於理財是黑白分明的，基本上他們的原則是「可攻亦可守」。一般而言他們較不會衝動消費，而是會將存款逐步累積下來。只要別受到過分煽動，他們是頗會克制自己慾望的，這時若有伴侶的人，另一半就成了關鍵的角色，必須時時盯著他們的荷包。定存或是利變型保單這類有年金和壽險性質的商品，都是他們的首選。

職場生涯

　　面對工作的雙羊型獨具慧眼，很快就能找到自己真心屬意的工作。他們一旦決定了自己的工作選項，就不會再變動，會以「學徒」的心態，在能獨當一面學會技巧之前，貫徹始終。雙羊型的果斷力，在工作職場上也是表露無遺，他們重視速度與效率，上司交辦的工作，短時間內便會完美地做好，在辦公室內也被視為強勁的對手，所以可能會遭人忌妒、眼紅。若是主管階級或是將工作視為人生志業的雙羊型，則擁有山羊愛往高處爬的精神，將自己的事業體經營得越具規模，越有成就感。在初期，身為主管的他們，對待職員非常嚴苛。當事業逐漸穩定發展後，則會變得開明許多。

別踩地雷

　　雙子座與牡羊座結合的雙羊型，有著一張利嘴，更以立竿見影的行動力著稱。他們追求的是快速敏銳的生活體驗，對於大量資訊的獲取，以及當機立斷的反應，更是推崇。他們富有機智，所以對於步伐和緩的人，普遍耐性不足。而對那些自恃學富五車卻又不自量力的假道學，此款會用尖酸刻薄的諷刺來做回應，這樣言語的霸凌，是你我不想領教的。千萬別在雙羊型面前耍威風，不然他們會毫不留情地讓你後悔莫及。

第四章：
太陽巨蟹座與九個星座靈數

太陽巨蟹座與數字 1／獅子座

（6 月 28 日、7 月 1 日、7 月 10 日、7 月 19 日出生）

生日解碼

巨蟹座與獅子座結合的蟹獅型人格，擁有月亮柔順與太陽剛烈的特質。然而外顯意識與內在潛意識有所衝突，在人格整合上帶來了些困難；此款的外在較陰柔，內在則是陽剛，屬於外柔內剛的類型。水象巨蟹的溼氣不利火象獅子的燃燒，造成陰陽不調和的狀況。蟹獅型的外在呈現了巨蟹座的特質，情緒豐富、喜歡滋養他人。內在獅子座的一面，則是喜歡主導他人，雖然這一面較少顯現出來，但不可否認地，蟹獅型的內心是堅定且難以動搖的。

受到固定星座獅子座的影響，蟹獅型有其固執的傾向，相較於其他巨蟹家族，此款擁有堅強的意志，較不會受旁人情緒的干擾。初認識蟹獅型的時候，你可能認為他們就像其他巨蟹座的人一樣，在人際關係處於被動的位置，然而認識越久，你越能發現此款善於領導的特質。

人際交友

在交友上蟹獅型秉持一貫的中庸精神，對於友誼不會過分親密，也不會過度疏離。他們一開始認識新朋友時，是謹慎而小心的，仔細推敲對方

的種種反應，在經過不斷分析後，才在朋友間篩選出最適合自己的對象。這樣的心態導致蟹獅型認識陌生人時有些困難，他們害羞的外在，較難主動出擊，而是被動等待對方提出邀請。較為熟識之後，蟹獅型在朋友圈較能放得開，常被認為是悶騷的表現。慢熟的他們在熟人間，則會有公關的特質，喜歡聯繫久未連絡的好友，三不五時辦個餐會讓大家聚一下，敘敘舊、聊聊過去；重感情又戀舊的蟹獅型，很善於此道。

家庭生活

家庭生活中，蟹獅型在一個充滿關愛的家庭長大，但是父母的財務分配以及權力的角逐可能會演變為孩子成長過程中的難題。蟹獅型的爸媽通常被描述成親切和藹、笑容可掬的類型，他們重視孩子的全人教育，也會以彈性的管理方式調教。蟹獅型的爸媽不會要求孩子年紀尚小的時侯便要有什麼亮眼的成績，他們倒會要求子女品德的養成，希望子女有著能屈能伸的心智，還有在人際互動裡高度的 EQ。當然不是說不在意孩子的智力發展，但對他們來說，擁有良好的待人處事智慧，比起看得到的數字更重要。

感情世界

一般而言，要擄獲蟹獅型的心並不容易，一則他們通常門檻頗高，二則他們會希望能與伴侶的心靈能夠契合，所以會想找靈魂伴侶為伴。談起戀愛的蟹獅型初期佔有慾是很重的，畢竟是水象星座，對情感的不安全感很深，因此熱戀期的他們會希望能無時無刻都與另一半在一起，享受黏膩膩的愛情。伴侶（夫妻）關係裡，蟹獅型則會變得較為嚴謹，也會制訂一些要雙方共同遵守的規則。偏向保守的蟹獅型，認為結婚就是為了共同組織一個新家庭，所以雙方一些生活習慣勢必要有所改變，為了避免衍生後續的麻煩，他們會在婚前便把守則清單全列出來；條列式地讓雙方一目了

然。

理財觀念

　　蟹獅型在理財上，雖然有巨蟹座持家的好本領，很能維持收支的平衡，但對於一些奢侈品他們倒也花錢花得不手軟。那些名牌服飾、皮件、包包雖不是生活的必需品，但在蟹獅型眼中卻是其身分地位的象徵，到了發薪日當天便會失心瘋似的大膽採購，持有信用卡更是個可怕的消費無底洞。等到帳單寄來的時候又悔不當初，這樣矛盾的情節似乎常在蟹獅型生活裡上演。建議他們可以利用定存或是利變型保單、還本型保單等來控制自己的慾望。

職場生涯

　　在工作職場上，蟹獅型有其多元的面向，他們仍是社會新鮮人的時候，對待工作大膽而不拘小節，和同事也是當作朋友般對待。漸有職場閱歷之後，蟹獅型則對事業的企圖心更勝以往，將巨蟹座的細膩還有獅子座的壯志結合在一起，該謙遜的時候低調，在需要表現的時候又能耀眼登場。若是主管階級或是將工作視為人生志業的蟹獅型，則能展現他們固定星座獅子座的一面，除了善於領導部屬外，堅定的意志也很能穩固軍心，一貫的爽朗作風，身受職員的愛戴。他們也樂於激發同仁的信心和鬥志，激勵他人越挫越勇的上進心，蟹獅型更是以此為表率，渾身是勁、充滿熱情。

別踩地雷

　　巨蟹座與獅子座結合的蟹獅型人格，對外是柔順謙虛，對內則是剛強豪邁。擁有此懸殊雙性格的他們，有著旁人意想不到的創意思維，這些軟實力也常成為他們仕途上的金字招牌；創意滿點的蟹獅型不能容忍他人呆版或是刻板的想法。一些總愛否定他人的「批評魔人」可能會與此款水火

不容。蟹獅型的原創需要實際執行去考驗，千萬別在他們發想初期就任意詆毀，不然等到哪天蟹獅型的點子熱賣、登上檯面之後，絕對讓你後悔當初的高姿態；蟹獅型內在的獅子座性格是很會記仇的。

太陽巨蟹座與數字 2／巨蟹座

（6 月 29 日、7 月 2 日、7 月 11 日、7 月 20 日出生）

生日解碼

巨蟹座與巨蟹座結合的蟹蟹型人格，屬於典型的巨蟹人，擁有所有巨蟹座的正面特質：感覺敏銳、情感豐富、謙遜、善於滋養、溫柔體貼……等，而負面特質則包含：過度敏感、情緒化、退縮、害怕失敗、意志薄弱……等。由於外在意識與內在潛意識重疊，他們對於情緒和感覺有著異於常人的敏銳度，很能體會他人感受，可以完全易地而處為他人著想。受到月亮這顆母性星球的影響，他們也十分擅長滋養他人的心靈。

年幼的蟹蟹型因為外殼（外在意志）仍未成熟，為了保護其脆弱的腹部（心靈），會利用巨螯武裝自己；不是對人顯得冷漠，就是具有攻擊性，容易為了小事發脾氣，非常敏感。長大後的他們，歷經多次蛻皮，人格已經變得成熟，較不會有上述情緒化的情形，他們也開始發展「滋養他人」的能力—無論是生理上或是心理上的。

人際交友

學生時代的蟹蟹型在交友上，採取保留的態度，其人際關係也較為內縮。怕生的他們不會主動去認識新朋友，而是被動地等待他人開口，因為對安全感的強烈需要，他們害怕跨出自我的小小天地。因為本身較情緒化的緣故，有時無法看清事情的本質，這時就得仰賴身旁的朋友，發揮精闢解說的能力；他們也以有這樣的友人為榮。

較為成熟之後，蟹蟹型從早期朋友那累積了許多待人接物的技巧，也有了豐富的人際經驗，所以常扮演好友圈諮商師的角色。這時的蟹蟹型能夠毫無保留地為朋友付出，自己也有足夠的力量去支持他人的情緒。

家庭生活

　　家庭生活裡，蟹蟹型有著一對相貌出眾，或是氣質出類拔萃的父母。他們總是待人有禮，文質彬彬，更可能從事與藝術文化相關的工作。蟹蟹型爸媽對待孩子的教育採取的是中庸之道，他們不會過分強求小孩，而是把主導權交給孩子，讓孩子自己去做選擇。這可能導致蟹蟹型有兩種狀況，其一、他們很早就能獨立，能在漫漫人生路上，及早確立自己的目標，為自身的行為負責；其二、他們無法以父母為榜樣，在爸媽的自由政策上，自己可能變得我行我素，甚至有逃避現實的傾向，難以為自己的行為負責任。

感情世界

　　蟹蟹型談戀愛會有幾個極端現象，他們可能急於投入一段感情，來獲得心理和安全感的慰藉；這時他的伴侶就像他們背在身上的「房子」，是自己的所有物，是種佔有的表徵，此款稱為「寄居蟹戀情」。另一個例子則是被情人完全束縛，在愛情中喪失自我，這種迷失自我的表現，稱為「空殼戀情」。這幾個例子都在說明，蟹蟹型談起戀愛，會把戀情當作安全感的依附對象，他們必須認清主體與客體的分別，才不回掉入這些陷阱中。伴侶（夫妻）關係裡，多半都是蟹蟹型做足了萬全的心理準備，才會選擇步上紅毯。他們對於婚姻十分保守，因為蟹蟹型是以婚姻當做家庭的守護基地。

理財觀念

　　理財上，性格傳統的蟹蟹型以持家的精神，專攻保守謹慎的理財策

略，在擁有安全感的前提下，他們容易累積自身的財富。當他們年輕的時候，便已為將來的退休生活做打算，通過不斷努力掙錢，人生第一桶金往往來得比預期還快。但回首過往，他可能已經犧牲許多東西；犧牲了健康、犧牲了與伴侶、家人相處的時光。雖然存錢防老的觀念值得鼓勵，但銀行存款的金額並非蟹蟹型絕對幸福的保障，在工作與家庭上，時間的調配是很重要的。對蟹蟹型而言，房地產、定存以及還本型保單都是不錯的選擇。

職場生涯

工作選擇上，性格害羞的蟹蟹型，似乎擁有不錯的外國緣分，也能接觸到許多國際商務的工作。他們容易遇到異鄉的同事、貴人，幫助他們度過一次次事業的難關。若是主管階級或是將工作視為人生志業的蟹蟹型則是充滿了幹勁，他們的舞台晉升到國際，希望將自己帶領的團隊在國內做出知名度，並打響海外市場。向來靦腆的蟹蟹型論及公事的時候，則是直來直往，似乎看不出他們私下彆扭的樣子，取而代之的是果斷以及令人精神為之一振的氣質。他們也善於帶領同仁向上，更能激發職員的鬥志，進而營造良性競爭環境。

別踩地雷

巨蟹座與巨蟹座結合的蟹蟹型人格，即便外在意志多麼堅強，他們對於安全感的議題永遠是敏感的。幼時脆弱且內向的他們，可能會有被欺負的經驗，不管是言語或是肢體的，都對其身心造成許多影響。長大成人的他們，雖然已經有了厚重的外殼，但內心仍是相當易感，所以別輕易開他們玩笑；尤其是涉及到隱私以及家人的話題。否則，此款翻臉的速度也很快，將以迅雷不及掩耳的速度好好「回報」你。另外要注意的是，他們自我復原能力很慢，受過傷的心靈，需要時間慢慢療癒，而家人的陪伴是最好的良藥。

太陽巨蟹座與數字 3／射手座

（6 月 30 日、7 月 3 日、7 月 12 日、7 月 21 日出生）

生日解碼

　　巨蟹座與射手座結合的蟹射型人格，擁有開闊的心胸和世界觀。當善變的月亮女神遇到了眾神之王宙斯，也就是水象的巨蟹遇上了火象的射手，會產生極富創造力的人格。巨蟹細膩的情感加上射手的不拘小節，彼此間的火花與張力不容小覷。巨蟹座放大射手座熱愛自由、酷愛探索的那一面；初認識他們，你可能會以為蟹射型是個性內向的保守之人，但認識越久，你會發現他們實則為人海派大方，有顆四海之內皆兄弟的好客心腸。

　　如果將巨蟹座比喻成熱愛鄉土的愛國主義者，那射手座便是追求自由主義的探險家。他們對家族有深切的熱愛，但又不太喜歡待在固定不變的地方，想要遊走他鄉；結合這兩者面向的蟹射型便會像個國際大使一樣，喜歡周遊列國、閱歷八方，並將自己故鄉的文化向外宣傳，宣揚自身鄉土的美好。

人際交友

　　像個聖誕老人，總是笑嘻嘻的蟹射型，在交友上依舊秉持愛探險的特質。他們想要體驗各種不同的朋友類型以及交友方式，筆友、網友來者不拒；打開此款社群網站滿滿的交流訊息，絕對令人驚嘆！相信人性本善的他們總會看到人群最好的一面。這樣詼諧幽默的蟹射型，也有理性客觀的時候。每當朋友有困難，蟹射型也會伸出援手，並提供專業的見解；畢竟視人生為一趟旅途的他們，閱歷豐富，什麼狀況他沒見過？總能替好友解決許多常人不能處理的疑難雜症。當他們認真聆聽好友訴苦的時候，神情專注；情緒感受力強的他們也能感同身受，為朋友的遭遇感到難過。

家庭生活

田宅面上，蟹射型可能來自虔誠教徒的家庭，過著規律且有戒律的生活。他們的爸媽也以身作則，很有耐性地教導他們，實施愛的教育。這或多或少會讓蟹射型對其父母養成依賴的習慣，覺得什麼事都有父母會去處理，對其獨立人格有負面的影響。早年蟹射型也可能不自覺中，會透過爸媽的雙眼去看世界，對事情較無自己的見解，每句話的開頭總是：「我媽說……，我爸說……」，也就是俗稱的「媽寶」、「靠爸族」。他們天真地認為世界是以爸媽為中心，對外界漠不關心，而陷入了井底之蛙的遺憾。

感情世界

單純的蟹射型在戀愛關係裡面，像是個長不大的孩子。他們將對父母的愛移情到伴侶身上，所以容易為了親密關係醋勁大發，對方一些無心的舉動都會被此款過度解讀；雖然這也是種浪漫，會讓對方感到很有安全感，但時間久了，仍會造成不小負擔。伴侶（夫妻）關係裡，蟹射型有種「近水樓台先得月」的心理，容易與自己的鄰居產生好感；或是談場轟轟烈烈的辦公室戀情，進而步向紅毯。他們能與生活周圍的好友變成戀人關係，最後對方也就順水推舟成為自己的丈夫、妻子。也因為保有原本的友情成分，對方早已是自己最熟悉的人，所以常對伴侶失去耐心。

理財觀念

在用錢上，蟹射型一改平時形象，花錢小心，他們絕對是謹慎的類型。受到巨蟹座影響，他們深知守成的不易，對消費總是戰戰兢兢；而受到射手座影響的那一面則表現出投資的企圖心以及雄心壯志。結合這兩者心態的蟹射型通常在理財表現上極為突出，一邊精打細算節流，一邊開源投資市場，不用太久時間，就會有令人稱羨的結果。透過靈敏的眼光和細膩的

分析，他們在股票、外匯上通常會有不錯成績；分紅型、投資型保單以及利變型保單都是他們不錯的選擇。

職場生涯

靠著喜歡探險的精神，蟹射型早期在職場上頗有浪跡天涯的味道，他們不會戀棧任何工作，而是隨心所欲盡情接觸不同的崗位，藉以開拓自己的視野、豐富自己的經歷。若是主管階級或是將工作視為人生志業的蟹射型除了有射手座那股衝勁之外，也多了些細膩心思。他們是講求效率、劍及履及的優秀主管，不過有時談吐較尖銳也請多多諒解。平時總是笑笑打招呼的蟹射型，在面對公事的時候，則會板起臉孔，變得肅穆許多。他們的標準通常也都很高，想要在其麾下打混摸魚是不可能的事；當然就事論事、賞罰分明的蟹射型對於犒賞有功職員也是相當大方。

別踩地雷

巨蟹座與射手座結合的蟹射型人格，非常的單純，基本上很好相處，因為他們總能在機智幽默中，將尷尬詼諧帶過。不過畢竟是巨蟹家族的一員，所以跟家庭親人有關的話題，若是有損顏面的，就還是盡量避免吧！想更進一步與他們打好關係，可以多聊聊在異地的風光明媚，或是富有哲學的思辨也很能吸引他們的目光。他們在與人談天的時候也喜歡自我調侃一番，不過這不是種自卑，而是非常高竿的幽默技巧；但不表示你就可以沒分寸的對他作人身攻擊，尤其他們的家人和隱私更是此款最大的地雷區。

太陽巨蟹座與數字 4／水瓶座

（6 月 31 日、7 月 4 日、7 月 13 日、7 月 22 日出生）

生日解碼

巨蟹座與水瓶座結合的蟹瓶型人格，外顯意識與內在潛意識有些衝突，巨蟹座是個擅長連結周遭情緒，尤其對親人有深刻凝聚力的星座；對上了總是支解情緒、情感抽離的水瓶座，其行事作風有時會讓人摸不著頭緒。與蟹瓶型不熟的人，可會以為在此款靦腆害羞的外表下，必定是個傳統之人，誤以為他們保持距離的風格是保守的表現；然而看似乖乖牌的蟹瓶型，內心有個不安的靈魂，彷彿隨時在等待最佳時機，將以最激進的方式去呈現叛逆的一面。

這個看起來不怎麼社會化的組合，其實非常關心社會時事的脈動。蟹瓶型要注意自己是否有過度壓抑真實想法或情感的傾向，若是不斷打壓自己的內心，哪天就會來個山洪大爆發，到時候就很難收拾了。蟹瓶型的困難在於，要如何把巨蟹座向內、情緒豐富的那一面與內在情感抽離、渴望社會改革的水瓶座那一面互相整合。

人際交友

外在感性，內在理性的蟹瓶型在交友上，擁有一群可靠的智囊團。蟹瓶型待人和善，謙虛有禮；在朋友的選擇上，喜歡與知識豐富的人為伍，想要成為他們的好友，沒一點文墨功夫還真是不行呢！通常他們的朋友除了知性之外，也相當地健談。在與蟹瓶型談天的時候，也會有「跳電」的狀況。起因於蟹瓶型如果聊到了自身感興趣的話題，溝通便會如滔滔江水，傾洩而下；其中腦袋的電光一閃，突如其來一些創意想法猶如電光石火般的出現，這時候大腦為了安全，啟動防衛機制，就會有跳電的情形，讓他們的溝通忽然語塞。

家庭生活

蟹瓶型的家庭生活永遠圍繞在「愛與價值」的主題上，他們的家庭充

滿關愛，其父母也是富有愛心之人。蟹瓶型的爸媽可能是從事與照料他人、滋養他人，或是與藝術文化有關的工作，為人相當有耐心，光明而溫暖。他們更會教導蟹瓶型將來成為對社會有貢獻的人，對其品德的薰陶更勝於智力的要求，爸媽不會過於在意學校的成績，也希望子女能利用假日參與志工活動，增加社會互動經驗。他們的家中也是充滿了美學氛圍，也許沒有太過豪華的裝潢，簡樸間卻也見主人的用心與巧思，令人彷彿置身於伊甸園中，處處瀰漫著祥和歡樂的感覺。

感情世界

在愛情的路上，蟹瓶型會找到與自己理念相同的伴侶，他可能去參加一場公益活動，而認識到自己的心上人。他們與戀人也是無話不說、志趣相投，彼此的共通點很多。伴侶（夫妻）關係裡，蟹瓶型樂善好施的形象，會吸引到某些身分特別的人；他們就像活躍於公益活動的主人公，而會與幕後資助財團金主的少爺、千金認識，甚至發展出猶如韓劇日劇的劇情，彼此陷入愛河，走向紅毯。我是誇張了點，不過這樣宿命的婚姻關係時常在蟹瓶型生活發生，他們與真命之人的相遇，好比庶人與權貴對立立場的組合，兩人間的出生背景懸殊，卻總有股拉力將命運的兩人結合。

理財觀念

投資理財上，蟹瓶型有其不理智的地方。他們會為了理想，而衝動消費，若是缺乏有力助手適時提醒，可能會導致巨大的財物漏洞。雖然巨蟹座本身是個用錢保守的星座，但加入水瓶座的元素後，則會在花錢、投資上變得過度樂觀；不過情況也可能反過來，藉由蟹瓶型獨到的投資眼光，和靈敏的行情嗅覺，容易在投資股票上賺進大把鈔票，前提是他們必須廣納建言，或是有個得力助手協助。我建議較保守的理財方式是以定存和還本型保單為主；夠理智謹慎的蟹瓶型則可考慮基金、股票以及債券……等

投資工具。

職場生涯

　　對於社會活動以及人際互動有莫大興趣的蟹瓶型，適合從事時間管理較為彈性的工作，此外，一些居家就業的工作也很適合他們。通常他們與同事會有著像家人的親密關係，工作環境涵蓋範圍也很大，可能是與人文、教育有關的職業；其服務對象也是以廣大社會低音量的族群為主。若是主管階級或是將工作視為人生志業的蟹瓶型就像公司的火車頭，某種程度上更是公司全體同仁的精神領袖。他們善於激勵旁人的鬥志，加上童心未泯的形象，總能讓辦公室增添許多歡樂氣氛，職員在紓壓的同時，工作效率也因而大增。

別踩地雷

　　巨蟹座與水瓶座結合的蟹瓶型人格，若是無法將自身感性與理性的雙面向整合起來，那麼地雷區可就頗多，與此款相處會動輒得咎。這時候的他們是幼稚的，想藉由外在事件引起旁人的關注；如果你思想也不夠成熟，很容易就會跟他們鬥牙鬥齒、杯酒戈矛。不過，社會化之後的蟹瓶型心智逐漸成熟，不再那麼反骨叛逆，這時候就能從容不迫地處理人際關係上的問題。我仍要提醒你蟹瓶型最大的地雷，無非是親密關係（尤其是隱私和家人）以及任何與弱勢族群有關的，言語上都要萬分小心，別將你自認為的粗淺知識套用在這類話題上。

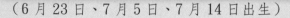

太陽巨蟹座與數字 5 ／雙子座與處女座
（6 月 23 日、7 月 5 日、7 月 14 日出生）

生日解碼

凡是與數字 5 有關的組合，都會增加本人性格的複雜度，因為受到雙子座與處女座這兩個星座的雙重影響，巨蟹座與雙子座、處女座結合的蟹雙（處）型人格擁有巨蟹座的豐富情感、處女座的細心細膩以及雙子座的善變、喜歡嘗鮮。當人們第一次接觸到他們的時候，往往會認為此款是柔順乖巧的類型，而認識越深之後，就會發現蟹雙（處）型鬼靈精怪的那一面；他們外表是天使，內心卻有個愛搗蛋的小惡魔。當然，受到巨蟹座影響，個性較為悶騷的他們，也將潛藏內心的那部分留給有緣人去認識了。

　　年少的蟹雙（處）型，較會展現自己雙子座的人格，他們適應力良好，能待在陌生的環境裡怡然自得，更有強烈的好奇心，想去探索更多真相以及知識。長大成人後的蟹雙（處）型，巨蟹座的特質更加明顯，喜歡照料他人，也常以「前輩」的姿態自居，不可否認，他們確實有滋養旁人的能力，也能靠著敏銳的心緒，去感知他人的情緒變化。

人際交友

　　如同我上面所說的，早期的蟹雙（處）型，在交友上容易呈現雙子座的樣貌，他們在朋友圈裡面是強勢而活躍的。對友誼講求忠信的蟹雙（處）型，朋友有困難，他們的援助絕對是不落人後；但有時蟹雙（處）型擺起的架子，會引來旁人的怨懟。直到蟹雙（處）型出了社會，他們逐漸將巨蟹座母性、父性的功能發揮出來，雖然偶爾還是會擺些前輩的架子，不過溝通中卻多了些細膩與巧思，言語變得婉轉許多。此時他們交友的重心不再以「老大」自居，而會以服務他人為目的。

家庭生活

　　家庭生活中，兒時以及青少年的蟹雙（處）型與自己的父母相處會有些壓力，原因在於其父母較為嚴格的家庭教育，常會讓蟹雙（處）型感到無所適從。蟹雙（處）型的爸媽崇尚倫理與中庸之道，他們的家風是中規

中矩的，難免有些傳統和保守；然而好奇心重的蟹雙（處）型有想要知道更多以及體驗更多的渴望，在雙親這道門前，這樣熱切的心理就會被擋了下來。這樣的家庭關係，到了蟹雙（處）型長大成人，升格為人父人母的時候，他們與父母會變成亦師亦友的關係，偶爾還會跟爸媽撒撒嬌，有時爸媽也會變成學生的角色，讓蟹雙（處）型大展身手，好好的「教育」一番。

感情世界

　　年輕時在交友上有點霸氣的蟹雙（處）型，面對戀情的時候，顯得有些專制。在戀愛初期，他們非常有紳士淑女風度，文質彬彬的他們，追求者也不少。戀情的開始也是非常甜蜜，但經過熱戀期進入磨合期的愛人可能會被蟹雙（處）型嚴肅的另一面給嚇到。伴侶（夫妻）關係裡，蟹雙（處）型，也許初期也是以專制、獨裁的手段在經營婚姻，但時日一久，尤其是有了子女以後，他們血液中的母性父性就會被勾勒出來。為母為父則強的蟹雙（處）型會承擔起抵禦外敵的責任，對待家人則是百依百順。戀愛中那位浪漫、風度翩翩的紳士淑女又會再度回歸到家庭之中。

理財觀念

　　基本上，蟹雙（處）型頗懂得如何維持收支的平衡。但他們在花錢上有兩個重要的面向，若是以自身為出發點，站在自利的角度上，他們可能會將辛苦存來的錢財花在某些奢侈品上；這將會是理財的一大漏洞，會讓他們更努力再多存點錢，卻會陷入惡性的循環當中。反之，他們可能透過優秀的投資技巧，進而再度肯定自己。另一個面向在於，成家後的蟹雙（處）型頗有持家的精神，他們用錢斤斤計較，這時的蟹雙（處）型則較容易守財，以家庭為立場的他們，可以累積到不少財富。我建議保守的作法是定存與投資並進，而房地產、利變型保單、投資型保單也是不錯的選

擇。

職場生涯

很重視朋友的蟹雙（處）型，在年資尚淺的時候，十分看重職場的人和氣氛，也懂得許多職場的潛規則。靠著自己優異的本事，以及頗會察言觀色的功夫，懂得在最佳時機出擊，其效果加倍，也讓他們在人脈網佔盡便宜。若是主管階級或是將工作視為人生志業的蟹雙（處）型，能將自己雙子座的才智發揮得淋漓盡致。他們就像職場上的千面千手觀音，能夠處理來自四面八方的問題，八面玲瓏不說；從早年在職場上汲取到的經驗，以及自身變色龍般的適應力，總能將公司各個面向一覽無遺地展現出來。蟹雙（處）型善於擴散性的思考，是很有創意的主管，不會只看到事件的單一面。

別踩地雷

巨蟹座與雙子座、處女結合的蟹雙（處）型，即便外在一般都很安靜柔順，他們心思的運轉卻不曾停過。腦袋總不停運作的他們，偶有神經質的狀況，加上他們的情緒變化極快，如果你本身也是這樣的類型，那問題可就大了。而他們心智變化快速，口語能力更是一流，如果想在溝通上辯過他們，恐怕沒這麼簡單。擁有多重人格的蟹雙（處）型還有一項特殊專長，那就是騙人的技巧令人難以匹敵，所以若是你想用騙局和謊言矇過他們的眼睛，那可真是在關公面前耍大刀了。

太陽巨蟹座與數字6／金牛座與天秤座
（6月24日、7月6日、7月15日出生）

生日解碼

巨蟹座與金牛座、天秤座結合的蟹牛（秤）型人格，是屬於安靜、沉穩的類型。巨蟹座與金牛座、天秤座的相會，其穩固的土象能量，讓原本情緒不太安定的巨蟹座，找到了可以依靠的力量，變得務實且善解人意。

我們可以把蟹牛（秤）型的性格解說分為成長初期和成熟期兩大部分，少年時期的他們就像溫室裡的花朵，為人體貼，但精神極其敏感。同儕一句無心的話、無意的動作都可能傷害到他們；外在蟹殼尚未完全發育的蟹牛（秤）型，較有神經質、歇斯底里的傾向。人格發展成熟的蟹牛（秤）型，外顯意識與內在潛意識協調，更能理智去看待事情，情緒變化也較受限，不會有意氣用事的狀況發生。他們善用自身穩定的力量去滋養別人，為人提供精神以及生理上的幫助，是此款最大的魅力所在。

人際交友

在面對交友的時候，蟹牛（秤）型保持一貫的細膩與細心，他們也許不是朋友圈的風雲人物，卻是幕後最好的助手。蟹牛（秤）型就像守護著我們的天使，平時在遠處注視我們平凡的生活，當你我需要幫助的時候，他們便會匆匆降臨，提供溫暖的協助。另一方面，蟹牛（秤）型在交友上除了靜態，也有動態的時候。個性較為成熟後的他們，常扮演朋友間的開心果，他們也樂於粉墨登場；與友人分享自己的糗事，藉此打開朋友的話匣子，讓原本沉默的場合展開生機，瀰漫幽默的氣氛。

家庭生活

在家庭生活上，蟹牛（秤）型的雙親其中一方十分善於交際，但他們可能會花很多時間在工作或是應酬上，而疏忽了家庭的功能。這為年幼的蟹牛（秤）型帶來深遠的影響；爸媽其中一方，在老練的交際斡旋以及強烈事業心驅使下，他們可能在公司的時間比在家還多，最後讓自己雙親的角色失能；長期在外頭拚事業的影響下，卻逐步對家人封閉起自己的心。

而另一個留在家裡的父母人物，相對地嚴格，一人擔任雙重的父母角色；且多半是深具威嚴感的類型，也會對蟹牛（秤）型實施高壓的教育方式。在這樣家庭長大的蟹牛（秤）型，會極力想發展自己陰柔以及滋養的面向。

感情世界

一般來說，蟹牛（秤）型是屬於慢熟的類型，他們與戀人的認識也多以友情為基礎來發展。此款吃窩邊草的習性，與好友日久生情的例子不勝枚舉，因此他兩關係晉階成愛情的時候，也能維持較久；就算做不成愛人，也能維持良好的朋友關係。伴侶（夫妻）關係裡，蟹牛（秤）型，除了心理上仍有強烈的佔有慾之外，他們與伴侶的夫妻關係也經得起時間考驗。受到金牛座影響的那一面，表示他們不喜歡變動，對他們來說，能不改變是最好的事；更何況彼此結合的婚姻，還有共組的家庭，這些外在束縛早已成為他們不可動搖的價值觀。

理財觀念

理財上，蟹牛（秤）型的野心是大的，為了給家人更好的生活，他們會嘗試許多理財和投資方法。加上他們沉穩的耐心以及對於投資特有的靈敏度，期貨、股票或是外匯都有他們發揮的空間；他們也能透過投資讓自己獲利。蟹牛（秤）型的偏財運一向不錯，他們天生有股能力知道未來的流行走向，在投資上大膽的行事以及謹慎的評估、勤做功課，最後能為自己帶來許多機運。生活上他們也是能省則省，在此雙管齊下作用後，蟹牛（秤）型能累積不小的財富。另外，投資型保單以及分紅型保單這類商品也很適合他們。

職場生涯

善解人意且頗具耐心的蟹牛（秤）型，可從事服務類、醫護類相關的工作；而受到天秤座守護的他們，也可善用自己的藝術美感天分，在公

關、文化以及教育界站有一席之地。若是主管階級或是將工作視為人生志業的蟹牛（秤）型，則從被動轉換成主動模式。他們擁有主管的魄力和魅力，將帶領團隊克服一次次的難關，從中，同仁們更培養了革命情感。蟹牛（秤）型能建立起公司上下一條心的凝聚力，職員們也以在公司服務感到榮譽。在人性的管理下，他們也試圖讓員工自主，蟹牛（秤）型希望職員能夠完全對自己負責，所以不會緊迫盯人；而是讓職員盡力發揮。

別踩地雷

巨蟹座與金牛座、天秤座結合的蟹牛（秤）型人格，說來是個務實派的人物。雖然他們有柔情的時候，也很喜歡在情緒上支持他人，讓對方感受到心靈的慰藉；但如果涉及到金錢、借貸問題，那麼個性再好的蟹牛（秤）型也會跟你翻臉不認人。一方面他們的友情建立在情感的連結上，談錢總是傷感情，再者對錢很小心呵護的他們，不會輕易讓錢財從自己身上溜走。除非他把你當作家人，不然別輕易想與他們有金錢的往來，更別想打他們財物的主意。也要記住，你們的友情不能用金錢來做衡量。

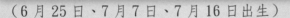

太陽巨蟹座與數字 7／雙魚座

（6 月 25 日、7 月 7 日、7 月 16 日出生）

生日解碼

巨蟹座與雙魚座結合的蟹魚型人格，是血統純正的水象人，屬於情感型的類型。此款容易多愁善感，擁有豐富的情緒反應，除了可以輕易接收他人的情緒，自己的情緒也非常多變。外顯意識與內在潛意識和諧，能充分發揮水象人的優缺點；優點像是：記憶力與想像力絕佳、藝術天分、溫柔又善解人意……等。缺點則是：愛記仇、迷糊懶散、意志力薄弱……等。

雙魚座會強化巨蟹座的感受能力，讓原本就已夠細膩的他們，多了更

多的靈性，與宗教、神祕學有很深的緣分。蟹魚型尤其對於旁人的苦難特別敏感，時常扮演著救贖者的角色，不過狀況也可能反過來，讓自己成為受害者。他們為人變化莫測，精神靈敏度極高；但是無法堅持到底的性格，面對困難帶有逃避的傾向。

人際交友

人際交友上，蟹魚型有著一顆服務他人的心腸，他們細膩的心思以及善良單純的心靈，喜歡有人為伴，更喜歡透過服務朋友來定位自己的價值感。蟹魚型能輕易接收他人的情緒，這點運用在務實層面將有很大的幫助，他們可以正確解讀朋友當下的情緒反應，並做出適當的回應，其態度是溫柔體貼、耐心十足的。理想主義的蟹魚型身旁也有一群務實保守的朋友，其朋友受到蟹魚型的「精神感召」，能夠在他們感到困惑的時候，適時提供實際的意見，並協助度過難關。除此之外，蟹魚型對待朋友是忠心的，他們的友情有如細水長流，也許再平凡不過，卻是難以動搖的親密關係。

家庭生活

蟹魚型通常有對待人和善，理性卻又善變的父母。他們的爸媽可能是從事與資訊傳播、媒體、教育有關的工作，常能一心多用，同時處理許多事務。在家中爸媽也扮演著許多角色，蟹魚型與雙親的關係是輕鬆的，保持著亦師亦友的狀態。有時候爸媽比自己更像個孩子，總是能激發蟹魚型的想像力和創造力；爸媽豐富的學識涵養，也能滿足蟹魚型強烈的好奇心。雙親在孩子早年就會灌輸其終身學習的觀念，認為只有透過不斷的學習，才能與外在社會連結，因此蟹魚型的家中總是擺滿了各式書籍，宛如一間小型書坊。

感情世界

典型水象人的蟹魚型在戀愛的時候，總能展現出原本豐富的情感，他們對待伴侶用情很深。與他們交往是件很幸福的事情，因為他除了在感情上強烈的支持外，生活上也很會照料自己的另一半。伴侶（夫妻）關係裡，蟹魚型則是非常實際的類型。平時總是愛幻想、理想主義的蟹魚型，在跨過婚姻的大門後，開始變得務實，重視家庭的他們，會為了維繫生活費盡心思；為的就是給家人更好的環境品質。不過為了家庭勞心勞累，則會讓原本思緒細膩的蟹魚型變得有些神經質，凡事要求過高、雞蛋裡挑骨頭，會因此矯枉過正；最後反帶給伴侶、家人不小的心理壓力。

理財觀念

蟹魚型在理財上，有著旁人看不出的慾望，他們對於賺錢這件事是很積極的。早期他們可能碰過軟釘子，在理財上吃了不少虧，受到巨蟹座的影響，基於持家的精神，他們一方面堅守不浪費的大原則，一方面則是透過風險小且穩定的工具進行投資。一邊守財、一邊聚財，不知不覺也累積了一定的財富。房地產對蟹魚型而言會是個不錯的投資，而素來就喜歡收集古玩的他們，也可能藉由古董等藝術價值的商品獲利。另外，像是定存、債券以及利變型保單、投資型保單也很適合他們。

職場生涯

重感情且喜歡服務他人的蟹魚型，在接觸工作的時候，滿懷夢想，通常他們也能與同事相處愉快。蟹魚型的職場環境多半是接近他們的理想的，因為同仁擁有同樣的理念，對他們來說是非常重要的。若是主管階級或是將工作視為人生志業的蟹魚型，受到原生家庭的影響，會試圖活出父母所缺乏的特質，所以在事業領域非常具有開創精神。他們總是不斷在進行新的任務，完成一個目標之後，緊接著繼續達成下個目標；生活的步調是緊湊而明快的。蟹魚型對待職員則能善盡主管之責，體察員工心聲，同

時又能勉力部屬，激發他們的潛在能量。

別踩地雷

　　巨蟹座與雙魚座結合的蟹魚型人格，是百分之百的水象人，對他們來說「感情」並非抽象的名詞，而是確確實實的存在。他們能輕易感受來自他人的情緒變化，精神靈敏度極高，在藝術造詣上更是不遑多讓。但「水能載舟，亦能覆舟」，年輕時的他們會因為初嘗到人間醜態的滋味，而對這個世界感到失望，嚴重點的，便會關閉與外界聯繫的大門，封閉自我。心智逐漸成熟後的蟹魚型，則能包容萬物，願意為他人奉獻自己，以及發揮人類美德的最高境界—自我犧牲。由此我們可以知道，蟹魚型最大的地雷，便是情感的背叛。

太陽巨蟹座與數字 8 ／摩羯座

（6 月 26 日、7 月 8 日、7 月 17 日出生）

生日解碼

　　巨蟹座與摩羯座結合的蟹摩型人格，外顯意識與內在潛意識呈現反方向發展，但又有若干重疊之處。巨蟹座與摩羯座在星盤上是一百八十度相對的位置，具有互相排斥但又吸引的特質，巨蟹座情感豐富，非常懂得如何表達自己的情感以及感受他人的情緒；但摩羯座卻是相當壓抑自己的感覺，常給人麻木不仁的印象。其實仔細觀察便會發現此兩者相應、吻合的地方，巨蟹座就像一位凡事以孩子為主的母親，對小孩的各種反應都很敏感，具有滋養他人的慾望；摩羯座則是傳統父親的角色，沉默且嚴肅。

　　巨蟹座與摩羯座最大的共同點在於安全感的警覺，他們擁有強烈的保護慾，受到此二者影響的蟹摩型更是如此。蟹摩型表面上敏感、纖細，但內心卻是無比堅固，對於情緒的掌握明顯比起其他巨蟹家族來得穩定。

人際交友

在人際互動上，蟹摩型是以低調出名的，總以「服務精神」對待朋友的他們，不喜歡居功、討厭出風頭或是成為核心人物，而是會選擇躲在幕後，化信念為實際的作為，默默地支持自己的好友們。他們就像沉默的守護者，只在你有狀況的時候，才會適時助你一把，不然平時是沉默寡言的在一旁關注著你。朋友有事相求（通常是有困難或是有麻煩）的時候，蟹摩型能透過經驗老道的豐富知識，告訴朋友解決的辦法，且往往能一針見血、不偏不倚的命中問題的癥結。

家庭生活

蟹摩型的家庭生活，時常圍繞在「關係」這個主題上，他們誕生在一個充滿關愛的家庭，家中成員卻不會因感情變成羈絆，而是像社會的雛型，彼此共存卻又獨立運作。蟹摩型的爸媽向來就很注重公平的原則，對於教育方式更傾向中庸之道，他們會尊重孩子們的未來選項，而不會將自己的觀念強加在孩子身上。其父母會鼓勵子女盡早獨立，去接觸賴以生存的社會。一些短期打工機會，也是蟹摩型出道的地方，讓他們比起同齡孩子更能提早體驗經濟運作，以及社會複雜的人際互動。在爸媽的影響下，蟹摩型家庭的孩子多半是謙遜有禮的，但對於自己的目標卻是意志堅定的。

感情世界

受到不安感驅使的蟹摩型，對於戀愛對象會有強烈的佔有慾，慢熟的他們也不會讓愛苗急速燃燒，通常都會經過相當長時間的觀察歷程，才會進入到交往模式，也就是戀愛關係。伴侶（夫妻）關係裡，蟹摩型會遇到與自己性格相反的人物，外在是剛毅的，內心卻非常柔軟，他們往往會與親密伴侶有著互補的關係。不過也可能狀況反過來，透由伴侶關係，蟹摩

型將活出自己內在摩羯座的形象，這種現象在共組家庭之後更加明顯，他們會為了守護家人，花更多時間和精力在工作上，並肩負起保衛家園的重責大任。

理財觀念

在理財上，平時看似保守的蟹摩型有著膽大心細的特質，外加獨到的投資智慧，他們很適合藉由與他人合作的投資工具來賺錢，例如基金就是個不錯的選擇。蟹摩型除了在實務投資上有敏銳嗅覺，在看人上也有慧眼識英雄的觀察力，容易透過與他人合資而累積不少財富。蟹摩型在理財上具有獨特的創意和技巧，能看出旁人所忽略的地方，加上對財富的企圖心，常能異軍突起、出奇制勝。另外，股票、外匯還有投資型、分紅型保單也是他們常用的理財方式。

職場生涯

以服務精神對待朋友的蟹摩型，在工作上，希望透過自己的專業知識，去服務社會。他們會盡可能的涉略不同的領域，讓自身的眼界更加寬廣。個性較為老成、保守的蟹摩型，面對工作的時候，求新求變，一方面是為了補足自己的多元技巧，一則是怕會被殘酷的社會淘汰。若是主管階級或是將工作視為人生志業的蟹摩型，受到原生家庭的影響，他們非常重視職場的公平競爭，也是善惡分明的老闆上司類型。公司內部的獎懲制度更是健全地運作；對於有功職員祭出誘人獎勵，對於失責的職員更是絕不寬貸。

別踩地雷

巨蟹座與摩羯座結合的蟹摩型人格，擁有巨蟹座的敏感心思，以及摩羯座的堅毅不拔。有時對於這個世界，看待得比較嚴肅，認為是個適者生存的舞台。而他們自己更扮演起照顧弱小的角色，很會滋養他人的蟹摩

型，在給予他人協助的同時，自身心靈也獲得成長和滿足。與他們初步認識，嬉皮打鬧是絕對禁止的，一些玩笑話最好等到關係熟了以後再說，不然會被他們視為幼稚和不尊重。當認識久了之後，你將屈服於此款的柔情攻勢，對於細節絲毫不馬虎；記憶力強的他們，在你生日當天忽然冒出驚喜禮物也是常有的事情。

太陽巨蟹座與數字 9 ／牡羊座

（6 月 27 日、7 月 9 日、7 月 18 日出生）

生日解碼

巨蟹座與牡羊座結合的蟹羊型人格，外顯意識與內在潛意識有所衝突；即便如此，巨蟹與牡羊同為本位星座的一員，他們在家庭與自我間的張力，永遠是最鮮明的人生主題，這也影響到他們的性格，蟹羊型外表看來溫順，卻隱藏著侵略特質。牡羊座的個性平時被太陽巨蟹座所掩蓋，但在某些場合，蟹羊型體內那個戰士便會被喚醒，這時的他們戰鬥力是很強的，所以千萬別小看了此款的破壞力。

年輕時的蟹羊型無法妥善控制體內那個狂戰士，常會有情緒大爆走的狀況，給人情緒化的印象。一方面他們對於安全感的需求是深刻的，與家庭的連結也很強烈，但內心卻總有獨立的渴望。長大後，較為成熟的蟹羊型則能調和這兩種特質，與外界的交流將更為自然，不會感到壓迫。

人際交友

人際關係裡，悶騷的蟹羊型年輕的時候，較不會主動去結交朋友，而是居於被動的位置。因為內在情緒變化很大，所以在面對人群的時候，他們會建立起一座座高牆，阻擋自己以及外來的情緒干擾。隨著年紀漸長，社會歷練足夠的蟹羊型，在交友上則會變得越來越主動。這時候的他們，

則會希望透過交友來增加自己的知識。對他們來說,「獨學而無友,孤陋而寡聞。」這句話放在人際關係上非常貼切,他們將友情視為自己增長見聞的珍寶。

家庭生活

蟹羊型可能來自一個傳統的家庭,而家中特別凸顯母性的功能,無論父親或母親,都很擅長滋養子女的工作。他們家中充滿了和諧之感,基本上與「暴力」這個詞無緣,遇到問題,爸媽也是逆來順受,能夠心平氣和地面對困難。父母這樣的教育方式,會讓蟹羊型感到困惑,一方面雖然他們能夠在家庭中找到自己的歸屬感,進而確立自身的安全感價值;但另一方面,爸媽的思想和行為卻阻礙了蟹羊型向外發展自我的渴望。內心的挫折會轉變成沮喪和憤怒,他們會將這股怒氣發洩在家人身上,試圖活出自己內在的陽剛形象。

感情世界

個性靦腆卻又帶點大男人、大女人的蟹羊型,對於愛情抱有憧憬,他們的人生非常需要愛情的滋潤。戀愛初期,蟹羊型對伴侶總是百依百順,不知不覺中,很可能寵壞了愛人自己還不知道。伴侶(夫妻)關係裡,蟹羊型較容易以自己的事業為重心,這點可能會讓另一半不是滋味,畢竟婚姻和家庭是雙方的事,蟹羊型的行為容易被解讀成自私。其實蟹羊型之所以在婚姻的天秤中傾向事業也不是沒有原因的,安全感普遍不足的他們,認為只有建立起穩固的事業,才能讓家人有遮風避雨的地方。

理財觀念

受到安全感的驅使,蟹羊型年輕時就有想藉由累積大筆財富,來保護自己的想法。金錢對他們來說不是數量的單位,而是能夠捍衛物質生活的保障。在這樣的想法下,蟹羊型一方面非常會守財,生活中能省的地方,

他們絕對是錙銖必較，一方面他們也善用投資的技巧，勤做功課，做最篤定的保守投資。如此開源節流下，蟹羊型想要累積財富並非難事。較為保守的定存、還本型保單，還有結合了投資、保險雙重概念的投資型保單都很適合做為蟹羊型的理財工具。

職場生涯

在工作職場上，蟹羊型將朋友視為開拓視野的資產，這也會影響到他們的職業選項。蟹羊型通常會選擇與教育文化、出版傳播、旅遊等相關的工作，這些工作除了是他們的興趣之外，其中能夠與人群做直接的互動，也是他們考量的原因。若是主管階級或是將工作視為人生志業的蟹羊型，則能將早期收集到的人脈經驗運用在職場中，對同仁職員能發揮自身洞察力，其制定的政策和公司營運方向都能深得人心。蟹羊型主管很有「資源回收」的精神，他們有化腐朽為神奇的魔力，能將他人視為敝屣的事物，搖身一變成可觀資源。在事業的心態上，蟹羊型充分展現了牡羊座的特質，喜歡領導的他們又不至於太標新立異，而是在傳統與現代中找到平衡點。

別踩地雷

巨蟹座與牡羊座結合的蟹羊型人格，外表謙遜，內在狂野。他們在歸屬感的議題上是敏感的，所以與他們聊天盡量別帶到有關家族（隱私）或是根源的問題。較為成熟的蟹羊型不會輕易將自己的情緒寫在臉上，有時你可能已經得罪到他們，自己卻還不知道，等到哪天經由他人的口中得知，那就已經太遲了。很有企圖心的蟹羊型，可以多與他們聊聊專業領域的事情，或是一些新知、資訊等等，他們都會很樂於與你分享一些私藏的祕笈。

第五章：
太陽獅子座與九個星座靈數

太陽獅子座與數字1／獅子座

（7月28日、8月1日、8月10日、8月19日出生）

生日解碼

　　獅子座與獅子座結合的獅獅型人格，屬於典型的獅子人，擁有所有獅子座的正面特質：熱情、忠誠、意志堅定、善於領導統御……等，而負面特質則包含：過度重顏面、不知變通、剛愎自用、愛擺架子……等。由於外在意識與內在潛意識吻合，他們就像天空中的太陽，光芒萬丈。獅獅型性格中帶有傳統父親的功能，父親往往是我們人生中第一個崇拜、模仿的對象，也是我們心中英雄的特質，獅獅型也擅長啟發旁人。

　　這個典型火象的固定星座，個性也是擇善固執的，他們很難聽從別人的意見，將他人的建議當作是外界的雜音，獅獅型寧可遵循自己內心的想法，也不會輕易接受、採納旁人的說法。一則因為他們很愛面子，一則他們對自我的才能和判斷有種無可救藥的樂觀心理。

人際交友

　　十分忠於自我的獅獅型，朋友對他們而言，就像配合者的角色。由於自身非常鮮明的個性，加上獅獅型靠著強有力的魅力，常在好友圈擔任核

心決策人物；有一群死黨（某些人可能會解讀成狐群狗黨）自然也就不是什麼奇怪的事。他們在朋友間很吃得開，即便獅獅型並非刻意想要成為中心角色，還是會有很多「追隨者」願意加入他們的陣容，無形間，以獅獅型為首的團體、聯盟也就因應而生。但不是每個人都喜歡當綠葉；獅獅型另一些人際關係，則帶有「競爭」的特質，這些挑戰者要來一爭紅花的地位，所謂「不打不相識」很適合用來形容獅獅型的這種關係。

家庭生活

要如何造就出這樣高度自我中心，卻又孩子氣的獅獅型個性？他們的家庭生活想必也是非常五光十色、多采多姿的吧？答案其實不盡然。就像光明是從黑暗混沌而生，當然我並不是指獅獅型的家庭很黑暗，通常他們擁有一對富有智慧以及勇氣的家長。獅獅型的爸媽也是頑固的一群，他們擁有堅定的意志，脾氣也很拗；如果獅獅型與爸媽吵架，那畫面一定很精彩。獅獅型的父母可能從事與心理學、警政司法，或是較為隱密神祕的工作，他們對待孩子，有著強烈的情感，但其中的佔有欲可能會讓子女透不過氣。

感情世界

萬獸之王的獅獅型在戀愛中絕對是熱情狂野的，他們的愛情觀沒有界線，自己也抱持強烈的好奇心，想要探索更大、更廣的戀愛世界。伴侶（夫妻）關係裡，獅獅型如果是高高在上的國王，那他的另一半則很可能是廣大的平民象徵。性格外放且崇尚本位主義的獅獅型，容易與性格內斂且尊崇人道主義的伴侶結為連理，是再自然不過的，主觀獨斷的人自然被客觀理性的人吸引，所以獅獅型的伴侶常是知識內涵豐富，個性又溫和的類型。不過狀況可能也反過來，進入婚姻生活的獅獅型會收斂許多，平時的霸氣會被另一半吸收，個性也變得更柔和，不會擺起老大的架子。

理財觀念

個性不拘小節的獅獅型，在用錢上則是出乎意料的細心，我們可以解讀成他們對於自我資源相當重視，但因為平時大剌剌慣了，所以在理財上顯得格外小心。面對金錢的時候，獅獅型的數字觀念意外發達，你可以想想管理整個王國的君主，那種日理萬機的求好心切，就不難想像此款對於理財金融的小心翼翼。在理財上相對保守的獅獅型不是衝動消費的類型，而是會透過精打細算來維持基本開銷，長久下來，也會累積不少財富。適合獅獅型的理財工具包含定存，以及還本型保單和利變型保單等等。

職場生涯

向來我行我素的獅獅型面對工作有著嚴肅的一面，受到原生家庭影響，他們對於工作會有強烈的掌控慾。值得一提的是，這類人會將平凡無奇的小事做大，在工作上有猛烈的企圖心，他們更以做大事為目標，追求世俗的成功。若是主管階級或是將工作視為人生志業的獅獅型，「穩定和長久」便是他們最大的企業方針，當然許多企業都力求能永續發展，但我這指的是獅獅型一成不變的原則政策或是他們公司恆常不變的價值。在他們帶領下的公司團隊，也非常重視傳統以及那些前人所留下的歷史。

別踩地雷

獅子座與獅子座結合的獅獅型人格，是微服出巡的君王，你若懂他們的脾氣，此款將會是你生活中重要的良伴；但若是犯著了他們的地雷，那想必也會落入他們的血盆大口中。獅獅型其實很好懂也很好相處，謹記一個原則，那就是不斷地讚美他們；「讚美」對他們來說永遠嫌不夠，不過若是那種油腔滑調的讚美那就不必了，只會被他們視為膚淺和矯情。真正的讚美莫過於，在旁人忽略的細節上，以平鋪直敘的口吻，並語帶肯定的分析其作為一番，此舉絕對會讓他們印象深刻，並讓獅獅型心花怒放，賓

主盡歡。

太陽獅子座與數字 2 ／巨蟹座

（7 月 29 日、8 月 2 日、8 月 11 日、8 月 20 日出生）

生日解碼

　　獅子座與巨蟹座結合的獅蟹型人格，是外剛內柔的典型類型，不過外在意識與內在潛意識有些衝突，會出現陰陽不調和的狀況。獅蟹型外表很剛強，內心則是非常敏感，與其他獅子家族相比，此款想得比較多、比較遠，情緒感受也很豐富。乍看他們能與任何人相處，但能真正走入獅蟹型內心世界的人少之又少，要完全看穿他們心思實在不容易。

　　他們往往因為好強，而將受傷的心隱藏起來，為人倔強、愛鬧彆扭。獅子座的太陽法則會受到巨蟹座的守護星月亮影響，原本乾爽的個性因而變得黏膩。獅蟹型早年較無法順利整合這兩股力量，想要獨立的時候，卻又對安全感執著，離不開家庭的保護傘；等到終於有機會到外一探究竟時，心裡掛念的全都是家裡面的事情，這樣矛盾的情結直到成年後會逐漸改善。

人際交友

　　擁有極陽（獅子座）與極陰（巨蟹座）兩種性格的獅蟹型，早期在交友上會感到比較棘手，原因起自於他們複雜的情緒反應，他們如果無法將意志堅強的陽剛與情緒多變的陰柔調和完善，為了不讓旁人害怕這樣的自己（通常不會有人真的害怕，往往是獅蟹型自己跟自己過不去），他們會選擇隔離與封閉。還好這樣的狀況不會維持太久，逐漸成熟後的獅蟹型，開始接納自己，不再以面具去迎接人群，也能統合陽剛與陰柔這兩種相反的特質。他們變得愛結交朋友，時常出現在各交際場合，待人和善、文質

彬彬，各個都是紳士淑女，儼然是個優質公關。

家庭生活

　　獅蟹型來自一個充滿愛與溫暖的家庭，父母也是兼具熱情與感性的類型。他們的爸媽擁有絕佳的藝術天分，至少他們擁有鮮明的人格，能將對子女的愛發揮得淋漓盡致。某種程度上，這樣的愛對獅蟹型會有些壓力，內心世界比較柔順的他們，遇上爸媽直爽、乾脆的個性，獅蟹型自己會有種被燃燒殆盡的感覺。於此家庭氣氛的籠罩下，會讓獅蟹型變得更為極端，要不是過度發展獅子座的那一面，變成一個暴君；就是過度發展巨蟹座的人格，防衛心重又情緒化。

感情世界

　　愛情世界裡，獅蟹型靠著自身魅力，以及熱情主動的攻勢，想要談段驚天動地的戀情並不難。他們的愛情之火燃燒得很快，一見鍾情的次數不勝枚舉，他們容易動之以情，但實際交往之後卻發現彼此個性南轅北轍，戀情也就草草結束。伴侶（夫妻）關係裡，獅蟹型特別重視彼此的自由關係，他們可能將婚姻理想化，進行柏拉圖式的伴侶關係。當然我們不可能一直活在理想的烏托邦之中。其實獅蟹型強調的是雙方在婚姻這層若有似無的束縛中，培養各自自主的能力，他們不希望進入婚姻的兩人為了柴米油鹽醬醋茶等生活瑣事而讓關係失去品質。

理財觀念

　　外表豪邁，內心纖細的獅蟹型在投資理財上，憑藉著膽大心細的性格，通常都能獲得不錯的成功。他們對於投資，尤其是投機工具有著天生的熟感，總能嗅出未來的走向，掌握良機。加上此款對於金錢敏銳的數字觀，對銀行的存款金還有收支等財務狀況時時謹慎；穩健的理財方式，外加快人一步的投資嗅覺，獅蟹型常能擠身富豪的行列中。較保守的定存、

債券，以及股票、認股權證等風險高的投資工具，他們都能兼容並蓄地駕馭；另外，利變型保單和分紅型保單等商品也很適合獅蟹型混合運用。

職場生涯

兼具陽剛與陰柔之氣的獅蟹型，工作上能將傳統與創新融合成自己的職場戰術。他們會遵守公司的核心傳統，同時以此為基礎加上自己的創意，並作適當的改良，其成果不但不違背公司固有價值，又能結合時事、展現新意。若是主管階級或是將工作視為人生志業的獅蟹型，就像結合了愛神與戰神身分的主管，對待同仁總是和顏悅色、慈顏善目，他們是公司的活招牌，出入任何場合總不忘微笑，形象極佳；也具備了管理者的斡旋技巧，善於傾聽和溝通。而該認真的時候，獅蟹型的專業模樣又會讓人肅然起敬，談公事時，他們的態度是不亢不卑、意志堅定的。

別踩地雷

獅子座與巨蟹座結合的獅蟹型人格，擁有獅子座的豪情壯志，以及巨蟹座的柔情似水。要如何平衡這兩者，是此款天天須面對的功課，他們可以是最完美的中立者，也能是最極端的侵略者。要他們展現寂靜尊抑或是忿怒尊，就要看你的造化了，一般而言，獅蟹型是好相處的類型，如果想讓彼此的關係更好，讓他們覺得自己有「被需要」的感覺是很致勝的關鍵；別忘了這個星座組合，承襲了父性（獅子）與母性（巨蟹）的功能，如果你能激發他們保護者的心態，一場談判或是一段友誼已經成功了一半。

太陽獅子座與數字 3／射手座

（7 月 30 日、8 月 3 日、8 月 12 日、8 月 21 日出生）

生日解碼

獅子座與射手座結合的獅射型人格，獅子與射手兩者皆為火象星座，性格上很有火象星座的風采。此款的外在意識與內在潛意識相處和諧，他們能夠將「自我」演繹地活躍出眾。因為獅射型具足了火象星座的血統，所以會將火元素的正反特質完全發揮出來，其正面特質包含：為人正直、熱情大方、自信心強、具開創精神……等；負面則是：目光短淺、缺乏耐性、自我中心、難以服從他人……等。

　　較為幼稚的獅射型，容易散發自以為是的自大心態，過於自信的結果，會將自身的行為合理化，或者將過錯歸咎於他人。無法從錯誤中學習，剛愎自用是此款最為人詬病的地方。而凡事先入為主的觀念，也會在人際互動中產生誤會，容易陷入以偏概全的窘境。成熟後的獅射型則較能從整體、全盤性地看待事情，也能發揮其領導的才能，在團體中成為火車頭的角色。

人際交友

　　受到獅子座影響的獅射型，在人群中絕對是風雲型人物，他們很會號召旁人，成為自己的追隨者。也許是此款敢言他人不敢言、敢為他人不敢為，所以常能獲得同儕的認同。獅射型也喜歡被當作偶像般崇拜，常是好友間的話題角色，更有一群死忠的粉絲。普遍來說，好面子的獅射型多能真心對待朋友，也頗注重社交禮儀，重視好友間的平等關係。他們能夠無私心的面對每個人，至少在公開場合，他們不會刻意禮遇誰或冷落誰，獅射型希望能以一視同仁的心態來處理人際事務。你很難想像一向好惡分明的他們，在面對友情的時候，會有這難得一見的「雅量」。

家庭生活

　　行事風格大而化之的獅射型，來自一個溫暖的家庭，他們的爸媽多是情感豐富的類型，有著悲天憫人的胸懷。純火象的獅射型，其父母則像是

純水象的人，情緒細膩，且善於照料他人。自小，獅射型很可能會被過度保護，在一個溫室裡面成長；而爸媽也對子女百般寵愛，任其予取予求。父母這樣的教育，容易寵壞了子女，讓他們不懂得感恩，甚至將爸媽的付出視為理所當然。如果是較為獨立自主的獅射型，對於爸媽早期的教育理念，則視為是種軟弱；與父母會有思想上的衝突。獅射型認為爸媽不應過度寵愛子女，或是出於某種彌補心理，而不斷討好孩子。

感情世界

談起戀愛的獅射型熱力依舊不減，反倒更加狂熱。他們常以外表來評斷他人，好惡分明的獅射型，容易一見鍾情，不過也因為這樣，往往會遇到不對的人，所以戀情大多維持得不久。伴侶（夫妻）關係裡，獅射型會被自己的伴侶寵得傲嬌，一段關係是雙方的責任，他們之所以變得如此，另一半也得好好反省。獅射型的姻緣通常來得很快，會有「閃婚」的狀況，因此另一半還會陶醉在戀愛的模式，但愛情走入婚姻後，現實的打擊接踵而來；無論是獅射型或是其伴侶，都需要知道婚姻不是兒戲，而是家庭的基石。

理財觀念

總是少根筋的獅射型，在消費上則是偏向小心謹慎的保守類型。對他們來說，「錢」就是非常實際的存在，也許早年他們會有鋪張浪費的習慣，但經過多次「意外」之後，獅射型總算體會到「錢到用時方恨少」的窘境；至此對於用錢更錙銖必較。其實獅射型天生對數字就很敏感，時常留心日常生活中的數字編碼，這點反應到理財上更是種渾然天成的天賦，是屬於不鳴則已，一鳴驚人的類型；處處在用錢留心的他們，存款也會與日俱增。適合他們的理財工具包含定存，以及還本型保單、利變型保單等較保守的商品。

職場生涯

　　喜歡當老大、領導他人的獅射型，對於受雇於人、替他人工作似乎不太領情，如果情況允許，他們會想自己出走創業，當自己的老闆。若是主管階級或是將工作視為人生志業的獅射型，在職場上已有了相當的經驗，面對任何狀況都能處變不驚。在專業領域上，他們絕對是冷靜沉著的，相對的，他們也很重視細節，是屬於膽大心細的類型。獅射型相信「魔鬼就藏在細節裡」，所以對細項要求特別高；加上火象星座的直覺，他們也能在短時間抓住問題的核心，再靈活地運用過往經驗，順利帶領公司度過一次次難關。

別踩地雷

　　獅子座與射手座結合的獅射型人格，擁有兩個火象星座的加持，時而像個尊貴的國王，時而像個愛玩的小孩。自我中心的他們，有時會誤以為全天下都繞著他們打轉，或是誤以為旁人都跟他們一樣有著堅強的意志；無意間被他們直接、間接傷害過的受害者罄竹難書。獅射型其實非常單純好懂，該開心的時候大笑，該難過的時候痛哭一場，人生在他們眼中就是這麼簡單又自然，如果你能與他們稱兄道弟，那麼就能體會此款海派、不做作的行事風格，還有豁達的人生觀。他們最大的地雷無非是小鼻子、小眼睛以及過於缺乏膽識的作風。

太陽獅子座與數字 4 ／水瓶座
（7 月 31 日、8 月 4 日、8 月 13 日、8 月 22 日出生）

生日解碼

　　獅子座與水瓶座結合的獅瓶型人格，在外顯意識與內在潛意識有所衝

突，星盤上獅子座與水瓶座呈現一百八十度遙遙相望，兩者是對立又互補的組合。獅子座原本的自我中心、強烈的主觀意識會被水瓶座的重理性、邏輯客觀思維給沖淡，雖然太陽獅子仍是相當的崇尚個人主義，但與其他獅子家族相比，獅瓶型有了更多站在他人立場思考的機會，性格上也比較沒這麼「愛現」，而是相對低調很多。

如果說獅子代表的人物是少數握有權力的貴族，那麼水瓶座無疑就是代表廣大的平民群眾，前者是凝聚核心的焦點人物，後者是水平擴散的普羅大眾；在思考上已經有了基本的不同。獅子座關注自我發展的影響力，喜歡藉由領導他人來證明自己的能力；水瓶座則關注眾生平等的原則，在他們理想的世界是沒有階級之分的，所有人都有參與的權力，並沒有所謂的「特權」這回事。

人際交友

在交友上獅瓶型也會出現矛盾的狀況，他們在早期的時候，比較會展現獅子座的一面，熱情、大膽且主動。愛面子的他們也會在朋友面前將自己最好的樣子表現出來，舉手投足間有著貴族的氣息，更會用誇張的肢體動作配合豐富的表情；輕而易舉就能得到他人的注意。但這類情形直到獅瓶型出了社會後，會開始發生轉變。受到水瓶座的影響，他們在朋友圈內變得低調，並逐漸退到幕後，不再以「老大」自居；漸漸地他們會成為「觀察者」的角色，用冷靜客觀的思維去看人際互動的變化，此時的獅瓶型性格變得更加成熟，追求「君子之交淡如水」的交友之道，與人保持一定的距離。

家庭生活

性格中帶有乖戾之氣的獅瓶型，常來自一個大戶人家、或是地方望族的家庭。其父母多半是傳統的，龐大家產的壓力會讓爸媽個性變得壓抑。

早年的時候，獅瓶型爸媽會灌輸他們「金錢至上」的價值觀，錢雖並非萬能，卻是萬達的。這也催化了獅瓶型從小就對金錢很有概念，他們可能小小年紀便有了打工的經驗。其爸媽雖握有資源，卻要獅瓶型學會獨立，那種「富不過三代」的枷鎖一直停留在爸媽腦中，所以會要求獅瓶型不能依賴家庭，至少在經濟上，他們必須能自主。

感情世界

面對感情，也許是為了感受原生家庭所沒有的元素，獅瓶型是屬於放蕩不羈的類型。他們談的戀愛絕對是轟轟烈烈又自由奔放，初嚐禁果的獅瓶型較會想盡可能地嚐鮮，體驗各式各樣的戀愛。伴侶（夫妻）關係裡，獅瓶型則變得更加理智，且更有肩膀，願意為了家庭扛起婚姻的責任。他們與伴侶相遇常是出乎意料或是超乎尋常的，多半與愛人有著互補的個性，如果他們有著獅子座強烈的個人主義，那麼他們的伴侶就是博愛隨和、容易相處的類型；反之若他們發展高度的水瓶座性格，那麼另一半則會活出他們的獅子座形象，需要他人讚美與肯定，也較容易以自我為中心。

理財觀念

受到原生家庭影響，獅瓶型在理財上的表現是出色的，他們能透過精細的計算以及刻苦耐勞的精神，積沙成塔；加上他們多方嘗試的投資策略，短時間內就能累積不少財富。節流方面，獅瓶型有著謹慎的節省之道，對於開銷能夠理性的計畫，能減少支出，他們盡量控制在理想範圍內；至於開源方面，獅瓶型對於投資往往有敏銳的嗅覺，尤其是在股票的表現令人驚豔，他們很能知道何時該進、何時該退。利變型保單和投資型保單、股票等等都是他們能發揮強項的工具。

職場生涯

在工作職場上，獅瓶型會有大器晚成的傾向，也許他們起步沒這麼快，但對於任何任務和挑戰都能堅持到底；越是難征服的事物，越能挑起他們的戰鬥慾。若是主管階級或是將工作視為人生志業的獅瓶型，通常已經是事業版圖相當穩固的經營者。受到原生家庭根深蒂固的觀念影響，他們對於金錢特別敏感，一般來說，每日也會接觸到許多數字龐大金額的流動，因此在財務上非常保守嚴謹。而由獅瓶型帶領的公司團隊，其核心價值更是不容變化，他們很重視職場的文化傳承。獅瓶型的主管，外在是溫和的，其意志卻是難以動搖，且他們總能洞察他人背後真正的動機。

別踩地雷

獅子座與水瓶座結合的獅瓶型人格，擁有兩個互相矛盾的靈魂，他們天生對權貴反感，對於那些愛用特權的人根本不屑一顧；而那些財大氣粗又任性的有錢人，也在此款的黑名單中。但隨著獅瓶型汲汲營營於事業當中，在他們獲得世俗的成功之後，自己卻越來越像當初討厭的類型，這樣矛盾的情結，旁人是很難能夠理解的。一方面獅瓶型想要突破、想要改革，不想照著前人的模式走；但他們自尊心強，又不能接受旁人異樣的眼光。該如何在這天秤的兩端取得協調，是他們一輩子的功課。無論如何，追求真相的獅瓶型，「謊言」是此款最大的地雷。

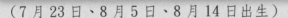

太陽獅子座與數字5／雙子座與處女座
（7月23日、8月5日、8月14日出生）

生日解碼

凡是與數字5有關的組合，都會增加本人性格的複雜度，因為受到雙子座與處女座這兩個星座的雙重影響，獅子座與雙子座、處女座結合的獅雙（處）型人格擁有獅子座的尊貴氣質、處女座的務實體貼以及雙子座的

鬼靈精怪、求新求變。獅子座本是固定星座，但加上了雙子座以及處女座這兩個變動星座之後，會讓他們的人格更具彈性，獅雙（處）型與其他獅子家族相比，多了更強的適應力。

羅馬神話中，象徵太陽的阿波羅（Apollo）是真理與光明之神，同時也是獅子座的守護神；至於雙子座與處女座其守護神墨丘利（Mercury）則是眾神的使者，更是商人和竊賊的守護神祇。獅子座有著光明磊落的人格，為了尊嚴他可以賭上一切；個性熱情而大方，有領導天賦。另外兩個變動星座則擁有優秀的智力，腦筋非常靈光，雙子座好比熱切的信使，喜愛四處穿梭、遊走；處女座則是務實的分析家，冷靜而謹慎，相信知識就是力量。

人際交友

喜歡體驗新事物的獅雙（處）型，受到雙子座的影響，在交友上熱愛追求更多的經驗。他們認為朋友的多寡與自己的知識、訊息量有一定的關聯，所以會盡可能的結交各種類型的朋友。受到獅子座影響的部分，他們能與朋友維持良好的互動，此款很重視友情間的公平性，他們為朋友付出多少，當然也會希望朋友能夠回饋他們多少，心中永遠有支天秤不斷在平衡人我的關係。受到處女座影響的那面，交友對他們而言除了可以增廣見聞外，也能藉以洞察旁人的動機，這時候好友與自己的默契格外重要，為了雙方更大的利益，他們會互相「掩護」情報，換取更多的資源。

家庭生活

個性比較複雜的獅雙（處）型來自一個不太單純的家庭，我這裡指的不單純不是說他們家有什麼反常的地方，而是此款的家庭通常由一對性格反差頗大的父母所組成。早期的時候，獅雙（處）型爸媽很注重權力的運用，他們可能在孩子的教養問題上爭執不休，衍伸出雙親在親權上的權力角逐；其中父母一方是較嚴謹的類型，會希望小孩照著自己的理念走，按

部就班完成每個階段的任務；但另一方就不這麼苟同了，他們覺得小孩就該適性發展，從小就要多方嘗試，不要太早定型。

感情世界

在感情上，外在獅子座的獅雙（處）型很容易就能與人打成一片，交友上無往不利的他們，面對愛情的時候，同樣也是十分熱情主動。愛情世界中他們是多變的，一下子是獵物，被動地等待你猛烈進攻；一下自己又是獵人，享受獵捕的樂趣。伴侶（夫妻）關係裡，獅雙（處）型則會變成理想主義的實踐家，他們心中的夢想之一就是與伴侶共組新的家庭，有個溫暖且安全的避風港，是獅雙（處）型多年的心願。其性格也會在有了家庭之後，變得體貼、隨和許多；尤其是膝下有了孩子，也許是出自自己兒時的彌補心態，他們會是個好爸爸、好媽媽。

理財觀念

在理財上，獅雙（處）型受到處女座影響，自有其保守的一面，對於日常生活開銷都會斤斤計較，多半也都有記帳的習慣。不過他們也很適合在理財上「開創」，化被動為主動，積極參與小額投資，對他們來說會有頗大的幫助。獅雙（處）型在房地產上也會有不錯的成績，在用錢上的謹慎小心，配和他們沉穩個性以及敏銳的眼光，往往都能透由房產擠身小富公、小富婆的行列。獅雙（處）型之所以能在房地產上成功，也是因為他們想給家人有更好的生活條件，多聽多看、勤做功課，無形中自己也變成房產達人；而定存、利變型保單和投資型保單等商品也很適合他們。

職場生涯

早年獅雙（處）型初接觸工作的時候，做人處事是相當嚴肅的，他們會希望將事情做到百分百的完美，不允許自己出半點差池。這樣的心態，累了自己也苦了別人，讓與他們相處的同事叫苦連天。若是主管階級或是

將工作視為人生志業的獅雙（處）型就會發揮他們性格中雙子座的一面，在經營策略上相當的靈活多變，他們不會拘泥於某種形式或做法，而是會從失敗中學到教訓，不斷修正自己的政策。身為主管的獅雙（處）型，是個能與職員平起平坐的優秀領導人，他們不太在乎外在的形式，注重的是職員「腦袋裝的東西」，越有新穎創意的員工，越能得到此款的賞識。

別踩地雷

獅子座與雙子座、處女座結合的獅雙（處）型人格，有著複雜的靈魂，但基本上受到太陽獅子座守護的他們，個性是正派且正直的，他們厭惡各種旁門左道、投機取巧的事情，對於「背叛」這檔事，更有相當潔癖的痛恨。他們欣賞頭腦靈光、反應機智的人，但那些擅長巴結還有諂媚阿諛的人，最好還是識相點，少去招惹此款為妙。而在人際互動上重視公平的獅雙（處）型，一開始基於獅子座愛面子的個性，與他們相約聚餐，此款都會樂於請客，不過若以為這樣就可以坑他們，那就大錯特錯了！這筆帳，獅雙（處）型將一輩子給你牢牢記下，與他們的飯局最好還是 AA 制（平均分擔費用）較理想。

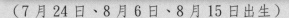

太陽獅子座與數字 6／金牛座與天秤座
（7 月 24 日、8 月 6 日、8 月 15 日出生）

生日解碼

獅子座與金牛座、天秤座結合的獅牛（秤）型人格，其金牛座會強化獅子座本身的固定星座性格，而天秤座則讓獅子座更具外交手腕。受到金牛座的影響，獅牛（秤）型是很穩定的類型，他們能將固定星座的特質完全發揮出來，他們比起其他類型的人更具有耐性與持續力。

羅馬神話中，象徵太陽的阿波羅（Apollo）是真理與光明之神，同時

也是獅子座的守護神；至於金牛座與天秤座其守護神維納斯（Venus）則是愛與美的女神。獅子座有著火象星座特有的直覺，配合他們正直且大膽的作風，往往能於團隊中擔任領導者的角色；另外兩個受愛神守護的星座則擁有優異的審美能力，具有藝術美感氣息，金牛座好比謙遜的美食家，喜歡享受，並過著自給自足的生活；天秤座則是理性的外交家，講究人際間的平衡。結合上述性格的獅牛（秤）型除了有領導的長才，對於事理也擁有過人的鑑賞力和幹旋力。

人際交友

　　熱情以及在藝術領域活躍的獅牛（秤）型，對生命保持樂觀明朗的態度，他們相信人性本善，自己也是以良善的心態面對旁人，對於朋友更是極盡付出、樂善好施。受到金牛座和天秤座影響的部分，除了獅牛（秤）型很重友情以外，他們也不會因為與朋友的好交情，而過度依賴對方，或是產生束縛的感覺。與之相反，獅牛（秤）型式很不喜歡在友誼上被約束，他們較偏向自由自在的交友模式；同時為了體驗更多的人生，他們很喜歡運用空暇時間與三五好友一同去郊遊、踏青，特別到了陌生的旅遊勝地或是達人才知道的祕密景點，都會讓此款龍心大悅、興奮無比。

家庭生活

　　家庭生活中，獅牛（秤）型的爸媽是兼具傳統與原創精神的雙重類型。爸媽其中一方，對兒時的獅牛（秤）型來說，是家庭與世界的建構者，他們較傾向於嚴肅，用務實且理性的教育方式，拉拔子女長大。另一方面，獅牛（秤）型爸媽另外一個角色，則是相對開明許多，他們也善於激發獅牛（秤）型的原創精神，自然也與孩子話題多、比較聊得來；但不可否認地，無論何者，獅牛（秤）型爸媽都對子女用情很深，兩者都是責任感很強的類型。

感情世界

　　與交友的狀況一樣，獅牛（秤）型獨鍾自由的戀愛模式，他們享受愛情帶來的各種刺激，卻不想被戀情所綑綁，這是與他們戀愛需要有的認識。伴侶（夫妻）關係裡，獅牛（秤）型容易引起伴侶的嫉妒心。原因常是他們對外人太友善，容易沉醉在友情當中，所以讓在家的伴侶很不是滋味；不過也有另一種情況，就是獅牛（秤）型婚後仍不改一些舊有的興趣，雖然興趣或是嗜好這類休閒活動本該是每個人與生俱來的權力，但獅牛（秤）型會因為投入一個嗜好而有過度著迷甚至成癮的現象，因而忽略掉許多家庭事務。

理財觀念

　　獅牛（秤）型對於理財的方式一則是保守的模式，透過省吃儉用，來讓存款變多；一則他們在理財工具上，有一定的認識，喜歡嘗鮮的他們，也試過許多理財商品，藉由經驗，他們能找到對自己最有利的投資方式。另外，獅牛（秤）型似乎有股天生的偏財運，他們很能在正財以外的管道獲利，在理財上更能發揮這個特長；平時生活中的刮刮樂、統一發票或是摸彩活動，都能見到這個幸運兒，他們就是有這種好運氣。保守謹慎的守財，配合多元的投資以及額外的投資運氣，獅牛（秤）型能藉由複合的理財手段來達到賺錢的目的。除了定存這類保守商品外，基金還有投資型保單、分紅型保單都很適合他們搭配使用。

職場生涯

　　受到金牛座和天秤座這兩個愛神守護星座的影響，獅牛（秤）型很適合從事與藝術文化或是社交公關類型的工作，他們能運用專業的品味以及斡旋的手腕技巧，來獲得事業上的成功。若是主管階級或是將工作視為人生志業的獅牛（秤）型，一方面他們很在乎自己的信念，某些公司價值是

不能輕易動搖的；特別是關係到務實層面的事務，更是如此。獅牛（秤）型主管能將理念與現實面相結合，是劍及履及的類型，他們在與你討論公務的時候，絕對不是口頭上說說罷了，而是會想盡辦法將心中的理念達成，途中遇到的困難也會想方法克服，對敵手來說，是個強勁的狠角色。

別踩地雷

　　獅子座與金牛座、天秤座結合的獅牛（秤）型人格，有著獅子座的熱情，以及金牛座的穩定度和天秤座的優雅姿態。他們總能向外展現人性「善」的光輝，在他們身上好像找不到一絲陰影，因為他們總是把最美好的樣子呈現在世人面前，但無形中也給自己添了不小壓力。誰說男神、女神就不能有形象崩壞的時刻？一向很重形象的獅牛（秤）型其實也希望哪天能將這些「偶像包袱」全都丟棄，但最後他們還是會笑笑的跟你說：「我還是做回原本的自己好了」；獅牛（秤）型就是這麼天真、這麼單純。他們最大的地雷區，無非是人性的貪婪還有醜陋面，那些吃相難看以及道德標準低落的人事物，還是離此款遠些較好。

太陽獅子座與數字 7／雙魚座

（7 月 25 日、8 月 7 日、8 月 16 日出生）

生日解碼

　　獅子座與雙魚座結合的獅魚型人格，擁有獅子座的熱情，以及雙魚座的柔情，是外剛內柔的典型。傳統上受太陽守護的獅子座，自我意識強烈，與受海王星守護，傾向無我的雙魚座恰恰相反；雖然外顯意識與內在潛意識有所落差，但變動星座的雙魚座會為本是固定星座的獅子座帶來軟化效果，讓他們更具適應性。

　　就某種程度，獅子座與雙魚座的運作法則是背道而馳的，前者代表藉

由追尋自我發光發熱的歷程，來區分自我與他人的界線；後者則是藉由自我與宇宙大一的融和，消弭人我的界線，兩者有很大的不同，獅魚型可以說是獅子家族裡最「無我」的類型。這多少會讓此款內心有些天人交戰，他們一方面想要經由外在證明自己、肯定自己，但另一方面，獅魚型又喜歡待在幕後，享受個人獨處的孤寂感。

人際交友

內心矛盾，但在藝術造詣令人眼睛為之一亮的獅魚型，在交友上也喜歡與有美感氣息的人交往。精神上，他們的友人有一定程度的審美觀，有相當高的比例從事與美術、音樂以及藝術文化有關的工作，至少他們一定是個文化人。平時與好友的休閒活動多半也是在音樂會、畫展或是劇場中度過。而在物質上，獅魚型的感官發達，他們也很喜歡與三五好友，一同去享受美食，無論是本土小吃或是異國料理，都能挑動起他們豐富、多層次的味蕾，讓他們心情愉悅。獅魚型有可能會透過美食來舒緩生活中的壓力，不知不覺長期下來，就會變成小腹婆、小腹男，這點一定要多加注意。

家庭生活

就像獅魚型複雜的個性，他們的家庭也有不動與動的兩面。早年獅魚型爸媽的管教方式較為嚴格，對於孩子的世俗成就有很高的期待，不管是在校成績，或是其人格陶冶，都會盡力要求，是我們現在口中的「虎爸」、「虎媽」。這樣的教育方式，讓內心柔軟敏感的獅魚型吃盡苦頭。但爸媽這樣強勢的作風，其實也鍛鍊出獅魚型強悍的意志力。隨著獅魚型逐漸長大，他們的家庭生活跟早期有很大的不同，獅魚型父母的教育方式變得更有彈性，他們甚至希望孩子能多去接觸外界，培養多元的技能與專業；其觀念也從原先的守舊變得開明，態度也變得軟化，願意與子女進行良性的溝通。

感情世界

在親密關係中，獅魚型內在感情豐富的雙魚座，會加深獅子座對愛情的嚮往，他們甚至會有過度美化愛人的狀況。伴侶（夫妻）關係裡，獅魚型則是相對會變得比較理性又實際。新婚的時候，初走入家庭的他們一開始會對伴侶較為嚴謹，可能是受到原生家庭的影響，或是剛從戀愛關係進入到婚姻生活那種美夢初醒的感覺還不能適應，現實的粗糙不堪，壓得自己喘不過氣。潛意識裡獅魚型會將這份焦慮投射到伴侶身上，對其挑三揀四，嚴重點的，會在伴侶的生活小習慣雞蛋裡挑骨頭，弄得雙方很不愉快。

理財觀念

受到爸媽的影響，獅魚型在生活開銷上能省則省，打著安全牌的他們，能夠將辛苦賺到的錢財積沙成塔，累積財富並非難事。但受到雙魚座影響的獅魚型，若是與自己夢想有關的事情，此款花錢則不手軟，甚至會意氣用事、衝動消費。尤其獅子座本是個喜歡大排場的星座，鍾愛一些鋪張奢侈又華麗的東西，被雙魚座這麼一影響，則讓他們變本加厲。獅魚型必須學會理性購物，為了夢想付出並不是不好，不過他們也得認清現況，還有自己的老本有多少自己該清楚；為了避免憾事，強迫自己儲蓄會是個不錯的理財方式，定存以及還本型保單就是很好的選項。

職場生涯

獅魚型的創意很多，他們很適合從事需要動腦的工作，其中能不能符合自己的興趣會是個關鍵的要素。若是主管階級或是將工作視為人生志業的獅魚型在事業的經營上，有靜態與動態的兩面。靜態上，他們有不容妥協的企業理念，對於自家的傳統更是引以為豪，這其中更包含了獅魚型自己的價值；這些無形資產除了是公司的寶物，也是獅魚型向外展示自我的重要武器。而在動態上，獅魚型獨愛不受拘束的職場環境，相當有創意頭腦的他們，不希望死板板的工作制度抹煞了員工的思想，所以會營造職場

的自由環境，創造一個能讓職員無拘無束、發揮創意的友善空間。

別踩地雷

　　獅子座與雙魚座結合的獅魚型人格，是浪漫的夢想家，他們個個胸懷壯志，具有獅子座的耐性，以及雙魚座的靈性；通常都能堅持到底將夢想付諸實現。帶有理想主義的他們，受不了別人對他們的強硬批評，那些誤以為此款好欺負的人，常語帶尖酸的嘲諷他們，但這樣的情況維持不了多久，畢竟仍是火象星座的獅魚型絕對會讓對方吃不完兜著走。普遍來說，獅魚型是很好相處的，「美食、音樂以及讚美」這三件事是與他們拉近關係最好的良伴。而任何無禮和自大的心態，永遠是他們嗤之以鼻的東西。

太陽獅子座與數字 8／摩羯座

（7 月 26 日、8 月 8 日、8 月 17 日出生）

生日解碼

　　獅子座與摩羯座結合的獅摩型人格，外在有著獅子座的豪邁和熱情，內在則是擁有摩羯座的肅穆和冷靜，是外熱內冷的類型。傳統上，受太陽守護的獅子座，喜歡成為眾人的焦點，透由發出光芒照亮他人，進而肯定自我；至於受土星守護的摩羯座，則是較為低調且務實，透過辛勤的努力深耕，不斷鞭策自己（某種程度還會否定自我）爬向最高點。整體來說，兩者的立足點不同，獅子座追求創意表現，其高調的行為模式會讓理性、重實際的摩羯座反感；前者就像初生之犢的小孩，後者則是經驗老練的成人，兩者相遇自然會產生許多摩擦和火花。

　　無論如何，獅子座與摩羯座都相當重視未來，在他們身上可以聞出強烈的前瞻味道，雖然彼此看事情的角度不同，但兩者都會強調未來性，目光也總是向著前方。

人際交友

　　外熱內冷，性格有些孤僻的獅摩型，在交友上有兩個層次，對於剛認識的朋友，多半能待以親切熱情，舉止也是合乎行儀，深具紳士淑女風範。受到獅子座影響，他們外在的熱情，確實能吸引他人的目光，短時間內就可以成為不錯的朋友；但通常要進入獅摩型的內心世界很不容易，別忘了他們內在可是由土象的摩羯座主宰的。另一個層次，能夠與獅摩型深交的朋友則能完全擄獲獅摩型的心，這群朋友比較像是閨密這類的密友關係。也許平時不常見面，卻能透過電話或是網路聯繫感情，而且他們的友情是細水長流的，也像美酒一樣，越陳越香。

家庭生活

　　獅摩型來自一個較傳統或是家長相對嚴肅的家庭，其父母在孩子很小的時候，便會要求獨立，起碼要有能夠獨立的本事，不然父母是不會罷手的。出於獅摩型爸媽對於社會強烈的競爭感，他們認為外頭是個不夠安全的地方，必須在家庭學會獨立的技巧，才能在社會上立足。早期對獅摩型而言，家庭也許不像避風港，比較像職前訓練所，在雙親嚴格的教養下，獅摩型一般比同齡的孩子早熟，也許年紀輕輕便已有了工作的經驗，在家受過的教育告訴他們，若自己不夠堅強，就會被環境給淘汰。

感情世界

　　感情上，獅摩型憑藉外在的熱情，容易與他人成為好友，不過如果要升溫成戀人關係，需要的則是時間。他們比較傾向由友情逐漸成為愛情的模式，慢熟的他們需要長時間去觀察對方，才能了解自己的心意。伴侶（夫妻）關係裡，獅摩型在還沒有孩子之前，較會將重心放在自己的事業上，雖然感情依舊穩定，不過難免給伴侶有種相待如賓的感覺，少了些激情與火花；有了小孩之後，獅摩型則能展現自身父性、母性的一面，為人父母

的他們，有股強烈的使命感，會放更多時間在家庭上，希望給子女一個快樂成長的童年。

理財觀念

自小就很獨立的獅摩型，在用錢上不太需要旁人替他擔心，時間一到就乖乖的將錢存好，以備不時之需。很有未來眼光的他們，認為身邊備有一筆隨時可動用的存款是很重要的，防患於未然、未雨綢繆的金錢觀念深植在他們心中。他們可能還沒出社會就會幫自己和家人買些保單，一則是為了預防萬一，一則是為了善盡孝道。到了一定年紀，獅摩型也會善用許多投資理財技巧，替自己賺更多錢；配合他們細膩的理財心思，加上多元的投資管道，不知不覺也累積了不小財富。定存、基金，以及還本型保單、投資型保單都是與他們契合的工具。

職場生涯

受到原生家庭影響，獅摩型年輕時就有許多打工經驗，或是有許多職前訓練的機會，他們能夠將過往的經驗靈活運用在職場中，創造自己不可取代的價值。若是主管階級或是將工作視為人生志業的獅摩型，長期以來累積了不少人脈，在他們高超的斡旋技巧下，總能完美達成協商，以及一次次通過產界合作，讓公司更加茁壯。獅摩型善於整合，能將不同面向的團體做水平的連結，將不同層次的階級做立體的結合，他們沒有明顯的階級意識，在獅摩型的公司，首重能力與成效。在事業經營上，展現了獅子固定星座的一面，對於某些價值觀念，不會輕易的妥協。

別踩地雷

獅子座與摩羯座結合的獅摩型人格，擁有帝王之尊，他們自尊心極強，不容易拉下面子，除非他們有百分百的把握，不然性格是內斂的，不會賣弄自己的學問。注重個人專業形象的他們，不容許他人擅自挑釁，尤

其是自己在行的領域，通常你若是犯到了此款的脾氣，一開始他們如果沒把你當朋友也不會明說，但如果你仍不識相的步步進逼，那麼一陣腥風血雨可就在所難免了，火象獅子動起真格，那可是有你受的了。

獅摩型欣賞的，是默默耕耘，不斷充實知識涵養的人，那些打腫臉充胖子的人可不是他們的座上嘉賓。

太陽獅子座與數字 9 ／牡羊座
（7 月 27 日、8 月 9 日、8 月 18 日出生）

生日解碼

獅子座與牡羊座結合的獅羊型人格，外顯意識與內在潛意識是和諧的，獅子座與牡羊座皆屬於火象星座，此款的內外意識能夠調和，在追求個人目標與對安全感的需求上，不會有太大的衝突。獅羊型擁有典型的火象特徵，能將火象星座固有的正面特質及負面特質發揮出來，其正面特質包含：主動積極、富於勇氣、創意思維、領導才能……等等；而負面特質則包含：侵略性、缺乏耐性、剛愎自用、自我中心……等等。

獅子與牡羊都會強化獅羊型對於「領導」這件事的渴望，他們很難調整自己去配合別人，反過來會希望他人都能配合自己，就好的方面來說，獅羊型會藉由自己的力量去改變環境，而不是改變自己去適應環境；當然這其中以壞的方面來看，會是個很危險的舉動，當中的衝突和挑戰對他們來說已是家常便飯。

人際交友

為人相當單純的獅羊型，交朋友對他們來說既簡單又困難，簡單的地方在於，此款的性格優勢，能主動出擊為自己爭取交友的機會。但困難的地方在於，直來直往的獅羊型，可能會誤以為大家都跟自己一樣，有著厚

厚的外皮（或說不在乎他人眼光的厚臉皮），所以會讓心思較敏感的人群感到受威脅，這也是獅羊型在人際互動上，不小心露出的「侵略性」。基本上，獅羊型是很愛面子的，只要經過適時的提醒，他們會快就能融入群體，展現君子淑女風範。不過他們什麼事都用主觀的眼光和想法去看待思考，較不能從客觀的角度分析，會給人自我中心的印象。

家庭生活

一般而言，獅羊型家人間的情感連繫深刻，其爸媽也是對孩子善盡雙親責任的典範，不過父母對子女凡事盡心盡力，有時到了「監控」的地步，這會讓孩子無法負荷，也會打破親子之間的信任關係。美國電影《門當父不對》中由勞勃・狄尼洛飾演的恐怖岳父，是退休中情局測謊專家，他嚴謹且心事難測的性格，就像獅羊型爸媽的寫照；當然我用的譬喻比較誇張，不過現實生活中，獅羊型爸媽確實有其想對子女掌控的一面，他們必須學會放手，讓孩子做自己的選擇，而非一味過度地保護、干涉子女。

感情世界

戀愛這條路上，總是比其他人多很多機會的獅羊型，因為他們的魅力以及自己的主動，常能讓戀情開花結果。伴侶（夫妻）關係裡，獅羊型想要的是一段平等且自由的關係，夫妻的相處之道，很大一個重點在於願意尊重彼此，不去過度干涉彼此的嗜好；這乍聽之下有點詭異，夫婦不就是同住在一個屋簷下的人嗎？怎麼樣做到「不干涉」彼此的生活呢？其實獅羊型對於婚姻是忠誠的，他們也想要與伴侶牽手度一生，但同時他們也希望婚姻不是束縛彼此的條款或是確保感情永生的手段，在此前提下，獅羊型願意用較理智的思維去看待婚約，雖然一起生活，但雙方卻帶有柏拉圖的成分。

理財觀念

個性直接而單純的獅羊型，認為「錢雖不是萬能，卻是萬達的」，出人意表地他們對於金錢大多敏感，且是傾向斤斤計較的類型。他們在理財上是保守的，對此款來說，能存一毛是一毛。對於自身的錢財也有強烈的執著，除非出於愛面子逞大方的狀況，不然他們是不會輕易將銀子花在別人身上的人，火象的獅羊型在理財上，則有著土象人務實的心態，會將存款妥善把持好。所以像是定存或是利變型保單和還本型保單這類商品都很適合他們，一點一滴累積，日積月累下來存款也能有可觀的數字。

職場生涯

在工作上，獅羊型會有顆細膩的心，受到獅子與牡羊這兩個熱愛衝鋒陷陣的火象星座影響，他們會將工作職場當做沙場一樣，卯足全力衝刺。若是主管階級或是將工作視為人生志業的獅羊型，則將牡羊座的開創精神發揮得淋漓盡致，受到本位星座影響，這類人很適合在公司擔任決策者以及領導者的角色，他們果斷和明快的處事節奏，頗能引起職員的共鳴，加上獅羊型的個人魅力，十分能號召公司全體朝同一目標邁進。他們更能將這股熱情持之以恆，畢竟固定星座的獅子座在此方面是專家中的專家，他們就像天空的太陽，在團隊裡好比尊貴的精神領袖，引領大家繼續向前。

別踩地雷

獅子座與牡羊座結合的獅羊型人格，是純正的火象人，普遍來說此款都很單純，做事也相當俐落，是容易相處的類型。但是別忘了他們擁有獅子座的「偉大人格」，任何輕蔑他們自尊的舉動無疑是此款最大的地雷區，必定招來獅子咆哮的後患。其實獅羊型非常好懂，通常他們都是吃軟不吃硬的，只要你講話客氣，態度自然（不需要做到伴君如伴虎那樣），也不需過度討好，輕鬆就能與他們打好關係。但若是能夠適時提供適度的讚美，絕對更能加強此款對你的好感度。

第六章：
太陽處女座與九個星座靈數

太陽處女座與數字 1 ／獅子座

（8 月 28 日、9 月 1 日、9 月 10 日、9 月 19 日出生）

生日解碼

處女座與獅子座結合的處獅型人格，外柔內剛。他們的外在猶如思春期纖細的少年少女，內心則住著一頭獅子，在他們說話輕柔、舉止像雲雀般優雅的外貌下，你可能覺得此款很好說話，甚至會有想佔他們便宜的想法，那麼就得小心觸怒處獅型內在的狂獅，牠將以極快的速度張口迎面向你撲來。受處女座影響的處獅型，平時就像訓練有素的服務員，總以親切的態度、溫和的口吻處處詢問你有什麼需求，他們天生就以服務他人為職志；腦筋不斷思量，任何細節總能先替你設想到。

有智神之星當做守護星的處獅型，是就事論事的務實派人物，平時也鞭策自己用客觀、理智的精神待人接物；他們意志是堅定的，不會受他人的意見而動搖，固定星座的獅子座會補足處女座的穩定性，讓他們更能朝著同個目標邁進，同時變動星座的處女座也能讓獅子更富身段和韌性，兩者相聚，將會在世俗成功上大有作為。

人際交友

受處女座影響的處獅型，有著豐富的涵養，一般的常識不說（常識就是處獅型生活的一部分），他們更愛一些專業的冷知識，在朋友眼中，他們更貼近學者的身分。這可能會讓處獅型在與人交往的時候有泛學者症候群（savant syndrome）的「症狀」，他們總是過度沉浸在個人的學說領域中，而忘了如何與人打交道，甚至對眼前的活人不感興趣。的確，處女座似乎對事比對人更具熱情，這個追求完美的星座，對於秩序有莫名的狂熱，卻不太擅長人際應酬，即便如此，社會這部巨大的機器仍非常需要處獅型發揮齒輪的功能。

家庭生活

家庭生活中，早期處獅型可能需要面對雙親權力角逐的壓力，他們爸媽的關係有些不合諧，或是暗藏在關係下沒有宣洩出的怒氣，很容易就被處獅型嗅出；他們必須在兒時就了解環境的殘酷，無論他們是出於自願或被迫的，處獅型可能會有個不太愉快的童年。處獅型父母是嚴謹又傳統的人，對於孩子的管教傾向軍事教育，或是他們會將孩子視為自己的所有物，而讓子女活在他們的掌控下。在處獅型學會獨立之後，這類狀況會逐漸轉變，父母的立場不再以獨裁者為主，取而代之的是自由民主的家風，處獅型的家庭生活好比專制極權的前蘇聯，緩慢瓦解邁向改革之路。

感情世界

個性外冷內熱的處獅型，對於人際交往不太擅長，訴諸理性的他們，其冷感的外表也可能讓追求者信心大減，加上處獅型本身較為被動，戀情通常來得都比較晚。完美主義的處獅型對於自己和他人都設下了嚴苛的標準，要通過最低底標，並不是容易的事，所以處獅型很難陷入熱戀。伴侶（夫妻）關係裡，處獅型務實的性格，很容易吸引到愛幻想的伴侶，或是他們藉由親密關係的互動，來發展自己所欠缺的理想主義。簡單說來，處

獅型會遇到與自己互補的人；越是崇尚實際法則的處獅型，越會吸引空靈、天才型的人前來，他們似乎註定要與藝術家或是「不尋常」的人結為連理。

理財觀念

理性主義至上的處獅型，在理財上更會用數據評斷一切，他們善於守財，同時又懂得經營投資；他們了解存錢是為了將來的本錢，也知道投資有風險的道理，深切明白在兩者間維持微妙的平衡。除了定存外，他們也會利用基金或是投資型保單等小額投資來賺取錢財。處獅型不會在錢字上意氣用事，更不會有失心瘋的衝動消費狀況，所有金額的支出都是經過嚴密計算的完美結果。那些會把紙鈔燙平再整齊地妥善分類、擺放在皮夾裡的人，往往都與處獅型十分相應，處獅型可以說各個都是理財高手。

職場生涯

處獅型很懂得結合兩種截然不同的元素，並運用在工作職場上；在傳統與創新、陰柔與陽剛間，他們有種天分，能將其處之泰然，呈現調和之美，「調和」是他們工作上的關鍵字。若是主管階級或是將工作視為人生志業的處獅型，更會呈現變動星座的多元面貌，他們可能同時是好幾家公司的負責人，頭銜更是多到數不清。處獅型主管會藉由與他人的互動來定位自己，去更加認識自己與環境的關聯，所以他們多半經營與傳播、貿易、經銷有關的事業，在同業及同事眼中，他們有非常精明幹練的形象，口才能力更是常人無法媲美的優秀。

別踩地雷

處女座與獅子座結合的處獅型人格，有著複雜的個性，處女座著眼於微觀，獅子座則著眼於宏觀；前者容易見樹不見林，後者則是看見大局卻不見細節。發展不良的他們容易不信任人，將自我封閉，甚至有些憤世嫉俗、不愛與外界接觸；發展良好的處獅型則能活用處女座與獅子座的能量，

並將兩者的優點展現出來，體貼細心又具有火象星座的熱情為人，基本上是很好相處的類型。但天性使然，此款對於細節有種著魔的依戀，「成也細節，敗也細節」。如果你也是帶著顯微鏡過生活的人，在此恭喜你終於能找到同好了。

太陽處女座與數字 2 ／巨蟹座

（8 月 29 日、9 月 2 日、9 月 11 日、9 月 20 日出生）

生日解碼

處女座與巨蟹座結合的處蟹型人格，外顯意識與內在潛意識調和，兩者皆為陰性星座；本位星座的巨蟹能為處女座帶來更多活力和行動力，理性思維的處女座則能為巨蟹龐大的情緒接收系統分析、定位，兩者截長補短，讓處蟹型兼具知性與感性，更顯風采。

處女座的形象是靦腆的少女，純潔而善良；巨蟹座的形象比較貼近母親，重心放在孩子和家庭上，前者重理性的批判，後者重情感的凝聚，彼此最大的共通點在於細膩的觀察力，以及體貼入微的心思。無論是少女或是母親，處蟹型都能以柔性的身段或是言語去贏得他人的信任，並能在旁人所忽略的細節處下功夫，講求卓越的細緻。

人際交友

個性柔和、為人老實的處蟹型，在初面對陌生人的時候，防衛心較重；受到巨蟹座的影響，他們對於安全感的需求深刻，不會輕易讓他人走入自己的內心世界。處蟹型還有個特異功能，他們對外界中任何的風吹草動都很注意，一絲詭譎的地方都逃不過他們的法眼，他們就像一名偵探一樣，對於人際關係裡的蛛絲馬跡特別關注。處蟹型擁有雷射般的心智，能夠貫穿任何人的思緒，所以他們能輕易分辨出眼前的人是否在說謊，以及洞察

他人真正的動機，要能完全獲得處蟹型的信賴，很不容易。

家庭生活

　　處蟹型可以說是很幸運的，他們出生在一個物質條件不錯，且父母都很恩愛的家庭，其對待子女更是疼愛有加。處蟹型爸媽可能從事與貿易、法律事務或是文化藝術有關的工作，除了自己擁有優秀的品味外，對於孩子的教育更是不遺餘力，非常重視子女的教育問題。在處蟹型家中，能夠「獨立思考」這件事情是非常重要的，他們的爸媽不希望孩子的學習僅只於學校教育；可以不受權威之見影響，或是離開人云亦云的環境，是處蟹型爸媽首重的教育之道。另一方面，處蟹型的家也是個適合發展藝術和文化的園地，處蟹型也有著良好的藝術基礎。

感情世界

　　心思細膩的處蟹型，想要投入一段親密關係，也是需要頗長的時間去消化，不然他們是很難燃起愛苗的。必較適合處蟹型的模式是從友情升格成愛情，他們必須經由不斷的驗證和觀察，才會有進一步的發展，猛烈的進攻似乎不太對此款的胃。伴侶（夫妻）關係裡，處蟹型受處女座影響，在婚姻中的務實性格一覽無疑，他們會選擇最安全的伴侶，過最安全的生涯計畫，彷彿一切都在他們的計畫中進行。這當中會讓伴侶相當無言，畢竟生活並不是靠安排進行的行程表，有太多意外跟驚喜隨時在我們的生命中等待著；處蟹型必須學習坦然接受生命的安排。

理財觀念

　　在理財上，處蟹型很重視均衡的原則，一般而言都能維持收支的平衡；處女座在數字上的敏感度，以及巨蟹座節儉的習慣都能讓他們有不錯的理財觀。同時，他們對於藝術品或是古董有投資的好眼光，能夠以此賺錢。除此之外，處蟹型一向有投資的好運氣，能夠在投資上賺些銀子。不過本

性較為膽小的處蟹型，在投資上較為謹慎，一旦有過賠損的經驗，就會有「一朝被蛇咬，十年怕草繩」的心態，因此較適合他們的理財工具仍是以定存或是利變型保單、還本型保單這類商品為主。

職場生涯

結合了知性與感性的處蟹型，頗能勝任創意型的工作，受到兒時環境影響，他們也很強調職場上的自由度，一些彈性上下班的職場環境更能激發此款的潛能。憑藉著優異的左腦，他們能處理許多繁瑣的行政文書作業。若是主管階級或是將工作視為人生志業的處蟹型，有著強烈的衝勁和朝氣，更能激勵職員滿滿的活力，全身充滿了幹勁普遍是此款主管的招牌特色。他們對待職員也很明理，希望員工能自主完成自己的工作，所以不會太干涉部屬的份內事務。與平時溫和的樣子不同，處蟹型的職場形象是鮮明的，他們具有果斷的執行力並極富個人主義的形象。

別踩地雷

處女座與巨蟹座結合的處蟹型人格，他們的保護色彩濃厚，在跟人不熟的階段，處蟹型保護的是自己脆弱的內心；在與人熟絡之後，處蟹型則會保護起自己珍愛的人。說起他們最大的地雷區，無非是剝奪他們的安全感，或是讓他們陷入受威脅的環境。至於是什麼引起他們焦慮的心？就要看他們珍視的是什麼而定了，通常不外乎是他們的家人、親友或是處蟹型覺得別有意義和價值的事物，關於這點，就需要你親身去慢慢體驗，與他們近距離相處，隨著光陰過去，你便能知曉處蟹型在冷酷外表下的豐富情感。

太陽處女座與數字 3 ／射手座

（8 月 30 日、9 月 3 日、9 月 12 日、9 月 21 日出生）

生日解碼

處女座與射手座結合的處射型人格，外顯意識與內在潛意識有所衝突，畢竟處女座與射手座都是與「理念」有關的星座，處女座是日常知識的運用、重邏輯思辯；射手座是追求靈性目標的過程、重抽象思考，兩者相遇，勢必將激起針鋒相對的火花。

處射型會容易出現小題大作，神經緊繃且有不安於室的傾向，更可能會有著朝令夕改、善變的舉動。若能將內外意識整合，他們將會是出色的教育家、演說家，能兼顧理念與實務，並將自身的信念以受人歡迎的方式推銷出去，處射型在「行銷」上有著過人的創意和魅力。

人際交友

處射型一方面受土象處女座影響，對於交友不大擅長，初認識朋友的時候，總會表現的冷酷，甚至不太友善，重理性思維的他們很愛私下去評斷他人，甚至將人分門別類地做出優劣區隔，顯得有些殘忍。另一方面，受火象射手座影響，處射型對於交友又有著眾生平等的觀念，他們憑藉自身的遊歷，對於不同的文化包容度很高，也能不帶偏見的與人交往，他們希望與周圍人都維持著友好的關係，卻又想與人保持一定的距離，確保自己的孤獨感。處射型交友的難處在於，他們眼界若過度狹隘，常會將人貼上不必要的標籤；若過度理想化，又會在人群間過度抽離，而忽略了情感的連結。

家庭生活

在處射型家中，「宗教信仰」變成了一件大事，他們的爸媽可能是有著堅定信仰的雙親，亦會以其宗教觀念教育孩子，他們的家多半是具有神祕的宗教色彩的。處射型雙親之一，對於家庭成員的情緒感受力強烈，為人也是很有同情心的類型，他們相信人信本善，會教導子女為他人犧牲奉

獻的價值觀。而雙親中另一個角色，則是較為開朗樂觀的類型，他們會鼓勵子女多走出戶外，多去不同的國家感受不同的人文風情。在這樣家庭長大的處射型自小就有豐富的國際觀，心胸也比較開闊，有能夠接納不同聲音的雅量。

感情世界

在戀愛關係中，對於想追求處射型的人要有些心理準備，此款個性較為悶騷，一開始被打槍、不順利是很正常的。起因於處射型講求的務實，他們不太能接受突如其來的改變，較傾向從朋友先做起，所以保持耐心繼續踏實地保持聯繫，是與他們交往的不二法門。伴侶（夫妻）關係裡，處射型會吸引到跟自己一樣有著複雜性格的靈魂，已經是雙重人格的他們，再加上伴侶也是同類型的組合，你就可以想像他們的婚姻、家庭生活會是多麼熱鬧精彩。本身是悶騷性格的處射型，他們的伴侶則是外表多情，實則相當理性的多元性格之人，能將左右腦同時並用，兼具了藝術靈性與科學理性。

理財觀念

兼具邏輯思維和抽象理想的處射型，在理財上，更能發揮這方面的天賦。他們靠著敏銳的觀察力，能知道市場的動向，配合謹慎、細膩的心思，多半能夠在投資上致富；基金以及小額的投資型保單都很適合他們，當然保守的處射型也可以透過定存累積不小財富，同時他們對於流行的嗅覺，適合透過藝術文化產業的產界結盟，來賺取金錢。處射型的理財觀，雖帶有幾分保守，但他們能在節流之餘，尋找新的開源方式，經由與他人的合作，創造雙贏。

職場生涯

相當重視理念的處射型，在面對工作的時候，也會希望能與同事相處

融洽，至少對其公司企業要有相同的信念。他們可能從事與創意文化或是高科技研發等需要大量腦力的工作，其中的團隊默契更是直接影響到他們的工作表現，因為大部分他們的職場環境需要集體彼此合作，才能達成目標。若是主管階級或是將工作視為人生志業的處射型，他們對於事業經營的機靈反應更令人佩服得五體投地。處射型不甘於只做一份工作，他們可能同時是好幾家公司的老闆，又能一心多用處理好幾件事，在同仁眼中，時常是看到他們一手接電話、一手打資料、又能跟旁人交代今天的行程，就像是個千面千手觀音一樣。

別踩地雷

處女座與射手座結合的處射型人格，具足了變動星座的優點和缺點，適應力極強的他們自己也擁有許多面向，有時他們也會短暫呈現多頭馬車的情況，被太多雜務弄得不清楚真正的目標在哪裡。他們必須在生活中安排一段時間，讓自己好好沉澱下來，靜下心來思考和反芻資訊，過多的訊息反而會害得他們神經緊張。十分重視溝通的他們，最大的地雷其實就是話不投機的尷尬狀況，雖然處射型見多識廣，自然就能與他人有所話題，但如果你不能及時提供反饋，很容易就會被此款識破，甚至被列為斷絕往來戶；與他們打交道，勢必得先充實自我的知識量。

太陽處女座與數字 4 ／水瓶座

（8 月 31 日、9 月 4 日、9 月 13 日、9 月 22 日出生）

生日解碼

處女座與水瓶座結合的處瓶型人格，其風象的水瓶座會強化處女座的理性思維，讓他們能更客觀地處理人事物的問題，並且能從制高點全盤性地看待事理，深具邏輯推理能力，將左腦開發得非常徹底。土象的處女座

本就是個崇尚理性、客觀的星座，凡事就事論事的處女座，遇到了對情感抽離的水瓶座，可說是錦上添花、更具科學風采。

受水星這顆智力星守護的處女座，與受天王星這顆冷靜行星守護的水瓶座結合，讓處瓶型的智慧出類拔萃，但早期他們在面對人群的時候，會顯得冷漠，對他人的情感無動於衷，甚至不知道該怎麼反應他人的期待；幸虧這類狀況等到處瓶型人格較為成熟後，能發揮風象水瓶座原本擅於交際的特長，態度將更為隨合，與人也大多能保持良好的關係。

人際交友

重視理性思考的處瓶型，早年對於交友不大熱衷，也沒有太大的興趣去接觸人群，他們將目光都放在有標準答案的事物上，一則因為他們本性害羞，不知道該如何主動開口打破沉默，一則他們覺得交朋友是件麻煩的事情，不想被友情給羈絆。出了社會後，處瓶型水瓶座的那面逐漸被啟動，變得較會主動去認識朋友，也不排斥參加許多社團活動。可能是過於理性的緣故，處瓶型在與人交往的時候，不太會察言觀色，單純的他們甚至不懂得說場面話、客套話；總是追求真相的處瓶型有可能會因為太重視現實而忽略掉他人的感受，甚至不知不覺中得罪到了人自己還不知道。

家庭生活

家庭生活上，處瓶型有對性格迥異的父母，雙親其中一方是較為保守且務實的類型，另一個則是充滿理想的夢想派人物，兩人看待事情的角度不大相同。其父母保守的那一方，個性穩重也較謹慎，通常會是家庭的奠基者，對於守候家人有重要的貢獻。至於雙親中另一個角色，則提供了處瓶型做夢的膽識，他們會鼓勵處瓶型和其他小孩勇於嘗試，即便遇到挫折，也以樂觀的心去面對困難。早期也許還看不出來，但隨著處瓶型社會化之後，其水瓶座創新的原創精神，就會開始大放異彩，很大一個原因，

就是出自心胸開闊、個性爽朗的雙親，他們為處瓶型種下了創意的種子。

感情世界

　　想與處瓶型交往可能不太簡單，一方面他們對人十分理智，要進入一段關係通常都需要再三思量，他們的愛苗很難燃燒。一方面處瓶型自己在愛情上又很被動，就算碰見自己喜歡的人，也很少看他們會主動出擊，而是會消極的等待對方行動。伴侶（夫妻）關係裡，處瓶型的理性特質，常會吸引到愛幻想、愛作夢的伴侶，彼此有著互補的關係。他們夫妻間的互動，就像勇於衝鋒陷陣的武將，其後有位能幹可靠的軍師幕僚；當然他們的親密伴侶屬於前者，而處瓶型則屬於後者。在枯燥平凡的日常生活中，處瓶型的另一半總能為他們增加繽紛的色彩。

理財觀念

　　左腦發達的處瓶型在理財上，很懂得如何維持收支的平衡，他們多半也有記帳的習慣，偏向保守的他們，對於守財有十足的把握。沒有什麼特殊的理由，處瓶型是不太會花大錢消費的，此款追求的是簡單樸實的生活之道，鋪張浪費似乎跟他們無緣。對於數字敏感的處瓶型，對於投資也有一套自身的哲學，較小額且需要與人互動的基金是他們不錯的選擇。另外，他們對於藝術品有良好的鑑賞能力，也能透過古董的買賣來賺錢；定存以及還本型保單、利變型保單也很適合他們。

職場生涯

　　早年的處瓶型在工作職場上，顯得比較孤僻，總是自己埋頭苦幹做自己的事情，較少和同事接觸。可能出於他們冷酷的形象，常給他人自視甚高、不可一世的觀感，久而久之會遭到他人的疏遠。若是主管階級或是將工作視為人生志業的處瓶型，除了擁有優秀的數據左腦外，他們也會開始

訓練自己的藝術右腦，因此多半除了具有理性的個性外，還會發展社交的手腕。處瓶型在面對自己事業的時候，同時擁有截然不同的兩面，一方面他們用科學化的方式處理工作，讓公務效率變得神速；一方面他們則發揮了風象水瓶座的優勢，善用社交斡旋技巧，打通公司的人脈資源。

別踩地雷

處女座與水瓶座結合的處瓶型人格，實事求是，對於自己不懂的領域，一定會打破砂鍋問到底，十足的學者研究精神。他們善於分析，能夠冷靜處理周遭的事情，也將自己打理得很好；不過對於人際互動上，早期尚缺社會經驗的情況下，比較容易吃虧。直腸子的他們不太會說場面話，而是將內心想說的言語，不經包裝地暢所欲言，會給人口無遮攔的印象。好在，這類狀況會著年紀增加逐漸減少。追求真相的處瓶型最受不了別人的欺瞞和謊言，或是隨口發表毫無根據的假新聞，都會惹惱重理性、數據至上的處瓶型。

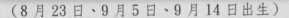

太陽處女座與數字 5／雙子座與處女座
（8 月 23 日、9 月 5 日、9 月 14 日出生）

生日解碼

凡是與數字 5 有關的組合，都會增加本人性格的複雜度，因為受到雙子座與處女座這兩個星座的雙重影響；本是太陽處女座的處處（雙）型更是如此，他們的身體就像住進了三組靈魂，其多變、多樣的人格，堪稱所有類型之最。同時處女座與處女座、雙子座結合的處處（雙）型，加深了處女座的特質，是典型的處女人，其正面特質如：實事求是、務實負責、謹慎細心、完美主義、客觀理性……等等；負面特質則是：心胸狹隘、缺乏想像、膽小怕事、尖酸刻薄、過於抽離……等等。

受到強化的處女座，完美主義的傾向會更強烈，甚至到了強迫性格（compulsive character）的地步，對於他人「侵犯」自己專屬的完美王國，會有焦慮和憤怒的情緒，他們得學習接納異己的不完美之處。

人際交友

多變的處處（雙）型好比氣體一樣，他們善變複雜的人格，有時自己也摸不著事情真實的一面到底是什麼樣子？身為典型的變動星座家族成員，他們很需要有個性穩重、穩定的朋友來定位自己。處處（雙）型也能吸引到一群忠心耿耿的好友前來，他們很多是欣賞處處（雙）型的多才多藝，心中有崇拜的成分在。透過處處（雙）型縝密的心思，這類朋友能將周圍環境的資訊，傳達與他們分享並轉為有用的情報；這時處處（雙）型的住宅就像情報單位，而這些朋友就是他們雇用的探員，個個身懷絕技、臥虎藏龍。

家庭生活

處處（雙）型熱愛知識追求的個性，要歸功於他們的書香世家，其爸媽可能是從事與知識授予（教育）、傳播有關的工作，或者本身就是名學者、教育家，也可能是名宗教家。處處（雙）型雙親在人格上也會呈現多元的面向，其中一點在於他們會對孩子的教育十分重視，自孩子小時就會頗要求他們的功課，除了學校課業之外，也會讓子女上才藝班，學習不同領域的課題。凡事都會要求孩子做到盡善盡美，這也養成了處處（雙）型自律的人格，對自我的標準很高，在各學科以及課外活動上，他們憑藉著出色的反應力，還有高效的學習力，都會有突出的表現。

感情世界

務實的處處（雙）型，通常戀情都會來得比較晚，年過三十才開始談戀愛的大有人在，原因不外乎他們的門檻過高，無論是對自己或對他人都

是如此，自然就讓追求者望洋興嘆。伴侶（夫妻）關係裡，處處（雙）型承襲自原生家庭，有緣與他們結為連理的，以理性的學者專家，還有靈性的藝術家佔為大宗。處處（雙）型細膩的心思和纖細的心靈，很需要一個思想上夠「宏觀、大度」的人為伴（可能身材也比較高大），讓他們能夠有所依靠。他們不會找個與自己思想契合的人互許終生，而會傾向找個與自己意見相左，更精確的說法是能讓自己大開眼界的伴侶共度一生。

理財觀念

理財上，處處（雙）型擁有著理財的金頭腦，總是願意悠閒的花時間細細推敲比較和過濾，並吸取外來的資訊與建議，一番計算衡量後，才會動用資金。處處（雙）型以「平衡」的原則著稱，也頗會貨比三家的道理，但個性謹慎的他們，在投資上顯得較為膽小，所以會白白讓機會流失，因此適合他們的投資，主要以大眾集資交給公司，由專家投資管理金錢的基金為主。此外，定存還有利變型保單、還本型保單也很適合他們。

職場生涯

在職能面向上，處處（雙）型很會動用職場的人脈關係，來獲取可貴的情報，進而達到多贏的局面。務實保守的他們，早年面對工作是埋首苦幹到天昏地暗的類型，效率驚人，交出的成績也是令人讚歎；但隨著時間流逝，漸漸地處處（雙）型會發現到，「三個臭皮匠，勝過一個諸葛亮」的道理，而會開始與同事協同作戰。若是主管階級或是將工作視為人生志業的處處（雙）型，能將自身多元的職場面向發揮到淋漓盡致，給同業和同仁多元經營的印象。他們思路清晰、記憶力超群，能將過往在職場上的經驗數據化，分門別類，進而歸納分析出最適合的解決之道。

別踩地雷

處女座與處女座、雙子座結合的處處（雙）型人格，「奴性」相當重，

我並不是指他們天生喜歡任勞任怨、替人做牛做馬，而是傳統上處女座象徵著奴僕宮，典型處女座的處處（雙）型，人生很大的意義在於以服務他人為目的。這裡指的不單是以勞動為形式的工作來獲取報酬，而是一顆單純服務他人的心願；多數處處（雙）型更以服務他人為天職，會利用時間參與志工活動。向來獨立自主，喜歡過著自給自足生活方式的處處（雙）型人格，最受不了的恐怕就是「被人服務了」，自尊心強的他們會認為那是一種軟弱的表徵，所以若有機會還是讓他們盡情的表現一下，別剝奪了此款服務他人的天性。

太陽處女座與數字 6 ／金牛座與天秤座

（8 月 24 日、9 月 6 日、9 月 15 日出生）

生日解碼

如果我們將星盤切成一半，那麼黃道上的十二個星座，取其中位數（median）六點五，即落在處女座與天秤座的中間；受處女座與金牛座、天秤座影響的處牛（秤）型可以說是十二星座中最置中、最中立的位置，他們也會表現出不偏不倚、折中調和的中庸特質。

處牛（秤）型難免會有強烈的潔癖（mysophobia）傾向，無論是在物質上或是精神道德上，處牛（秤）型都是不折不扣的完美主義者，他們愛乾淨、愛整潔的心思，甚至會將自己日常生活中的潔癖習慣儀式化，強迫性地清洗、檢查及排斥「不潔」或「罪惡」之物，給自己和他人帶來許多困擾。

人際交友

素來追求公平正義的處牛（秤）型嫉惡如仇，對於社會上不公不義的事情非常反感，他們可能會與法界從業人員有頻繁的往來，進而成為摯友；

或是他們的好友是黑白分明的類型，關心時事，並對於社會正義議題非常敏感。另一方面，處牛（秤）型心中的公平正義，也會藉由行善，以及協助弱勢團體展現出來，他們時常參與公益活動，自然也會認識許多志同道合的朋友，他們為了同個理念一起努力，彼此的關係就像親手足，甚至會為了團體成立一些公益性質的庇護之家。

家庭生活

家庭生活上，處牛（秤）型有對很社會化的父母，但他們卻各自扮演相反又互補的角色。父母其中一方較為傳統而保守，會對處牛（秤）型處處耳提面命，在他們還小的時候，會限制他們的行動，並約束孩子的時間與作為，極具保護色彩。至於在家中扮演另外一個角色的父母，性格與上述的完全不同，他們看重的是孩子的自由思維，以及獨立的精神。他們不像前者雙親有諸多教條和限制，相反的，他們對於孩子的未來不會設限，而是會盡力讓子女去接觸外界，拓展他們的認知。在這樣家庭教育長大的處牛（秤）型能中和爸媽兩方不同的見解，衍伸出謙卑與自信兼容並蓄。

感情世界

留心公益的處牛（秤）型，很可能會在參與活動的時候認識自己的有緣人，雙方有著同樣的社會價值觀。彼此的愛情也是以友情為基礎發展的，但是戀情的進展有些緩慢，畢竟身為土象家族的處牛（秤）型，不太會應付衝動的感情，他們如果愛上了對方，並不會因此而好好讚美對方，反而會去批評他、挑他的缺點。伴侶（夫妻）關係裡，處牛（秤）型有可能會因為理想，埋頭在自己的事業上，因而忽略了家庭。另外他們與伴侶往往是自由戀愛後才走入婚姻，對彼此了解很深；但伴侶可能會在生活上過度依賴自己，一開始當然是甜蜜的負荷，但時間久了真的就變成「負擔」了。

理財觀念

　　受到水星守護的處牛（秤）型，靈巧敏捷、足智多謀，反應到理財事務上，他們喜歡多方鑽營，並且有求新求變的傾向，會同時研究許多投資工具，再從中挑選最適合自己的方式。他們不是人云亦云的類型，也不會把全部風險都放在一個籃子裡，而是平均、合理地分配資源。另外他們人格中金牛座與天秤座的那一面，會讓此款更善於守財，對與金錢流動相當敏感，有保持收支的平衡原則；綜合以上特質，處牛（秤）型要賺錢並非難事。定存、基金，以及利變型保單和分紅型保單都頗適合他們。

職場生涯

　　處牛（秤）型這個在星盤上最中立的類型，對於自己的工作，受到原生家庭影響，他們會將自己的理念與信念，融合到職場環境中，注重公平正義的他們，向來會接觸到具有公益性質的工作。若是主管階級或是將工作視為人生志業的處牛（秤）型，受到水星影響，他們能夠同步處理許多事務，更可能擁有多家企業的頭銜，身兼許多團體的領導人。他們的才能在年輕時就會凸顯出來，一職多用的情況十分常見，也因此常能得到重用，迅速被提拔到主管的位置。升為領導人的處牛（秤）型，仍以社會公益為職志，會投入大量時間在社會關懷上。

別踩地雷

　　處女座與金牛座、天秤座結合的處牛（秤）型人格，崇尚中庸之道，他們厭惡任何形式的暴力，包含言語上的；肢體上的暴力更不用說，絕對會是此款撻伐的對象。對於「理」和「禮」二字情有獨鍾的他們，是紳士淑女人格的典範，平時態度優雅、舉止合宜；但是關係到公平正義的時候，他們也會維護權益、據理力爭。處牛（秤）型是嫉惡如仇的類型，也排斥過於激進極端的人事物，他們心中向來有支天秤，總在不斷權衡錯綜複雜

的人我關係。

太陽處女座與數字 7 ／雙魚座

（8 月 25 日、9 月 7 日、9 月 16 日出生）

生日解碼

處女座與雙魚座結合的處魚型人格，其外顯意識與內在潛意識有矛盾和吻合的地方，原因出於處女座與雙魚座在星盤上呈一百八十度遙遙相望，兩者是對立卻又互補的組合。

當土象務實的處女座遇到了水象情感豐富的雙魚座，勢必會產生拉扯，不過這兩個星座都追求「細緻」，處女座要的是細緻的結果，雙魚座則可能受不了粗糙而選擇逃避；無論如何，處女座和雙魚座都會強化感官以及精神的細膩度。受此影響的處魚型個性敏感，他們會透由不斷努力的學習或工作，來包裝自己多愁善感的內心，更甚者會用冷酷的外表隔絕自己內心的澎湃，將感性的靈魂用理智的枷鎖牢牢封住。

人際交友

個性纖細且受到兩個變動星座影響的處魚型，在擇友上會傾向找些性格穩定的朋友為伴，這會讓像氣體般流竄的他們，有安全感的歸宿，所以處魚型的好友多半都是擇善固執之人。向來對友誼執著的處魚型，有時會把友人當作自己的資產，甚至將他們物化，而引發強烈的佔有慾。當彼此友情還在低層次發展的時候，處魚型對朋友的重心停留在世俗的條件交換之上，雙方的友情帶有功利的成分。隨著處魚型精神層次的提高，他們逐漸體認到真正的友誼是不能用利益換得的，真正的友情是設身處地的為他人著想，不求回報，此時他們才能交往到「換帖之交」。

家庭生活

　　處魚型生在一個書卷氣濃厚的家庭，他們的爸媽可能從事與思想傳播、教育文化有關的工作，可能是名記者，也可能是名佈道家。處魚型的父母對於孩子的教育非常重視，通常在孩子小時就會送去很多才藝班，等到孩子稍微長大了，更是天天跑補習班；雙親之一認為子女不可輸在起跑點上，但是填鴨式的教育可能會讓孩子反彈，父母必須學會尊重小孩的興趣，以興趣為導向才是學習的長久之道。處魚型的才智天分在學校就看得出來，他們是早熟的類型，幾乎不用師長提醒，自己就會乖乖用功讀書。

感情世界

　　理智的處魚型外表給人肅穆的印象，若不是認識他的人，真的會讓人難以親近，有種天生的距離感。其實他們內心渴望著愛情，但是這份情感往往會被理智面給打壓，於是處魚型學會了忍耐和壓抑。伴侶（夫妻）關係裡，處魚型如果自己本身非常壓抑雙魚座的面向，而是盡力維持在處女座外顯意識的話，那麼他們就很可能吸引到雙魚座類型的情人，所謂物極必反就是這個道理，其伴侶會活出處魚型缺乏的那一面；反之如果他們過度強調自己雙魚座的人格，也就會吸引到處女座來好好整治一下，恢復自己有秩序的生活。

理財觀念

　　受到處女座與雙魚座影響的處魚型，對於理財有其公私領域的分別，早期的他們憑藉超群的智力，以及過人的冷靜推理能力，在理財金融上會有不凡的表現。他們除了基本守財功夫做到滴水不漏之外，對於投資也有研究，通常能在股票或是基金上獲利，謹慎的他們也不貪心，知道何時該進何時該退；節流與開源雙管齊下，能夠在短時間內賺進不少財富。人格逐漸成熟後的他們，逐漸了解布施的重要，深信「施比受更有福」這句話，

會熱心於公益，大力贊助許多利他團體。就理財而言，除定存外，投資型保單和分紅型保單也很適合他們。

職場生涯

處魚型有著強有力的左腦，對於事理有客觀的分析精神，能有效率的處理好許多事，這樣的他們容易於團體中成為核心人物，但是低調的他們似乎不太喜歡這種眾星拱月的感覺。若是主管階級或是將工作視為人生志業的處魚型，則頗會運用自己左右腦的能力，在邏輯推演以及抽象思維的領域都能有不錯的表現，他們有天才般的經營之道，能兼具知性與人性，在追求企業發展的同時也會兼顧同仁的感受；但是缺乏定性可能會讓公司的政策左右搖擺不定，關於這點處魚型只要多點耐性就能找出解決方法。

別踩地雷

受到兩個變動星座守護的處魚型，其心思變化極快，普遍來說對於反應慢的人比較沒有耐性；雖然他們很願意彎下腰桿替人服務，但不表示他就願意花時間對牛彈琴。如果遇到雞同鴨講的狀況，處魚型可能會用技巧性地迴避暫時逃離一下，等到他們有時間再回來與你慢慢詳談。別看此款自尊心高，其實心腸都很軟，即便做了什麼壞事也會受不了內心的譴責和罪惡，他們的道德感是很重的。此外，處魚型最大的地雷區莫過於粗糙濫造的事物，以及任何粗暴無禮的對待。

太陽處女座與數字 8 ／摩羯座
（8 月 26 日、9 月 8 日、9 月 17 日出生）

生日解碼

處女座與摩羯座結合的處摩型人格，外顯意識與內在潛意識合諧，處

女與摩羯皆為土象星座，他們頗具有土象星座的風采，其優點包括：保守務實、細心謹慎、傳統、遵守紀律、勇於負責……等等；而缺點則包括：缺乏想像力、墨守成規、故步自封、教條主義、缺乏彈性……等等。

這兩個星座的組合，讓處摩型很早就會在職場上發跡，他們在學時就有許多工讀的機會，進而接觸這個社會；工作經驗豐富的他們，社會化得很早，如果他們能更具交際手腕，配合本身強烈的上進心和努力不懈的奮鬥精神，將會開創不凡的事業。

人際交友

就如同乾冷的土地需要雨水滋潤才能肥沃的道理，處摩型很需要朋友的滋養，才能讓心靈不斷成長、更新。尤其是那些情感豐富且心緒細膩的友人，更能讓平時已經很緊繃的處摩型精神上得到適當的紓解，受到處女座影響的處摩型往往會吸引到以智力取勝，同時有著濃烈情感類型的朋友。出了社會後，處摩型心中的摩羯座人格逐漸突出，此時的他們較能夠吸引到同樣情感豐沛，但是善於將情緒表達出來的人。我們可以說早期處摩型較容易展現性格相對柔軟的處女座，等到性格更為成熟後的他們，則會將行事更嚴謹、耐壓度更高的摩羯座「釋放出來」；此時擅長察顏觀色、情感體貼細膩的好友就扮演了相當重要的角色。

家庭生活

行事一板一眼的處摩型來自一個情感流露自然，甚至不太壓抑情緒的家庭。他們的父母情緒反應也很快速，為人相當正直、海派，給人爽朗的感覺；也許就因為爸媽的個性都太直接了，才會讓身為子女的處摩型性格變得相對沉穩內斂許多，相形之下爸媽比自己更像孩子。另外一個面向，處摩型爸媽是領導型的人物，他們除了家庭的家長身分外，可能本身還是某大型企業的老闆、董事長，因為事業上的成功以及強大的影響力，不知

不覺中也讓處摩型自小就有許多壓力，深怕自己的表現沒父母來的備受矚目。

感情世界

在感情上更能顯現出處摩型「計畫式」的人生風格，謹慎保守的他們就連戀愛都是經過仔細推敲和計畫的，他們對於突如其來的戀情多半沒什麼抵抗力，甚至會有所反感，會希望盡量都照著自己的設定進行。伴侶（夫妻）關係裡，處摩型特別是在成家了以後，他們性格中所缺乏的柔情會透過與伴侶以及孩子們的互動展現出來。處摩型在婚前的嚴肅和謹慎，婚後則變成了守護家庭的責任和踏實，通常他能扮演好伴侶以及父母的角色，會成為家庭的凝聚力量，但是處摩型的大男人、大女人心態有時會讓自己顯得自我本位，而引其伴侶和家庭成員的不滿。

理財觀念

性格早熟的處摩型學生時代就有許多打工的機會，所以他們對金錢的觀念扎根得很早，通常理智且務實的他們採取保守的理財觀，十分懂得如何維持收支的平衡。一方面他們勤儉省錢，同時對於金錢的流動又很敏感，善於觀察的個性加上對理財情報的掌握；逐漸社會化的處摩型則會利用自己的人脈關係打通錢脈，他們會善用人際資源來做投資的整合，例如基金或房地產都很適合他們。此外，以還本型保單為主搭配投資型保單使用也是不錯的選擇。

職場生涯

個性苦幹實幹、逆來順受，堪稱是「台灣阿信」的處摩型，由於個性的緣故，他們在職場上總是佔盡便宜，與同事的相處也十分融洽。企圖心遠大的他們不甘只做一份工作，因而處摩型在工作上確實會有「能者多勞」的現象。若是主管階級或是將工作視為人生志業的處摩型，對於本職

已經有了相當的專業素養，在事業上他們逐漸展現自己較為缺乏的社交手腕，受到內在企圖心的驅使，雖然此款不是天生善於交際的類型，但透過後天的學習，處摩型很快就能熟悉人際互動的訣竅，並掌握與人互動的技巧。

別踩地雷

處女座與摩羯座結合的處摩型人格，具有典型的土象人特質，保守而務實，不會冒無意義的風險。本來喜歡自給自足、低調而不求功名的處女座會受到摩羯座的影響，變得更有企圖心，有股想要站上世界頂點的渴望，他們通常不滿足現狀，而是想要突破自我，邁向更高的峰頂。此款最大的地雷區在於不切實際的浮誇行為，過於理想化或是光說不練、卻無作為的人，都是他們的眼中釘。處摩型雖然待人嚴苛，對自己要求更高，是自律甚嚴的類型；在他們眼中工作第一，若想與他們打好關係，不妨先從工作職業的話題下手會比較容易。

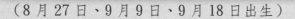

太陽處女座與數字 9／牡羊座

（8 月 27 日、9 月 9 日、9 月 18 日出生）

生日解碼

處女座與牡羊座結合的處羊型人格，外顯意識與內在潛意識有些衝突，牡羊座會強化處女座的行動力和企圖心，其火象的本質也會增加處女座的熱情和溫度，處女座則會軟化牡羊座的自我中心，讓他們更客觀行事。處羊型如果人格整合完全，能將處女和牡羊兩者的能力截長補短，讓他們能夠劍及履及，在思想和行動上都非常快速。

除此之外，受火星主導的牡羊會讓水星主導的處女更具競爭意識，讓

原本較安於舒適圈的處羊型，變得喜歡開創，更有股想要突破現狀的抱負心，以及源源不絕的活力，讓知性的處羊型有強烈的進取心，大幅增加其人生世俗成功的機會。若是處羊型本身性格較為幼稚的話，他們會變成衝動且不願負責的人，或是變成極度完美主義的人格，一些小缺失就會耿耿於懷，無法接受他人與自己的不完美之處。

人際交友

　　若是人格發展較為不成熟的處羊型，會給人小鼻子、小眼睛，以及情緒化的印象；他們會對於人際間的小摩擦銘記在心，不容易原諒他人，即便嘴巴上說原諒了，心裡還是有疙瘩。此外，性情衝動的他們，如果曾施恩於朋友，處羊型對於自己想要的東西，會希望立刻就從朋友那得到回報，多少會讓人覺得小氣又現實。隨著處羊型將內心與意識逐漸整合後，他們則能夠將處女座與牡羊座的優點相結合，展現更為成熟的人格。此時的處羊型對於交友則是抱持著輕鬆的態度，他們為人自然，不會刻意去討好人，也不會與人保持距離，更不會有先前小家子氣的利己心態。

家庭生活

　　性格中帶有些本位主義的處羊型通常來自一個大家庭，其父母是很有憐愛之心的類型。處羊型可能有許多的手足，因為兄弟姊妹都想得到父母的愛，所以會讓處羊型自小就在旁系中有著競爭意識，這也是養成他們比較自我本位的原因之一。另外一方面，處羊型的爸媽也很重視孩子的教育，尤其對他們的獨立思考能力更是看重；其父母可能會在孩子幼時時常搬家，好比「孟母三遷」的道理，處羊型爸媽會希望給子女最好的教育環境，所以也可能會送處羊型去寄宿學校學習，讓他們很早就脫離原生家庭的保護。這會養成處羊型自給自足的個性，遇到困難也較不會去依賴旁人。

感情世界

　　感情世界中，悶騷的處羊型往往不會主動出擊，受到處女座影響的他們，若是對誰有興趣，具體的表現變是透過「碎碎念」或是將對方批評得體無完膚等方式來表達，他們對自己的感情不太直接，而是會用「嘴上工夫」來引起心上人的注意。伴侶（夫妻）關係裡，處羊型主觀的個性容易吸引到比較隨合且做事比較迷糊的人；處羊型的自我本位會在關係中更加強勢，不過另一半可能會將之視為一種值得依賴的氣勢，反而愛得更深，他們與伴侶的關係好比「一個願打，一個願挨」，帶有宿命的味道。

理財觀念

　　處羊型早期受牡羊座影響，對於金錢較無概念，會有拜金以及衝動花費的壞習慣；通常月初拿到薪水後就沒有規劃的消費，等到月底便開始拮据的日子。他們對高質感的奢侈品似乎沒什麼抵抗力，錢一花下去，想要後悔的時候已經來不及了。所幸跌了幾次跤後，處羊型的處女座面向終於開始發揮影響力，對於花錢斤斤計較，並會分析自己的消費曲線，了解自己的生活消費習慣，進而找出漏洞及時補強。除了運用傳統的守財技巧之外，處羊型對投資也有不錯的嗅覺，可以試著以定存為主，並搭配小額的投資型工具，將更有利他們的賺錢之道。

職場生涯

　　向來喜歡單槍匹馬的處羊型在面對工作的時候，都能以獨立作業的模式完成任務，但他們在職場越久越會發現自己的領導長才。豐富的智識以及優秀的統御力這些都能在處羊型身上找到；他們能以果斷的決策還有務實的規劃，帶領團隊迎向成功。

若是主管階級或是將工作視為人生志業的處羊型，對於事業經營有了豐富

的經驗，他們能從多個面向來看待事情，行事也將更為客觀。同時他們的野心將比從前來得更巨大，逐步踏上顛峰造極的旅程；他們有遠大的目光，卻不會好高騖遠、眼高手低，而是會一步一腳印，從失敗中學習，進而找到全新的方向。

別踩地雷

處女座與牡羊座結合的處羊型人格，有土象星座的老成，也有火象星座的朝氣，在他們身上，你可以同時找到老人與小孩共存的特質；他們可以有深思熟慮的心思，卻也可以為了剛才沒吃到想吃的東西而跟你翻臉。這是個容易相處的組合，基本上他們的內心世界會誠實地反應在臉上，喜怒哀樂都會如實的表達；但他們也很難懂，一些原則性的事情，非常擇善固執，怎麼勸也勸不聽，只想貫徹自己的做法。值得一提的是，這個極度追求完美主義的類型，可能會把你給惹毛，處羊型多半有些強迫性的人格，與他們相處必須比他們更有耐心；另外，維持一貫的乾淨和整潔也是與他們進一步交往的必修學分。

第七章：
太陽天秤座與九個星座靈數

太陽天秤座與數字 1／獅子座
（9 月 28 日、10 月 1 日、10 月 10 日、10 月 19 日出生）

生日解碼

　　天秤座與獅子座結合的秤獅型人格，內外意識能夠調和。秤獅型有別於其他的天秤家族，他們較不會陷入優柔寡斷的窘境，對於自己的目標很明確，通常也較能篤定地相信自己的決定，不會過度搖擺。獅子座確實能強化天秤座的自我本位，受愛神金星守護的天秤，透過不斷權衡人我關係來定位自己；而受太陽守護的獅子座，屬於固定星座一員，加上火象的天職，能夠彌補天秤座本身的自我意識，進一步肯定自我。

　　獅子能增強天秤的魅力與活力，讓他們更加主動追求美好的事物，同時對其自信有頗大的提升。至於天秤則讓獅子面對人際互動，保有強烈的平衡美感，進退得宜、落落大方，同時大幅提升此款的斡旋能力。

人際交友

　　在交友上，秤獅型除抱有一貫的優雅身段外，他們對待朋友也有放蕩不羈的時候。本身屬風象星座的秤獅型，在交友上自有一套，他們是人際關係中的翹楚，友情對他們來說有如體驗一場心靈饗宴，能帶給他們很大的成長，通常秤獅型的好友多是樂善好施、熱情大方的類型。另外，受到獅子座影響的那一面，秤獅型的自我本位會被強化，所以有時會希望朋友

能以自己為主，秤獅型在好友圈裡面，多少有些老大的特質，也會居於核心的位置；一般而言，天秤座善於配合他人，不過以獅子座為基礎發展的秤獅型，在尚未完全社會化之前，會偏向支配、領導他人。

家庭生活

講求公平正義，有著高超人際手腕的秤獅型，其天秤座的人格養成多半來自家庭，他們的父母對孩子的管教嚴格，對於紀律和秩序有著強烈的要求，帶有軍事教育的色彩。秤獅型爸媽其中一方有虎媽虎爸的稱號。而秤獅型的獅子座人格，同樣也是來自於家庭教育，其雙親除了對子女教育嚴格外，可能也會透過強勢的控制欲來掌控、監視孩子。即便如此，秤獅型的家人情感連結很深，彼此的凝聚力也很強；只是隨著秤獅型長大成人後，他們會想去外頭闖出自己的事業，來證明自己並不是爸媽嚴密掌控下的產物。

感情世界

在人際互動上佔盡便宜的秤獅型，因為個性主動、氣質出眾，加上高強的社交能力，他們在戀愛關係裡面也是如魚得水。秤獅型的戀愛對象多為熱愛自由的類型，就與他們對待友誼的關係一樣，他們無法容忍過度束縛的親密關係，而會希望在熱戀之餘，雙方也能保持一定的自由與彈性。伴侶（夫妻）關係裡，在與伴侶的平等關係以及自我本位中如何取得平衡，是他們婚姻生活中很重要的功課。他們嚮往對等且自由的關係，秤獅型的婚姻通常不是傳統的類型，而是充滿創意與叛逆的成分，他們不會刻意遵守傳統的刻板印象；對於性別平權有深刻的體認。

理財觀念

秤獅型受到原生家庭影響，對於金錢理財方式較為保守謹慎，他們在守財上持錙銖必較的態度，容易積沙成塔、積少成多讓自己的銀行存款與

日俱增。除此之外，秤獅型通常有著不錯的偏財運，或是透過與他人合資的方式來賺錢；若是如此，必須要格外注意白紙黑字的合約關係。秤獅型憑藉過人的人脈手腕，能得到許多資金的情報，進而做些投資生意，這時合夥人的鑑別就非常重要，千萬別因一時的貪念而後悔當初，長期謹慎的觀察是最安全的方式。除定存外，股票與外匯，以及投資型保單都是他們不錯的選擇。

職場生涯

朋友滿天下的秤獅型，總會將自己最好的一面展現出來，在工作上這個特質會讓他們陷入一些矛盾的情結。他們太常幫他人收拾善後的他們，雖然做盡了人情，卻可能賠上自己的專業。若是主管階級或是將工作視為人生志業的秤獅型，依然相當重視職場的人際關係，他們會是值得信賴的企業夥伴，常周旋在形形色色的產業中，自有一定程度的知名度和好口碑。秤獅型能夠將自己的個人特色與事業相結合，將人脈資源加以整合，創造出對雙方來說更大的互惠利益；他們強烈鮮明的個人形象，搭配數一數二的幹旋能力，能將自身帶領的企業更加擴大，甚至有結盟的可能。

別踩地雷

天秤座與獅子座結合的秤獅型人格，有著高度成熟的社交能力，在人際給予（付出）與獲得間有良性的互動。但若是人格發展較不成熟的他們，其獅子座的自我中心反而會讓天秤座原本的優柔寡斷傾向更加嚴重，不斷在下決定前反覆權衡，最終把自己弄得神經緊張，還會有出爾反爾、朝令夕改的搖擺心態。出社會後，歷經社會洗禮的他們，在人際互動上顯得十分洗鍊，但是愛面子的他們仍受不了任何的挑釁行為，即便秤獅型會先和氣的遷就，但如果對方仍舊不長眼，那麼秤獅型必會讓他吃不完兜著走。

生日解碼

天秤座與巨蟹座結合的秤蟹型人格，內外意識有其吻合與矛盾之處，吻合的地方在於他們就像愛神有了月神的加持，讓他們在人際互動的場域，對他人的需求更加敏銳；這對人格成熟的秤蟹型來說，無非是錦上添花，讓他們在交際上更有潤滑效果，更能得到大眾的信任。

不過從矛盾處來看，傳統上主宰婚姻、親密與公眾關係的天秤座，與主宰家庭、隱私與根源的巨蟹座，有著難以言喻的拉扯，彼此的拉鋸戰一觸即發。無法將兩股力量整合的秤蟹型，在與他人互動的時候，過於敏感，並會透過情緒化的舉止展現出來，這對素來講求客觀公正的天秤座來說，無非是場災難。如何將此二者調和，將會是秤蟹型的人生課題。

人際交友

如上所說，人格整合完全的秤蟹型，在面對人際事務時，能夠將天秤座以及巨蟹座的優點加以融合，敏銳的觀察力加上隨和的性格，很容易就能與他人打成一片，結交朋友十分自然，對於他人需求敏感，能完全設身處地為人著想。秤蟹型受到巨蟹座的強化，在交友上有天下一家的觀念，對人能夠打開心胸，容納異己；他們也很能夠從朋友身上學習到新事物，也因如此，其交友的層面相當廣泛。秤蟹型希望自己的閱歷能隨交友而開闊，若有機會他們也會利用閒暇時光到處遊歷四方，接觸不同的人群。

家庭生活

對社會公平以及他人需求有強烈願望的秤蟹型，其性格來自家庭的影響，他們有對嚴格的父母，除了要求自小獨立外，對於人際交往應有的禮

儀更是高規格看待。秤蟹型爸媽可能是從事與公共關係、法律商務有關的工作，或是在藝術時尚圈極具影響力的人物，他們對孩子的教育相當重視，也很要求子女的儀態表現，更時常帶孩子觀摩重要的社交聚會，讓子女很早就有了豐富的「公關經驗」。秤蟹型巨蟹座的細膩同樣也是來自父母的管教方式，其雙親對於美感的精神領悟力高，能讓子女培養藝術美學能力，爸媽也會安排一些才藝活動讓孩子參與，使得秤蟹型有著敏感的心思。

感情世界

　　性格纖細與體貼的秤蟹型，戀愛對他們來說好比呼吸一樣自然，他們也往往能成功將友情晉升成愛情。舉止優雅、心思細膩的秤蟹型在交往過程中，會流露出好媽媽、好爸爸的形象，將愛人照顧得無微不至。伴侶（夫妻）關係裡，秤蟹型受到原生家庭影響，他們能成為為家庭犧牲奉獻的人，也能扛起許多責任，但他們對安全感的執著，多少會對伴侶有些控制慾。秤蟹型認為外界是個危險之處，因此會架起安全的藩籬，隔離所有威脅；同時他們也會身兼起指揮官的角色，對家人下達指令，顯得非常自我中心。

理財觀念

　　秤蟹型因為不安全感的驅使，讓他們很早就對理財有所接觸，年紀尚輕就會有筆可觀的存款。他們強烈的佔有慾，讓自己對於金錢有深層的企圖心，戶頭的存款永遠不嫌足。秤蟹型也能透過與他人的合作來致富，所以基金以及合資會是個不錯的選擇，另外他們向來對於投資（機）有很好的靈感與嗅覺，對於股票或外匯亦有接觸，若搭配得宜，也能從上述工具中賺進錢財。除此之外，利變型保單與投資型、分紅型保單也很適合他們，在保障為前提下，另享有分紅機會，還可抗通膨。

職場生涯

職場生活中，秤蟹型在溝通以及理念傳播的任務表現得十分出色，秤蟹型很適合做人與人之間水平面的連結，他們能將不同領域的人才匯集整合，並創造新的價值，這份能力讓秤獅型非常能勝任公關或是公眾關係的協調人物。若是主管階級或是將工作視為人生志業的秤蟹型，一方面對內部給人溫柔和藹的印象，是同事眼中的優質主管，頗能體恤員工的辛勞，並給予適當的獎勵。另一方面，秤蟹型對外則是勇敢堅毅，為了公司這個大家庭，他們能夠展現永不退讓的競爭意識，在業界中是出名的奮鬥家。

別踩地雷

天秤座與巨蟹座結合的秤蟹型人格，常給人好好先生、好好小姐的形象，確實他們有著柔軟的內心，待人也相當隨和，與他們相處十分容易。不過秤蟹型的好形象也是因為他們希望在社交的舞台，扮演好自己的橋梁角色，牽起人與人之間的羈絆；崇尚和平主義的他們，舉止優雅、合乎禮節。秤蟹型最大的地雷區莫過於任何粗魯的對待，以及讓他感到受威脅的環境，都會讓此款收起紳士淑女的顏面，暴跳如雷。此外，他們也相當重視安全感與根源的歸依，所以與家族和隱私有關的問題都需格外謹慎。

太陽天秤座與數字 3／射手座

（9 月 30 日、10 月 3 日、10 月 12 日、10 月 21 日出生）

生日解碼

天秤座與射手座結合的秤射型人格，其射手座會強化天秤座的自信心與領導能力，天秤座則能讓射手更具平衡身段以及社交手腕，這是個很利於所有公共關係、仲介以及媒體傳播的位置，秤射型也能在這些領域大放

異彩。

　　無論是私人或是公眾的關係，秤射型都能處理地游刃有餘，與他們合夥的對象也能感受到無比的興奮和熱情，彷彿遇到知音知己般，相知相惜。秤射型有股魔力，能將人我關係注入青春的活泉，讓雙方的結盟更加順利；其中很大的原因在於他們與生俱來的「行銷能力」，透過秤射型鮮明活潑的表達方式，能將一段粗糙乏味的話語，轉化成動人的說詞，任何人都無法抵擋此款幽默的語言表達方式。

人際交友

　　善於交際的秤射型，在結交朋友的時候，就像個佈道家，會傳播自己的理念，他們也會有群追隨者，追隨秤射型成為「教主」。而秤射型受天秤座影響，在人我關係裡面，也很重視平等的原則，以及互利互惠的共生關係，除此之外，他們也相當程度的熱愛追求自由 — 這是能讓他們短暫拋開權衡利弊的時刻；天秤座內心的那把秤子只有在秤射型與朋友相聚的時候，能暫時的失去效用，這也是為什麼秤射型喜歡與友為伴的原因。另外，受到射手座影響的秤射型，在交友上頗具有世界大同的思想，他們很能接受新的觀念，並從朋友那裡學習新的知識與創意。

家庭生活

　　如果說天秤座的法則是給予，給予的同時來換取自己想要的事物，這種以物易物的等價交換模式，緣起於他們的家庭生活。秤射型的爸媽以尚武的精神來管教子女，他們就像日本的武士，以武士道精神維繫家庭的命脈，其中的「忠誠」與「正義」，更是父母的中心思想，對於孩子自律的要求將更勝於智力的發展。另一方面，秤射型爸媽也有柔情的教育，他們的管教方式並非一直都是死板板地毫無變化；雙親中擔任陰性角色的那一方，會教導秤射型滋養他人的能力，讓秤射型更具柔軟身段與應變技巧，

這也引導出他們射手座的一面，讓秤射型在面對人際關係的時候，有更多的信心。

感情世界

個性好相處的秤射型在戀愛關係上幾乎無往不利，憑靠他們的社交技巧以及熱情奔放的內心，交往對他們來說並非難事，只不過他們容易在愛人面前耍些小脾氣，還有一些幼稚的舉動可能會把人家給嚇跑喔！伴侶（夫妻）關係裡，秤射型很能發揮他們射手座的那一面，盡情地宣說自己的理念，其伴侶就是他們最佳的聽眾，也是最虔誠的教徒。秤射型總能透過優雅的社交禮儀讓伴侶敬佩地五體投地；另一方面，他們流暢的表達方式，也是吸引親密愛人愛得猛烈的原因之一。在愛人眼中，秤射型就像天神一樣無所不能，會讓伴侶有這樣的心態，這其中最大的關鍵便在於秤射型能完全滲透對方的心思，成功解讀另一半的思維。

理財觀念

受射手座強化的秤射型，其賭性堅強，年輕尚不懂事的時候，可能會因為投資失敗而造成不小的損失。所幸記取教訓的他們，會將天秤座善與人合作的天分發揮在理財上，能夠結合眾家說法，從中挑選最適合自己的理財工具，加上此款過人的交際手腕，亦能透過合資來賺錢，因此像是大眾集資交給公司的基金就很適合他們；另外有仲介性質的理財方案也很適合讓秤射型加以發揮。秤射型只要別過度貪心、縮小風險，很懂得收支平衡的他們自然就能累積財富。利變型保單還有還本型保單也是他們不錯的選擇。

職場生涯

職場生活上，秤射型會將自身的理念導入在工作中，他會想找一份能夠活出其理念的工作，對他們而言，工作並非只是能夠換取酬勞、藉以溫

飽的事情，工作更應該是神聖的，能夠將信念付出實踐，進而完成自己的價值。若是主管階級或是將工作視為人生志業的秤射型，他們能利用自身的強力表達方式以及過人的交際手腕，將企業的理念成功地推銷出去。同時，身為主管的秤射型也很懂得攏絡人心的道理，對待同仁宅心仁厚，對下屬更是照顧有佳；他們絕對是員工眼中優秀的主管。對待同業，秤射型同樣給人樂善好施的形象，並能將事理客觀看待，不會若入情緒的沼澤。

別踩地雷

　　天秤座與射手座結合的秤射型人格，結合了愛神的優雅儀態以及雷霆之神的智慧，即便偶爾給人少根筋的印象，追根究柢也是他們貼心的行為，他們常以幽默來化解尷尬。尤其是涉及到自己盟友、夥伴窘境的時候，此款更是二話不說上前解圍，又能將氣氛控制的好像什麼都沒發生過，這才是秤射型真正的智慧。怪不得許多人都把他們當作精神領袖般崇拜，秤射型的交際能力實在優秀。他們最大的地雷區即是任何不識相的舉動以及心胸狹隘的人生觀，這兩點無庸置疑是秤射型最厭惡的。

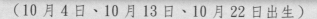

太陽天秤座與數字 4／水瓶座

（10 月 4 日、10 月 13 日、10 月 22 日出生）

生日解碼

　　天秤座與水瓶座結合的秤瓶型人格，其天秤座守護星金星，由象徵愛與美的守護神維納斯（Venus）主宰；水瓶座守護星天王星，則是天空之神烏拉諾斯（Uranus）所代表。前者讓秤瓶型有與他人合作的強烈意願，重視精神之美、追求公正，以及人我關係的連結。後者則讓秤瓶型交友更加廣闊，能夠包容不同的聲音，接觸不同的人群，跨越了膚色、種族還有疆域；但同時也讓他們與人保持距離，情感抽離。

同為風象星座（天秤與水瓶）的兩者相遇，讓秤瓶型在人際互動上理性客觀，能從制高點看待事理。水瓶一方面強化了天秤的交際場域，提升關係的質感，但也讓他們過於抽離，以至在與他人的情感互動上會有困難。

人際交友

喜歡待在人群中但又想保有自我空間的秤瓶型，與朋友交往「自由」會是個很重要的課題，他們較無法被友情給束縛，而是會選擇較開放式的關係，在他們友情的選擇上更會呈現多元的面貌，而不僅止於單一類型的交友圈。另外，受到水瓶座影響的秤瓶型，在交友上抱持著博愛的思想，他們能夠一視同仁地對待所有人，近似「兼愛」的愛無等差觀念，這會引起少部分朋友的競爭心理，這些朋友會試圖打破秤瓶型的交友原則，讓他們愛自己多一點，甚至引起少數人「爭寵」的表現。

家庭生活

作為家庭的基石，秤瓶型的父母帶有土象星座的特質—穩健而固執。秤瓶型爸媽對孩子來說是家的建構者，個性多半有些保守且傳統，他們教導孩子認識什麼是秩序，以及知道紀律的重要，還有務實的人生觀。而秤瓶型的水瓶座面向同樣也是來自家庭的教養，秤瓶型爸媽對待子女很有耐性，應該說他們太有耐性了，他們頗能應付孩子的無理取鬧，在其身上能找到一絲不苟的冷靜以及好脾氣；這會成為孩子的信仰，認為不帶情緒的處理人際事務是有幫助的；就情緒的掌控來說，秤瓶型可以迴避任何的情緒，或者說他們有讓自己置身事外的傾向，讓人覺得他們對關係不夠投入。

感情世界

博愛的秤瓶型在進入一段關係之前往往有過多的不安全感，比起友

情，愛情會讓他們感到棘手得多。一般而言，此款認識的朋友很多，類型也都很多元，他們就像在百花綠葉間來回穿梭的蝴蝶，不找到最美的一朵花，不會輕易放棄單身。伴侶（夫妻）關係裡，秤瓶型則容易遇到熱情主動的對象，起因於他們的冷靜形象，還有的理智性格，自然就會招惹到許多「鐵漢」、「鐵娘子」；通常他們在一段親密關係會扮演配合者的角色，多以伴侶的意見喜好為主，一開始當然是備感甜蜜，但久而久之，好脾氣的秤瓶型則會讓自己對這段關係感到心灰意冷。

理財觀念

理財上，受到原生家風的影響，秤瓶型能夠務實地處理經濟事務，通常不會有什麼太大的問題，他們能夠積少成多，穩健而緩慢地累積財富。但我特別要提醒秤瓶型消費最大的漏洞在於「理念的實踐」，他們往往基於人道、人權或是環境生態等……活動，投入大量心血。站在社會公益的角度，這絕對是值得鼓勵的事情，不過他們過於熱衷在團體裡慷慨解囊，卻苦了家裡妻小的日常所需，如果是這樣，那豈不是本末倒置了？秤瓶型需學習量力而為，並用更理性、實際的態度面對自己的理想，人生並不是場賭注。還本型保單和帶有定存性質的利變型年金、壽險都很適合他們。

職場生涯

好人緣的秤瓶型在職場工作上很適合打團體戰，他們比起單打獨鬥，透過與同事的合作，更能激發他們的潛力。普遍來說，好脾氣的秤瓶型多能與同事相處融洽，他們也可能因為職場上的互助合作，激發自己的保護慾，對待同事好比親人一樣，能夠大破藩籬，實踐他們的理念。若是主管階級或是將工作視為人生志業的秤瓶型，對待同事及下屬都能保持謙和，也能夠體恤同仁的辛勞，給予適當的反饋。秤瓶型的企圖心也十分旺盛，他們會透過與異界的合作來提升企業的價值；整併與轉型是他們常用的經

營方式，獲得重生後的公司，規模也將更大龐大，成為一股具影響力的新興企業。

別踩地雷

天秤座與水瓶座結合的秤瓶型人格，是風象星座的典型代表之一，他們能夠自然流暢的與人交流，可以與任何人相處，但不表示此款就很隨便。受到水瓶座影響的秤瓶型，屬於固定星座的一員，他們是擁有抱負與理念的，即便日常中的閒聊無傷大雅，但他們更希望能與志士好好暢談一番。與他們交往，時時補充自己的內涵是很重要的，「無知」對他們而言，就是最大的地雷區；你可以表現得很天真，但千萬別表現得很無知，尤其是自恃有著華麗的學歷文憑，卻無法獨立思考、提出見解的人，想必會被秤瓶型厭惡至極。

太陽天秤座與數字 5／雙子座與處女座

（9 月 23 日、10 月 5 日、10 月 14 日、10 月 23 日出生）

生日解碼

凡是與數字 5 有關的組合，都會增加本人性格的複雜度，因為受到雙子座與處女座這兩個星座的雙重影響；天秤座與雙子座、處女座結合的秤雙（處）型人格，有著天秤座的社交手腕，以及雙子座與處女座的彈性多變。守護星皆為水星（商業與智神之星）的雙子座與處女座會強化秤雙（處）型智力的表現，讓他們更具談判的技巧和靈活的反應，同時，土象的處女座亦會讓他們顯得更踏實。秤雙（處）型在合作上有著先天的優勢，比起其他天秤家族，他們更能在合作的舞台上發揮全力，是名天生的社交家與實踐家。

變動星座的雙子座與處女座，也會增強天秤座的應變能力，他們不會

固守非得平衡的立場，懂得在錯綜複雜的人際關係裡，定位自己；在進退之間完美詮釋，必要的時候可以全身而退。

人際交友

　　兼具愛神優雅形象與智神過人智慧的秤雙（處）型，在人際交往上有多重的面向。此款對待朋友是熱情的，他們活躍的好奇心，總擋不住探求世界的求知慾望，秤雙（處）型會藉由與他人相處來拓展自己的眼界，就某層面來說，朋友既是他們的「行動圖書館」，也是他們的情報中心。此外，學富五車且態度偏向中立的他們，很能吸引同儕的關注，他們能在團體中勝任仲裁的角色，因為秤雙（處）型豐富的知識和見解，以及客觀、就事論事的精神，頗受到朋友間的信任，他們下的判斷十分貼近於事實。秤雙（處）型也因此能成為好友圈的焦點人物，手中也握有不小權力。

家庭生活

　　秤雙（處）型往往來自一個家風嚴謹務實的家庭，他們天秤座的性格多半承襲自父母嚴厲的教育方式。秤雙（處）型之所以會有追求公平公正且善於權衡的人格，很大的原因是因為爸媽早期的軍事教育，其父母會對孩子實施嚴格的管教，讓孩子有自律及獨立的習慣；其中對於「秩序」的看重，會讓秤雙（處）型在內心延伸出平衡的原則，他們認為世界應該是調和的狀態，對和諧有莫名的嚮往。而秤雙（處）型的雙子座與處女座面向，同樣來自家庭的教育，他們的爸媽除了具有務實且嚴謹的一面外，對於孩子的教育更是不遺餘力；並讓子女盡情探索，同時他們也會要求子女獨立思考的能力。

感情世界

　　求新求變的秤雙（處）型，在與人交往的時候，注重的是關係裡的自由與彈性，他們可能會選擇一段開放式的關係，並會強調精神重於物質，

感情上傾向柏拉圖式的戀愛。他們在一段關係裡，同樣重視關係的平衡平等，自己為愛人奉獻、付出，也會希望對方同樣的對待自己。伴侶（夫妻）關係裡，秤雙（處）型則會將伴侶過度理想化，我們也可以解讀成他們對自己的選擇相當有信心，而且都會看到伴侶最美好的一面。客觀的秤雙（處）型在婚姻裡，似乎喪失了評斷他人的能力，他們會為家庭犧牲，做個盡責的好伴侶、好爸媽。

理財觀念

秤雙（處）型受到兩個變動星座影響，他們會喜歡多元的取財之道，雙子座的人格會讓他們喜歡嘗鮮，年紀尚輕就有過許多打工機會，藉此來了解金錢的運作，成人之後，更會利用各種管道來求得賺錢的技巧，是屬於多方經營理財的類型。而處女座的人格則會在變化之中求穩定發展，他們對於日常生計特別拿手，留心細節；至於天秤座的面向則會適時平衡財務狀況，通常秤雙（處）型很善於整合多重的投資方式，所以適合他們的理財工具除了種類多元之外，也可以利用他們的優勢，互相搭配組合使用。定存、基金或是股票，以及利變型、投資型保單都是不錯選擇。

職場生涯

秤雙（處）型的多重性格在工作的態度上一覽無遺，他們頗能中和職場上的極端面向，將背道而馳的兩者加以整合，成為新的原創；他們很適合在創意部門盡情發揮自我，他們豐富的創意將不斷透過新企畫表現出來，加上他們優異的社交經驗，很能洞察他人的需求，並給予協助，是同仁間的好夥伴。若是主管階級或是將工作視為人生志業的秤雙（處）型，其多重的面向將帶領公司走向更寬廣的道路。他們受到原生家庭影響，對於公司紀律相當要求，不過對於有功的同仁也不吝獎勵，是賞罰分明的典型主管。而他們柔軟的那一面，則會將企業包裝成像家的感覺，讓員工可

以在勞動之餘，也能得到精神的放鬆。

別踩地雷

　　天秤座與雙子座、處女座結合的秤雙（處）型，其風象星座的特質會被強化，但受到兩個變動星座的影響，則會呈現風元素多變的特質；他們較缺乏穩定的力量。雖然善於交際的秤雙（處）型在與人相處上沒有太大問題，不過他們受到變動星座的強化後，會讓自己的主見變得模糊，加上天秤座本是個較無我的星座，他們得設法讓自己的意志保持獨立，不要輕易受他人或環境影響。秤雙（處）型最大的地雷區雖是他反感的地方，卻也是他們需要培養出的能力—「自我」的特質，也就是以我為中心的本位能力。他們需要有更堅強的自我，才能真正決定自己的未來。

太陽天秤座與數字 6 ／金牛座與天秤座
（9 月 24 日、10 月 6 日、10 月 15 日出生）

生日解碼

　　天秤座與天秤座、金牛座結合的秤秤（牛）型人格，屬於典型的天秤人，擁有所有天秤座的正面特質：優雅、中庸、善於交際、善於與人合作、重視公平與平衡……等，而負面特質則包含：膚淺、優柔寡斷、態度搖擺、缺乏主見、流於形式……等。天秤人在人際關係裡最引以為傲的橋梁外交功能，不管跨領域、跨性別、跨國，還是跨人種，天秤座都能處之得宜。

　　受到愛神維納斯守護的天秤人，他們談吐得宜、舉止優雅，個個皆是紳士、淑女般地氣質不凡，引人注目。曾有人說天秤座就是比較有禮貌的牡羊座，我也贊成這個說法，同樣來自本位星座家族的秤秤（牛）型，對於「自我」相當敏感；如果說牡羊座對於自己想要的東西，會直接去爭取，那天秤座則是透過較間接或迂迴的方式去獲得，經由合作關係，讓雙方都

能有好處。

人際交友

受到愛神強烈影響的秤秤（牛）型，反應出金星美感對於精神生活的那一面；他們的好友類型十分多元且廣泛，好友之於他們，就像一本本豐富人生閱歷的精采讀物，無論是新聞消息、八卦雜誌、小說、散文，還是詩集，秤秤（牛）型幾乎可以與任何族群相處，更是朋友眼中的外交官。秤秤（牛）型對於交友向來不太滿足，他們總是希望能得到更多、接觸更多元的對象，所以會花很多時間在外地歷遊也就不足為奇了。秤秤型在交友圈，時而像個馬不停蹄的記者，時而像駐外的的大使。秤秤（牛）型的交友廣泛，也有許多來自異鄉的友人，這也會促進他們對異國文化的嚮往，而他們也總有與外國人士接觸的機會。

家庭生活

擁有好人緣的秤秤（牛）型，其隨和的性格來自嚴謹的教養，他們通常有對較為嚴肅的父母，對其人格產生深遠的影響。秤秤（牛）型爸媽姓個拘謹，且有強烈保護慾，對孩子採取的是重紀律和秩序的嚴格教育，這讓年幼的秤秤（牛）型對自我的要求很高，一般的生活習慣不說，他們對於「陳列整齊」和秩序有很深的依戀，或說幾近強迫性的行為。由於爸媽鐵腕的作風，常讓秤秤（牛）型容易否定自我，對於自我發展有不好的作用，他們可能不喜歡將焦點放到自己身上，而傾向將注意力轉向他人，這會產生移情的作用，秤秤（牛）型會希望自己親暱的伴侶，能活出本身所缺乏但卻很想得到的特質。

感情世界

交友十分廣泛的秤秤（牛）型，在愛情的世界裡，仍想保有一定的自由和理性，他們會希望與戀人的關係不要太黏膩，雙方在關係裡自主性皆

高，他們對於依賴性太強的伴侶會有些反感，所以與秤秤（牛）型交往，讓自己獨立是很重要的。伴侶（夫妻）關係裡，秤秤（牛）型受到原生家庭影響，會想要伴侶活出自己的另一面，性格中總有些壓抑的他們，會吸引到較自我本位且情感濃厚的類型結為連理。他們也深受這樣的人吸引，夫妻間的情感連結很深，但秤秤（牛）型在親密關係中，許多事會讓對方主導，自己則呈現配合的態度。或許是因為他們太慣於合作了，也可能是他們本身總在不斷權衡事務，所以會將決定權丟給伴侶去處理，讓他們做抉擇。

理財觀念

　　善於與他人合作的秤秤（牛）型，有著高度成熟的理財頭腦，他們除了懂得如何維持收支的平衡外，對於金融理財也有一套經營之道。秤秤（牛）型多半能在投資以及合資上獲利，例如基金或是股票、外匯等都是他們賺錢的工具。秤秤（牛）型喜歡接觸多元的理財技巧，也會常與友人討論此類話題，他們能夠在多方嘗試下，找到最屬於自己的商品；加上較為嚴謹且保守的心態，常能在小額投資下，得到不錯的回饋。除了還本型保單外，投資型以及分紅型保單也很適合他們搭配使用。

職場生涯

　　在一貫講求平衡的原則下，秤秤（牛）型多從事與公共關係、仲介或是需要具有談話藝術並與人交流的工作；當然品味一流的他們，也能在藝術領域的職場環境勝任愉快。若是主管階級或是將工作視為人生志業的秤秤（牛）型，受到早年原生家庭的影響，他們常給員工極強的保護色彩，對於公司內外的安全議題一向相當要求，這就長遠來說，秤秤（牛）型所帶領的企業能夠穩健的成長，並撐過一次次大環境的不景氣，屹立不敗。他們有長遠的眼光，具有旁人所沒有的先見之明，防患於未然。

別踩地雷

　　天秤座與天秤座、金牛座結合的秤秤（牛）型，厭惡各種粗魯、低俗、冒失等彷彿未開化的野蠻行為，他們喜歡秩序、平衡，並合乎禮儀的文明社會。此款善於用洗鍊又世故的方式來待人接物，也造就此類人天生熟練察言觀色的功夫；懂得在任何場合，說出最合時宜的話語。但他們一味想要保持平衡的動機有時只是想維護表面的和平，而去迎合他人；避免得罪他人的代價，就是忽略了事情的真相、粉飾太平。他們得發展更成熟的心智，來面對人際關係的陰暗面。

太陽天秤座與數字 7／雙魚座

（9 月 25 日、10 月 7 日、10 月 16 日出生）

生日解碼

　　天秤座與雙魚座結合的秤魚型人格，有著天秤座的優雅身段，以及雙魚座特有的空靈美感，全身上下充滿了魅惑他人的氣質。受愛神金星守護的天秤座本是個追求精神美的星座，而受神祕海王星主宰的雙魚座，則會強化秤魚型對於「美」的認知，讓他們在藝術表現上，呈現更高層次的振動。

　　這是個慈善家的位置，也有利任何形式的藝術，以及宗教的發展，秤魚型會在玄祕不可測的精神世界裡找尋靈感。雖然注重公眾社交關係的天秤座本與低調內向的雙魚座有些衝突，但他們一致對於精神美感的追求，使得秤魚型個性將更為纖細，善於站在對方立場思維，不過這也讓本已不斷在人際互動中權衡的天秤座更加迷惘。

人際交友

　　我們常說海王星是金星的高八度，前者是隱晦的藝術之星，後者則是

溫情的愛與美之星，海王星是雙魚的守護星，金星則是天秤的守護星。受此兩者影響的秤魚型在交友上，也展現出高強的包容力，他們能與不同類型的人群相處，也希望在與人交往上，能經歷更多。秤魚型喜歡四處遊走，認識更多的人群，每到訪一個地方，總能與當地人聊上幾句，相處愉快；從中他們也體驗到了當地的文化，也印證了秤魚型喜歡有人為伴的特質。渴望與人交流的他們，無法忍受一個人的孤獨。

家庭生活

為了發展天秤座的公正性，秤魚型的父母多半是較為嚴格律己的類型，他們對待孩子的方式也會十分要求紀律，「一個口令，一個動作」家中彷彿上演軍教片一樣。不過這卻是秤魚型每天需要面對的生活，雙親好比宿舍的舍監，隨時在盯著孩子看。這些無形中的壓力，也讓子女養成了公事公辦、循規蹈矩的保守思想。在這樣家庭長大的秤魚型，對於社會上人際平衡的原則相當重視。此外他們的爸媽也很看重子女的教育，擁有一兩項才藝在他們家很正常，這也讓秤魚型的藝術細胞很早就被啟發，徜徉在藝術中是他們能夠暫時忘掉生活苦悶的時候。

感情世界

雙魚座的守護星海王星會消弭秤魚型的疆界感，他們談起戀愛的時候，容易將自我投射或是融合到對方中，以至於失去了相處上的客觀性，好比秤魚型陷入愛河就會迷失自己一般。伴侶（夫妻）關係裡，秤魚型歷經了多次感情的波折，總能較理智看待雙方的關係，他們更能發現雙方的優點與缺點，並設法將兩人的長短處相互調合，創造「一加一，大於二」的共有價值。雙方共組家庭，有了孩子之後，秤魚型天生傾向自我奉獻的奴性，會出現在喜歡幫家人整理、料理家務上；他們嘴上也許會不斷碎念，心裡卻做得甘願且愉快，在幫家人收拾內務的時候，自己的內心也變得清爽起來。

理財觀念

　　喜歡美好事物的秤魚型除了自己個性甜美之外，他們對於一些可愛或是具有藝術美感的東西愛不釋手，容易在某些奢侈品上敗家，造成守財的不易，是他們財務上的一大漏洞。秤魚型必須常常戒慎自己存錢的重要性，若是想進行投資，也可以與好友一同合資，例如基金會是個不錯的理財工具。平時就有收集藝術品和古董習慣的秤魚型也可善用高單價的藝術仲介買賣工作，讓自己獲利的同時也能滿足對於藝品的情有獨鍾。另外，定存以及還本型保單也是他們不錯的選擇。

職場生涯

　　極具藝術天分的秤魚型多半從事與美術、音樂，或是舞蹈、劇場相關的行業，他們能夠在上述領域發揮專長，如魚得水。若是主管階級或是將工作視為人生志業的秤魚型，則非常重視公司企業的人本形象，無論是對內的制度，或是對外的公關；秤魚型都十分看重公司的人文精神。在對內方面，秤魚型主管以合乎人道的現代指標制定公司制度，給予職員相當大的自由空間，也不會太過干涉員工的內務。至於對外的公共關係，秤魚型則發揮人溺己溺的精神，會投入大量時間在公益、慈善活動上，是個以身作則的慈善家以及企業家。

別踩地雷

　　天秤座與雙魚座結合的秤魚型，能將人類之愛發揮到最大，甚至做到跨物種的慈悲精神，而將小我融合到大我之中。他們對於旁人抱持人性本善的心態，通常對於他人的要求來者不拒，與人的關係建立在完全的信任之上；但如果因為對他人的信賴而遭受背叛或是利用，將會讓此款內心受創，久久無法癒合。與他們相處即須維持做人最基本的「信用」與「忠實」。如此一來，素來待人接物為善最樂的秤魚型，必能與你相處融洽，

如果你剛好也是關懷弱勢以及自然生態的志士，絕對能完全抓住秤魚型的心。

太陽天秤座與數字 8 ／摩羯座
（9 月 26 日、10 月 8 日、10 月 17 日出生）

生日解碼

天秤座與摩羯座結合的秤摩型人格，其天秤座的守護星金星，自古來就是愛與美維納斯（Venus）的象徵，主宰著人類的精神之美與物質之美；受其影響的天秤座重視人與人之間的關係，他們高度的社會化人格，讓他們在人際舞台上跳起典雅大方的圓舞曲。而摩羯座的守護星土星，則是農神與時間之神薩頓（Saturn）的化身，象徵著內縮與限制；受其影響的摩羯座謹慎而保守，擁有強烈的事業心，一生都在努力建立自己的堡壘，不斷深耕自己的專業。結合兩者的秤摩型時而給人輕鬆，時而給人嚴肅的感覺。

天秤座與摩羯座同是基本星座，都具有開創的特質。雖然天秤看起來隨和許多，但他們在與人合作的時候，就會有明顯的本位傾向；摩羯更不用說，在職場活躍的形象令人深刻。秤摩型的內外人格有其矛盾，卻又有若干重疊之處。

人際交友

結合了天秤與摩羯性格的秤摩型，在早期交友的時候，受到天秤所引導，他們喜歡結交各式各樣的朋友，並希望透過朋友的經驗，來探索這個宏觀的世界。他們對於交友抱持開放的態度，不會去替自己設限，加上此款的社交能力，短時間內就能與大夥打成一片；過程中他們也很重視公平的關係。認識他們越久的朋友越會發現，秤摩型沒想像中來的溫文儒雅，

而是喜歡扮演領導的角色，去建構一個能讓正義完全發揮的社會，雖然這份「正義」不一定能夠不偏不倚，但秤摩型會試圖合理化自己的正義，卻有可能在追求公平正義的同時，也離公正越來越遠。

家庭生活

　　與他人合作極具野心的秤摩型，來自一個家風嚴謹的家庭，秤摩型的爸媽會對子女採取軍事教育的家規，在家對其生活紀律要求嚴格，使他們從小就養成獨立的人格。

　　除此之外，秤摩型爸媽也會強調孩子自我充實的重要，他們不希望子女的休閒活動都耗在單純的娛樂上，而是能夠結合教育或是才藝的活動。培養子女成為全人之人，是秤摩型爸媽教養的一大特色，他們期望孩子遇到問題的時候，能夠先自己想辦法解決，而不是過分依賴旁人；這樣的教育方式，使得秤摩型較為本位，凡事會以自己的角度去思考，也會讓他們懂得利用手邊的資源，透過與他人合作，進而找到新的途徑。

感情世界

　　個性成熟的秤摩型比較喜歡不黏膩的關係，他們傾向理智而帶有點距離的親密關係。人緣好的他們面對愛情的時候會有所保留，他們在戀情上比較被動且遲鈍，通常都是等到對方主動告白，才會知道對方的心意。伴侶（夫妻）關係裡，秤摩型有專制的傾向，特別是在有了家庭之後，他們會將責任全部攬在自己身上，不管大小事都需經過他們的同意，這難免會引起家庭其他成員的抱怨，同時也讓秤摩型自己累積許多不必要的壓力。秤摩型的獨裁其來有自，他們受到原生家庭影響，性格多少比較壓抑，也會主動去承擔許多責任，因為他們總有股不安全感，也有保護家族的使命感。

理財觀念

保守而踏實的秤摩型在理財的表現不凡，他們可能年輕時就會大量閱讀有關理財金融的書籍，算是對理財有早熟的心態，並累積許多專業的知識；秤摩型對於金錢的流動敏感，隨時能覺知自己金錢的漏洞。他們也能藉由與他人交流，來補足自己相關的理財資訊，同時再透過洗練的社交技巧，常能與他人合作投資，來達到賺錢的目的。因此適合他們的理財工具包含基金、仲介，或是投資型的商品；另外，定存、還本型保單還有利變型保單也很適合他們。

職場生涯

早熟的秤摩型對於工作起步得很早，原因除了他們想早些累積自己的專業能力之外，當然最實際的理由就是存錢。當他們還是學生的時候，為了找到最適合自己發揮的場域，往往借由半工半讀的方式來賺錢，一方面工讀的時間彈性，並能接觸到職場生態，再來賺取的金錢還能用來繳學費，一舉多得。若是主管階級或是將工作視為人生志業的秤摩型，他們能善盡主管的角色，照顧部屬不遺餘力，他們視同事為家人，彼此的關係緊密。秤摩型主管的社交手腕更是為人所樂道，他們與人交際的同時也不會忘了分寸與紀律，與他們合作總能感到非常舒服，真情不矯作、講究信用與原則。

別踩地雷

天秤座與摩羯座結合的秤摩型，對於合作與尊嚴相當敏感，他們很重視自己的公眾形象，任何斡旋的細節都不馬虎，是人際交往的箇中高手。責任心強的他們，對於每次同盟都當作是自己的事業在經營，所以千萬別以開玩笑的方式與他們談合作；此外，「承諾」也是此款最大的地雷區，並不是說他們無法承諾他人，而是承諾二字對秤摩型來說，意義重大。他們不是信口開河的人，任何答應他人的事情，他們一定會做到，以如此高規格約束自我的秤摩型，不會輕易許下承諾，當然別人的失信對他們而

言，也是非常嚴重的事情。

太陽天秤座與數字 9／牡羊座
（9 月 27 日、10 月 9 日、10 月 18 日出生）

生日解碼

　　天秤座與牡羊座結合的秤羊型人格，外在意識與內在潛意識有矛盾和衝突的地方，同時也有許多重疊和吻合之處，由於星盤上天秤座與牡羊座遙遙相對，彼此呈現一百八十度的位置，受到天秤與牡羊交互影響的秤羊型，其人格會有上述的情形。

　　秤羊型在與人合作的時候，也想保有自我的獨立與完整性；雖然他們願意放下眼前的利益，與人維持長遠的結盟關係，但內心總有股聲音不斷提醒他們打破平衡的原則，以自我的利益為優先。值得一提的是，天秤與牡羊皆是基本星座家族的一員，既然身為基本星座，多少帶有「自我本位」的成分，牡羊座不用多說，以火星這顆戰神星為守護星的他，向來都以自我特質為招牌，凡事以自己為出發點；至於天秤座受到金星愛神星主宰的他們，雖能站在對方立場思考，但也是以彼此利益為最大考量，其本質也是以自我為主的，只是透過合作的手段來創造雙贏的局面。

人際交友

　　結合愛神與戰神兩種屬性的秤羊型，性格活潑，大體熱愛生命，對於人際關係懷有熱情。他們喜歡結交朋友，更正確地說，他們享受結交朋友的過程。交友對秤羊型而言，就是這麼自然、這麼簡單；他們能夠不帶功利地與人交往，也許相處上會有利益衝突的時候，但最終他們仍會選擇妥協，因為比起實質的利益，他們更愛友情所帶來的精神衝擊。人格成熟後的秤羊型，交友功力更上一層樓，能與任何人搭上話、打成一片；當然這

也要歸功於他們平時就喜歡收集資訊，將訊息當作自己的第二生命，因此到何處都有話題可以與人閒聊。

家庭生活

　　為人活潑熱情的秤羊型，有一對傳統的父母，雙親其中一方是較為嚴肅之人，對待子女也是百般要求。他們的個性也是保守且拘謹的，就像德國人和日本人那樣一板一眼，在細節上是箇中行家，他們也會用此高標準以身作則要求子女，在孩子眼中是個不知變通的「偏執狂」。而雙親中的另一個人，則相對扮演「慈母」的角色，當然他們不一定是女性，只是傳統上多以母親作為此款的模型。這類爸媽情緒敏感，特別對孩子的情感反應強烈，他們是家庭的守護者，也多以家庭為出沒的場域；他們如此的行為會讓子女培養出細膩、良善的心思，對他人需求極其敏感。

感情世界

　　在感情世界裡，秤羊型在主動與被動間保持完美的和諧，他們懂得何時該主動出擊，何時該被動等待機會，讓對方完全被自己征服。秤羊型也很懂得在關係裡製造浪漫，情感豐富的他們，總能讓愛情保持長鮮。伴侶（夫妻）關係裡，秤羊型多半是由自由戀愛關係，進而成為眷屬，他們雖有意經營長久的婚姻生活，卻可能因為太熟悉對方，而失去了婚姻裡的熱情。秤羊型需要自我活化婚姻裡的新鮮感，不然婚姻對他來講就只是個共組家庭的契約罷了，我建議他們可以試著找出夫妻彼此的共通興趣，或是安排來個異國旅行，再以此重新認識伴侶，對雙方情感的維繫是必須的。

理財觀念

　　受到天秤與牡羊的影響，這個典型的本位星座，理財的方式也相當自我中心；他們不會輕易將錢財交給他人保管，而是以一己的努力務實地存錢，秤羊型的理財之道，便是不斷地累積存款，如此而已！他們理財的想

法很單純，在基本消費之餘，能不花的、剩下的就是自己真正的財產，他們也不會有一夕致富，或是僥倖投機的想法，而是透過工作一點一滴，慢慢一個子、一個子地攢，秤羊型的理財觀是保守且務實的，隨著時間的遞增，他們也能逐漸變得富有。適合他們的理財工具，不外乎定期存款，而還本型保單以及利變型保單也頗適合他們。

職場生涯

著重人際關係的秤羊型在面對工作的時候，可以變得很精明，也可以變得很迷糊，端看他們處理的是人還是物。他們很懂人心，在做事上他們會要求完美，盡力做到滿分，讓人無可挑剔；但如果是與同事共事的話，他們則會收起銳利的鋒芒，變得較為糊塗，可以說是「做事嚴謹，做人糊塗」的標準類型。若是主管階級或是將工作視為人生志業的秤羊型則受到原生家庭影響，很有保護他人的慾望，他們會把公司當作自己的家庭，相當重視職員的情緒反應，他們能夠體察員工的辛勞，不會給同事太多壓力；但就負面來看，這會讓同仁過度依賴自己，而缺乏獨立作業的精神。

別踩地雷

天秤座與牡羊座結合的秤羊型，受到天秤座影響，他們時常在權衡人際互動上的得失，常為了表面上的和平，犧牲掉自己的優勢；另一方面，受到牡羊座影響的人格，又時不時跳出來替自己平反、爭取權利。他們常在人我關係裡面天人交戰，尤其牽扯到私人利益的時候，他們進也不是、退也不是。秤羊型必須體認到，自己不可能討好所有人，他們要有「被討厭」、「當黑臉」的勇氣，勇敢做自己一回，如此一來，才有可能真正落實他們理想中的平衡。大致來說，秤羊型都是好相處的類型，只是觀察力入微的他們總能知道誰才是真正對他們好，而誰又只是虛情假意、應付自己罷了。在他們面前還是不要偽裝，「坦白以對」才是上策。

第八章：
太陽天蠍座與九個星座靈數

太陽天蠍座與數字1／獅子座

（10月28日、11月1日、11月10日、11月19日出生）

生日解碼

天蠍座與獅子座結合的蠍獅型人格，外顯意識與內在潛意識有所衝突，受冥王星主宰的天蠍座，其守護神普魯托（Pluto）掌管陰間地府，是所謂的冥神；而獅子座的守護星太陽，其守護神阿波羅（Apollo）則是光明與真理之神，兩者差異甚大。如果說冥王星代表的是深藏在地底下，陽光所照不到的陰暗深淵；那麼太陽當然是高掛在天上，恆放著光與熱，是最靠近天堂的地方。結合此兩種特性的蠍獅型，初給人的第一印象多半是陰鬱、有著深藏不露的心思，但認識久了，你會發現他們人格面具背後，有顆單純且熱情的赤子之心。

天蠍與獅子同為固定星座家族的一員，本就意志力堅定的天蠍，會受到獅子的強化，讓他們更加自我；就正面來看，他們擁有旺盛的野心，能將他人認為不可能的事化作現實，也有超乎常人的忍耐力，能在嚴苛的環境中，一枝獨秀。但負面來看，蠍獅型的性情乖戾，有時會為達目的而不擇手段，無法聽信他人的建言，更有剛愎自用的情形。

人際交友

　　性格帶有矛盾的蠍獅型，早期在面對人際關係的時候較為封閉，天蠍座的本質讓他們不輕易信任人群，天蠍座的深思熟慮，善於掩蓋自己的動機，常給旁人神祕的印象。等到蠍獅型人格逐漸成熟後，他們也會成為朋友間生活的導師。除了豐富的學識以及人生經驗，他們冷靜客觀的觀察力，常能察覺出他人所忽略的細節，更能洞察對方所隱藏的動機。蠍獅型也不吝於將這些經驗分享給好友，不過有一點我要特別申明，蠍獅型常會將人群分類為圈內與圈外的關係，圈子以內的就是好友；圈子以外的即是敵人，因此他們的交友觀多少有些極端的特質。

家庭生活

　　個性內斂的蠍獅型，來自一個家風開明的家庭，他們的爸媽喜歡與人相處，自己也從事與人文、科技，以及社會福利有關的工作，更會把家當做研習還有聚會的場所，他們家中的大門，隨時為人開啟，家裡面也時常有訪客到來、絡繹不絕。爸媽這樣的教育方式，使得蠍獅型自小就有相當優秀的觀察力，他們從來到家裡頭的客人中，看到眾生的百態，也十分懂得察言觀色，並從這些人脈網絡中學習到一件事，那就是別輕易將自己的動機洩露出來。與原生家庭不同，自己獨立成家後的蠍獅型，反倒很重視家庭的隱私，所以多半會選擇離群索居的地方居住，他們寧可保護家人，也不想將一切都攤在陽光下。

感情世界

　　有兩個固定星座守護的蠍獅型，為人穩重，做事給人一板一眼的感覺，他們會成為朋友依賴的對象；就像我先前提到的，「信任」會是他們關係裡很重要的元素，所以與此款交往，勢必要將自己完全坦白，赤裸裸

地呈現在他們眼前。伴侶（夫妻）關係裡，蠍獅型有強烈的不安全感（或說是有點疑心），他們的戀愛通常都會經過長久時間的考驗，經過漫長的愛情長跑，才會迎來婚姻的生活。水象人最在乎的莫過於情感的連結，內心脆弱的他們，即使外表再怎麼強悍，對於情感的不忠仍舊是很大的致命傷，他們無法接受親密伴侶的背叛。

理財觀念

受到天蠍座主導的蠍獅型初期在理財上，採取謹慎小心的作風，他們會預估每個月的花費，並進行計畫式的經濟，盡量讓自己的開銷控制在合理範圍內。另一方面，蠍獅型向來對金錢敏感，他們也能夠過與他人的合資來賺錢，當然前提是對方必須是自己信得過的合夥人，因此家人或伴侶常是他們合夥的對象。透過他們卓越的洞察眼光，以及在投機事物上的好運道，多能為自己和對方賺取可觀的錢財。前期蠍獅型可多利用定存、利變型保單理財；漸上軌道後，再搭配股票、外匯，或是分紅型、投資型保單混合使用。

職場生涯

會說出「天下唯一能相信的只有自己」這類話的，大概就是蠍獅型的人，他們早期在工作的時候，都會親力親為，無法將分內的事交給其他人處理；所以他們很少休假，因為遲遲沒法找到合適的職務代理人，探究其因，就是蠍獅型不信任人的緣故。若是主管階級或是將工作視為人生志業的蠍獅型，歷經了事業的風吹雨打，並在各種爾虞我詐中渡過了青春，此時的他們，更能將內在獅子座的面向展現出來，具有無懈可擊的領導風範，也常成為職員欽佩、崇拜的對象。蠍獅型看重企業的永續經營，蠍獅型會將企業價值發揚光大，並持續穩定的發展。

別踩地雷

天蠍座與獅子座結合的蠍獅型人格，內外人格不甚協調，前者是長期待在冥府的冥神，冷冽而孤寂；後者則是乘駕著金色馬車，從天奔騰而出的光明之神。這樣的差異使得蠍獅型內心有著強烈的不安全感，他們雖然執著於感情，但往往傷害他們最深的也是感情，人格發展較幼稚的蠍獅型便會築起層層高牆，與世隔絕，旁人無法走入他們的世界；如果發展較成熟的蠍獅型則願意敞開心胸，將內心的太陽活化，照亮自己與他人。無論如何，情感的背叛無疑是此款最大的地雷區，那種刻骨銘心的痛苦，蠍獅型絕對會讓你也嚐到，別忘了「君子報仇，三年不晚」也是他們的最佳寫照。

太陽天蠍座與數字 2／巨蟹座
（10 月 29 日、11 月 2 日、11 月 11 日、11 月 20 日出生）

生日解碼

天蠍座與巨蟹座結合的蠍蟹型人格，內外意識調和，兩者皆屬於水象星座，對於與人情感的連結深刻；還記得我們在先前的章數提過天蠍座與巨蟹座的關鍵字，分別是「我渴望」和「我感覺」，你就可以知道這兩個星座向來與人類深層的情感有關。

天蠍與巨蟹結合的蠍蟹型，外表給人強悍的印象，有時為了達到目的，甚至會不擇手段；但認識他們越久，你會發現此款的巨蟹特質，他們對於旁人的需求有如母子間看不到的情緒臍帶，對於好友的需求多能即時反應，並表現出水象星座的柔情與溫暖。蠍蟹型十分在意與自己親近之人的感受，但他們在人際相處上有些極端的傾向，常有「非友即敵」的心態。

人際交友

　　早期蠍蟹型在交友上，為人較為冷感；一方面天蠍座本是個不會將自身情感刻意表現出來的星座，再者巨蟹座會強化他們的不安全感，令其不信任人，對人對事始終保持懷疑論的觀點，所以常拒人於千里外，總戴張撲克臉，難免給人難相處的印象。蠍蟹型對待密友，則像是父母之於子女一般，除了會要求朋友能夠獨立之外，也會提供實質的保護，他們堅強的意志力，還有務實的作風，讓自己常成為好友的靠山。在蠍蟹型出了社會，人格逐漸成熟後，心態上則變為柔軟；雖然依舊對好友有強烈的保護慾，但不會再以父母的姿態去教訓朋友；彼此的關係反倒亦師亦友，他們能給朋友最中肯的建議，並就事論事地進行分析。

家庭生活

　　情感豐富的蠍蟹型，他們有一對熱愛自由、性格開朗的爸媽，其對待子女的教育方式開明又民主，蠍蟹型爸媽不會限制孩子將來的發展，而是會尊重子女的興趣，讓他們做自己真正想做的事。同時，蠍蟹型爸媽喜歡結交朋友，常會在家舉辦各式餐敘、研討會、俱樂部……等等，這雖然促進孩子對於人際互動的興趣，讓他們學會基本的社交禮儀；不過父母「家門大開」的心態，也會讓蠍蟹型缺乏安全感，認為家人無法有效的保護自己，這會讓他們產生保護他人的慾望，也可能會讓他們傾向退縮，躲進自己的小小天地。

感情世界

　　受到兩個水象星座守護的蠍蟹型，對於愛情多少抱有許多幻想，即便他們嘴上不說，內心還是非常渴望愛情的。不過要能夠觸動他們細緻的靈魂可沒那麼容易，蠍蟹型大都抱持著寧缺勿濫的想法，想將最美好的第一次與真愛分享。伴侶（夫妻）關係裡，相較於戀愛時的情調，蠍蟹型會變

得務實許多，他們會為了婚姻的穩定，而犧牲掉許多東西，其中包含了他們的家庭生活；並不是說他們不愛家，而是他們太重視家人了，所以不惜花更多時間在工作上。受到巨蟹座影響，他們向來對安全感有莫名的執著，蠍蟹型認為唯有努力工作維持生計，才有辦法讓伴侶以及家人過得更好。

理財觀念

巨蟹座影響的那一面，使得蠍蟹型在花錢上格外謹慎，他們會認為錢財才是最重要的，甚至覺得唯有金錢才不會背叛他們。神經敏感細膩的蠍蟹型，早期多少會在情感上被人利用，或是有上當受騙的經驗，這會導致他們有些偏差的價值觀，認為金錢勝過人情，「錢不是萬能，卻是萬達的。」這句話很可能是此款的座右銘，可想而知金錢對於蠍蟹型而言，扮演了十分重要的角色。早年他們會透過辛苦工作賺錢、存錢，有了一定的本金後，蠍蟹型受到天蠍本質的影響，會想要賺更多的錢，因此會進入投資市場，其中藉此致富的例子也很常見。適合他們的理財工具包含定存、股票，以及分紅型、投資型的保單。

職場生涯

面對工作的時候，蠍蟹型受到天蠍主導的人格，在職場上會有強烈的競爭意識，但蠍蟹型的高招在於，他們能夠藉由低調的行動來掩蓋自己的野心，旁人根本不會察覺到此款的企圖心。若是主管階級或是將工作視為人生志業的蠍蟹型，在自己的事業上，更具有開拓先鋒的野心，是個不折不扣的企業家、實幹家。蠍蟹型的天蠍特質，會讓自己在事業頂端屹立不搖，他們堅定的意志，不容他人所動搖，在業界更是響叮噹的人物，以鮮明的性格著稱。與平時的樣子不同，身為企業家的蠍蟹型，在工作上相當重視自己的專業以及公眾形象，其猛烈的幹勁，讓人精神為之一振。

別踩地雷

　　天蠍座與巨蟹座結合的蠍蟹型人格，就像外殼特別重的巨蟹人，一般的巨蟹座給人溫和的印象，你若不去招惹他，自然也就河水不犯井水，相安無事；但別忘了蠍蟹型有著天蠍的外顯意識，他們最致命的武器，便是尾上的毒針，他們習慣躲在暗處窺視獵物，伺機而動。蠍蟹型的防衛心很重，要突破他們的心防相當不易，通常得經過歲月的洗禮，才能得到此款的信任。不是蠍蟹型不願相信人，而是他們的內心過於脆弱，被傷害過的心靈久久不能痊癒，只能透過武裝自己，來隔絕外來的刺激。蠍蟹型對於任何形式的背叛，都會看做是無法原諒的滔天大罪。

太陽天蠍座與數字 3 ／射手座
（10 月 30 日、11 月 3 日、11 月 12 日、11 月 21 日出生）

生日解碼

　　天蠍座與射手座結合的蠍射型人格，我們知道射手座緊接在天蠍座之後，兩者的性格卻是南轅北轍的不同，在外顯意識以及內在潛意識上屬於衝突的組合。受天蠍所主導的蠍射型外在給人強勢的感覺，他們不會輕易妥協，也很難遵照他人的想法去做事，十分有自己的主張，天蠍是固定星座的一員，他們向來以堅定的意志力所聞名。

　　而射手座則是完全另一個面向，如果說天蠍座在乎的是情感的深度；對於感情很執著，對於權力也有莫名的渴望，那麼射手座則關乎心靈的廣度、幅度，射手要的是去體驗更大的世界、更遠的風景，與固定星座的天蠍截然不同。射手座也會適時將天蠍的態度軟化，讓蠍射型更能與人交流。

人際交友

　　一般而言，在與人交往上，蠍射型持保留的態度，他們不會刻意與人裝熟，也不會給人太強的距離感。天蠍座影響的層面，會讓他們初次與人接觸的時候，防衛心較重，要讓他們卸下心防實不容易，蠍射型全身上下流露出肅穆之氣。在蠍射型人格逐步成熟後，他們則較能與人互動，但是態度依舊是嚴謹的，他們很注重自我的公眾形象，基本上不會在人群間做出太誇張，或是踰矩的事情，自我約束力強。值得一提的是，受到射手影響的他們，也會利用空暇時間，參與許多公益運動，以及宗教性質的活動。

家庭生活

　　個性極端的蠍射型有對個性完全相反的父母，雙親其中一方，是屬於較為務實的角色，他們也擁有出色的交際手腕，可能在某團體擔任要職，或是屬於主管級的公務人員，因此他們常會帶友人回家洽商，家裡的氣氛也隨之熱絡。至於雙親中的另一方，則會花許多時間在孩子身上，較具備傳統家庭母性的功能，他們對孩子的需求多能即時反應，與子女的情緒連結也較強，但身為家長他們會太多愁善感，容易為了許多雜事而煩心，甚至有歇斯底里的情形，這會影響到蠍射型的射手座人格，為了讓自我感覺好一點，蠍射型會學著將目光投向遠方、容易自我耽溺，以及有逃避現實的傾向。

感情世界

　　在戀愛關係中，蠍射型有其軟硬的兩面，軟的部分在於，他們受到不安全感驅使，容易在外人面前表現出強悍的樣子，但其實蠍射型是屬於「刀子嘴，豆腐心」的人，他們表面冷酷，實則內心熱情狂野。伴侶（夫妻）關係裡，與戀愛關係不同，在走入婚姻，以及有了自己的家庭之後，蠍射型性情會變得穩定許多，也許是對家人多了份責任，他們會全心全意

地照顧家族。受到原生家庭的影響，他們為了彌補兒時的缺憾，會花很多時間與家人相處，但我建議他們仍要培養與伴侶的共同興趣，不然這樣的關係容易僵化。

理財觀念

在理財上，蠍射型普遍來說傾向保守，他們會穩健地選擇適合自己的賺錢方式，不會貿然地進行投資。他們眼光深遠，能長期計畫自己的理財方案，通常資金回收的較慢，但有了一定的本金之後，他們能夠快速地累積金錢。唯一要注意的是，嚐到甜頭的蠍射型必須控制自己的慾望，千萬別因貪婪心理而一頭栽進高風險的商品，不然辛苦賺的老本很可能就此一去不復返。蠍射型的野心是大的，也因如此，他們必須更謹慎小心面對財務問題。適合他們的理財工具包含定存、基金，以及利變型保單和還本型保單。

職場生涯

在職場上蠍射型容易為了做事方式的不同而與他人起爭執。原因出在他們面對工作的時候，有強烈的競爭心，一方面他們視職場如戰場，認為是個不適者淘汰的殘酷舞台；所以時常情緒緊繃，會因為一些小事而與同事擦槍走火。若是主管階級或是將工作視為人生志業的蠍射型，則是屬於膽大心細的類型，他們能全面性地處理事理，從大方向看出未來的發展，對於流行趨勢有一定的認識，加上此款善於察言觀色、洞察人心的能力，往往能夠掌握先機，獲得成功。蠍射型很重視自己的公眾形象，在他們帶領下的公司，也會建立起自己的品牌形象，常能讓企業獨樹一格。

別踩地雷

天蠍座與射手座結合的蠍射型人格，身體裡住著天使與魔鬼，他們常

在黑暗與光明間徘徊，他們對外展現自己的足智多謀、算盡心機，然而卻嚮往過著單純平凡的生活。蠍射型有他們言不由衷、不為人知的難言之隱，他們身上藏有太多不能攤在陽光下的祕密，天生就很敏感的他們，對周遭的風吹草動全都看在眼裡；很難會有祕辛逃過他的法眼，因此日積月累下來，蠍射型承載了許多不可告人的祕密，內心也壓抑許多情緒。有趣的是，蠍射型並不會因為握有他人的把柄，就沾沾自喜，以為可以趁機佔人便宜；道德操守高的他們，無法准許自己做出這樣的事來。

太陽天蠍座與數字 4／水瓶座
（10 月 31 日、11 月 4 日、11 月 13 日、11 月 22 日出生）

生日解碼

天蠍座與水瓶座結合的蠍瓶型人格，外顯意識與內在潛意識有所衝突，由天蠍所主導的外在人格，與內在的水瓶人格，兩者都為固定星座，但因為發展的方向不同，造成蠍瓶型對於自我意識以及安全感的需求互相摩擦。天蠍是水象星座，執著於他人的情感，還有與他人共享的價值（或說是所有物）；而水瓶則為風象星座，執著在理念的實踐，為全體人類的利益和福祉而打拼。天蠍要在情感上投入更深，水瓶則在理念上傳播得更廣，兩者相遇，就好像王者與王者的較勁，這也會讓蠍瓶型時有自相矛盾的狀況。

同為固定星座的天蠍和水瓶，也具有個性雷同之處，他們對於自我的信條十分篤定，皆是屬於擇善固執的類型。如果蠍瓶型能將此兩股力量相整合，將會是個可造之材，他們能將他人的資源加以重整，重朔彼此新的價值，並藉由社團的力量，強有力的持續推廣，非常有利於公關、創意部門的行銷作業。

人際交友

蠍瓶型早期結交朋友，很大一部分是建立在利益的交換關係上，他們的友誼有著功利的成分，雖然他們會為了彼此更大的權益做考量，選擇經營常久、常態的人際關係，但蠍瓶型關係的本質非常脆弱，一旦利益的要件消失，他們的友情變很難維持下去。在一定的社會化之後，蠍瓶型則會發展自己水瓶座的特質，他們的態度從原先的自我本位，轉變得較為軟化且隨和。他們逐漸能了解到與人的關係並非都需要條件的交換，或是以好處為基礎；在友情的選項上，也存有單純、沒有利害的關係。此時蠍瓶型強調的是關係的自由，以及平等，他們會嘗試與任何人相處，並建立起自己的多元資料庫，以利未來能夠將自我的理念無障礙的流通。

家庭生活

性格有些矛盾的蠍瓶型，通常有對性格迥異的父母，其中一方個性開明、具有創意且做法激進；另一方則相對保守、傳統，行事溫和。蠍瓶型爸媽開明的一方，對待子女多半採自由放任的態度，他們希望孩子能別待在家，盡量到外頭走走，同時也鼓勵他們廣結善緣，多交朋友。而雙親中較保守的一方，則是家庭的守門人，他們心思細膩，性情穩定而踏實，同時他們也傾向傳統、固執。這類家長有根深蒂固的觀念，不容易妥協，對於已經決定的事，不會輕易變動。在如此家庭成長的蠍瓶型若是人格整合不完全，會顯得自私且愛猜忌，在人際互動上有著隱藏的困難。

感情世界

習慣觀察人的蠍瓶型，傾向認識不同的人群，並在其中找到屬於自己的真命天子（天女），因此他們的戀愛對象類型是很多元的，他們不會只專找同一類型交往，而是會在同一群組中，尋覓彼此的差異性。伴侶（夫

妻）關係裡，蠍瓶型已經從過往歷程中，找到可以攜手共度餘生的人選，一旦相定終生，此款變再也不會變心，真愛至死不渝。但蠍瓶型在婚姻生活中，會有先入為主的觀念，他們如果在人身上貼起標籤，變要花許多力氣（時間）才能將標籤撕下，身為他們伴侶，會感到頗大壓力。

理財觀念

理財事務上，受到水瓶座影響的蠍瓶型會因為太過理想化，而造成金錢上的流失，他們雖有冷靜的頭腦，對於錢財一向也是以小氣著稱，在消費上謹慎而小心；但如果牽扯到自己的理想，或是為了眾人的福利，他們有可能會因此而大花一筆，在所不惜，這便是此款理財最大的漏洞。說來矛盾，蠍瓶型本是個花錢計較、對錢執著的人，但他們內在總有遠大的抱負想要完成，而這遠景又是與群體福祉、資源有關，這也是蠍瓶型性格相牴觸的地方。我建議他們投資工具仍是以定存、還本型保單為主，才能將風險降到最低。

職場生涯

蠍瓶型在工作上有驚人的幹勁和衝勁，總能以爆發式的火力，有效率地處理自己的工作；無形中，常會不小心得罪到人，自己卻不自知。若是主管階級或是將工作視為人生志業的蠍瓶型，相當重視自我的公眾形象，試著創造出自我的鮮明個人色彩，確實在他們充滿幹勁的領導下，公司上下瀰漫著光與熱，他們很適合擔任領導者的角色。與天蠍座合作過的人都知道，你很難真正明瞭他們內心打的主意，天蠍的心防很深，卻又能簡單地洞察旁人；蠍瓶型更會運用此特質，讓對手防不勝防，輕鬆為公司業績將下一軍。

別踩地雷

天蠍座與水瓶座結合的蠍瓶型人格，多半有著早熟的人格，探究其因，是因為他們內心早年經歷許多不為人知的創傷，或是經歷過許多人不必經歷的痛苦。他們內心時常在攪動、翻滾，擁有不對稱的靈魂，心靈互相矛盾，備受煎熬。然而經歷過這些成長痛楚的蠍瓶型，將人格整合完全後，則能發展出過人的智慧，以及豁達的人生觀。他們無法接受缺乏遠見的心態，那些小鼻子、小眼睛的人或事情，將是此款的地雷；另外，留心公益事務的蠍瓶型，對於那些活在象牙塔，卻又不付出行動的人，也抱以不屑。

太陽天蠍座與數字 5 ／雙子座與處女座
（11 月 5 日、11 月 14 日出生）

生日解碼

凡是與數字 5 有關的組合，都會增加本人性格的複雜度，因為受到雙子座與處女座這兩個星座的雙重影響，天蠍座與雙子座、處女座結合的蠍雙（處）型人格擁有天蠍座的濃烈情感、處女座的務實細膩以及雙子座的鬼靈精怪、喜愛嚐鮮。天蠍座屬於水象固定星座，他們向來都有深藏不露的情感，並善於在投入之前，先觀察、洞悉事理與人心，有著高深的智慧。

然而，受水星這顆智神星所主宰的雙子座與處女座，會強化天蠍的耳聽受器，讓他們能在極短時間內，就領悟事情未來的發展；卻也讓他們愛逞口舌之快，容易有口舌的是非。除非處女座的影響較重，才能減輕上述的情形。特別一提，蠍雙（處）型在交友之初，他們抑鬱的氣質可能讓人不好親近，其所說的話語常能一針見血，富有批判的能力；但其實他們內心是非常渴望與人交流的。

人際交友

性格複雜的蠍雙（處）型，在人際互動上也有多變的面向，早年他們與人交往，較會擺起架子，為了保護自己脆弱的內心，他們會築起層層高牆，阻擋外界的刺激；想要一窺蠍雙（處）型的內心世界，需要時間去經營，才能贏得此款的信任。而當蠍雙（處）型人格逐漸成熟，與人的態度也就隨之改觀，此時的他們能言善道，累積了許多溝通經驗，除了語表能力超群之外，更能洞察他人的心理。交友上，蠍雙（處）型會呈現兩種典型，一是像八卦雜誌記者般，喜歡探人隱私，卻守不住祕密（即便表面上他們好像守口如瓶）；一則像是偵探一樣，對於自己以及他人的行蹤和隱私非常敏感與好奇，並能不被發現做到滴水不漏的地步。

家庭生活

蠍雙（處）型的爸媽多半是自由主義的擁護者，他們對子女不會有太多的要求，但卻很重視孩子的獨立思考能力，對於孩子的人生理念有深遠的影響。一向有好人緣的蠍雙（處）型爸媽，從小蠍雙（處）型就會習慣家庭有許多人進出、往來，居家也很寬敞，因為這樣才能容納人群；爸媽的朋友常在家中聚會、聊天，彼此暢談新的理念、新的科技與創意，家庭儼然是思想家的搖籃，這也間接影響到蠍雙（處）型的人生觀。而蠍雙（處）型家庭的另一功能，即是培養他們實事求是的頭腦、以科學推演處理生活的難題。爸媽自由的教育方式，會讓孩子盡情去探索世界，同時讓他們為自己的行為負責，這多少會養成蠍雙（處）型自給自足、獨立自主的人格。

感情世界

想要擄獲蠍雙（處）型的心，可以說是容易，也可以說是相當困難，容易的地方在於，他們在與人交往的時候，會將自己最美好的一面展現出來，正式成為男女朋友關係後，蠍雙（處）型也會以對方為主，凡事都配

合對方，似乎沒有自己的意見；但隨著戀情越來越穩定，蠍雙（處）型終於藏不住狐狸尾巴，除了個性變得強勢外，相處上也越來越專制。伴侶（夫妻）關係裡，蠍雙（處）型沿襲自原生家庭，對家人雖有彈性的一面，但他們卻會將家族物化成自己的所有物，甚至引發強烈的佔有慾。蠍雙（處）型追求的是穩定的發展，卻有能讓親密關係變得僵化，令人喘不過氣。

理財觀念

在個人錢財上，蠍雙（處）型有遠大的目標，他們對於賺錢這件事是非常積極的，喜歡嚐鮮的他們，可能會透過不同的途徑，接觸各式各樣的理財工具，進而找到最適合自己的方案。而在找到最佳工具後，蠍雙（處）型則會發揮開創的精神，就算屢戰屢敗，卻是越挫越勇。一方面，他們嚴守省錢的法則，懂得節流之道；一方面他們也會盡力去為自己開源，尋求投資的管道。蠍雙（處）型若能適量節制自己的慾望和貪念，他們是很善於維持收支平衡的，長遠下來，也可累積不小財富。適合他們的商品包含定存、股票，以及基金；還有還本型、分紅型保單。

職場生涯

早期在職場上，蠍雙（處）型有強烈的競爭心，卻能將自己的此種心理暗藏住，讓對手無法察覺，等到時機成熟，再給予對方致命一擊。所以即使他們能與同事表面上和諧相處，台面下卻是洶湧澎湃，常給人城府深的印象、令人敬畏。若是主管階級或是將工作視為人生志業的蠍雙（處）型，對於企業形象的經營很有一手，他們深知消費者的型態以及習氣，能成功打造屬於公司的特有品牌，建立起自己引以為傲的事業王國。同時，蠍雙（處）型受到雙重變動星座的影響，會讓他們在公領域上求新求變，不斷轉換公司的經營策略與模式，但如何做到不讓同仁感到朝令夕改的程度，是蠍雙（處）型策略經營的課題。

別踩地雷

天蠍座與雙子座、處女座結合的蠍雙（處）型人格，有著極度複雜的內心，他們在每個成長過程，會展現截然不同的面貌。曾經當做信仰般推崇的理念，最後可能會變成他們極力想推翻的思想。蠍雙（處）型的多變，源自於他們鞭策自我的動力，他們深怕被時代給淘汰，每日都在不斷精進自己，希望自己能追上潮流的腳步。自律甚嚴的蠍雙（處）型，對於那些不知長進、目光短淺的人，最是厭惡。充實自我的不足，在專業領域精益求精，是與他們打好關係的不二法門。

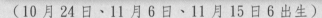 

太陽天蠍座與數字6／金牛座與天秤座
（10月24日、11月6日、11月15日6出生）

生日解碼

天蠍座與金牛座、天秤座結合的蠍牛（秤）型人格，受到天蠍座與金牛座影響，外顯意識與內在潛意識互相排斥，又彼此吸引，有衝突和重疊的地方。天蠍座與金金牛座在星盤上呈現一百八十度遙遙相對，兩者同屬固定星座，前者為情感的象徵，後者則重視感官功能；天蠍與金牛皆與「價值」的育成有關，無論是物質層面或是精神層面，他們對於自我所擁有的事物，有很強烈的領域感，不能接受他人的侵犯。金牛善於守成，他們通過緩慢地累積，讓自身的所有物逐漸豐富，創造自己的小小王國；天蠍則除了執著於自己的東西外，對於他人的錢財、價值，以及權力也有很深的興趣。

以天蠍為主導的蠍牛（秤）型，會被金牛的特質給強化，讓他們對於物質和感情有更深的慾望，不過水象星座的他們，通常不會把熱情展露出

來，而是耐心等待最佳時機，再絢爛登場！至於他們性格中天秤座的部份，則當起調和的作用，讓過於極端的蠍牛（秤）型不至於太激進。

人際交友

　　早年與人相處上，蠍牛（秤）型有著鮮明的保護色彩，他們會把朋友視為自己的手足看待，自己則擔任起父母的角色，更準確來說，蠍牛（秤）型會把友情給物化，以為好友是自身的財產，不允許旁人恣意接觸，這會引發蠍牛（秤）型過多的佔有慾，也會讓好友感到不舒服。如果蠍牛（秤）型能將自己內外矛盾的人格整合，做事不要那麼極端的話，他們有機會發展內心的天秤座特質，這對他們的交友，會有很大的幫助。人格發展成熟的蠍牛（秤）型，對於感情依舊很重視，但不會再有將友誼物化的傾向，與之相反的，他們會希望朋友能夠自由在身邊穿梭，去探索更多未知的領域。

家庭生活

　　對於自我所珍視的事物相當固執的蠍牛（秤）型，來自一個創意的家庭，他們有一對思想開放的父母，而父母也常鼓勵孩子發揮原創精神，找到屬於自身的舞台。雙親的其中一方，外緣非常好，他們做人圓滑、具有待人接物的智慧；此類父母會在孩子尚小時，就灌輸他們天外有天、人外有人的觀念，要孩子能多去與外界接觸，不要蹲在家裡做一隻井底之蛙。爸媽如此的做法，的確打開了蠍牛（秤）型的眼界，讓他們知道世界是多麼的大，自己的生存是多麼的不容易，意外開啟了蠍牛（秤）型的競爭意識。不過，蠍牛（秤）型不會輕易將企圖心展現出來，而是暗藏在心裡；父母的世界觀，也增加了蠍牛（秤）型對於財務乃至權力的渴望。

感情世界

對感情向來很執著的蠍牛（秤）型，害羞的他們對於自己心儀的對象，會以兩種形式來顯現，其一是不斷地批評對方，用雞蛋裡挑骨頭的方式，藉此引起心上人的注意，不過最後可能適得其反，反被對方討厭，認為自己是個心眼小的人。伴侶（夫妻）關係裡，強勢的蠍牛（秤）型，容易主導這段關係，成為家庭的領導人，無論男女，他們都有強烈的領導慾。你可以說他們霸氣，或是有擔當，但如果什麼事都要經過他們的同意，那麼就是一種專制跟獨裁了。蠍牛（秤）型素來對於守成相當有一套，他們很懂得運用現有的資源，進而把資源重生再利用，是非常持家又有理財觀念的類型。

理財觀念

蠍牛（秤）型可以說是最會理財的類型了，他們的正財運與偏財運都很旺盛，平時鐵公雞、一毛不拔的個性不說，他們已經習慣了守財的生活方式，加上蠍牛（秤）型對市場操作勤做功課，以及敏銳的投機嗅覺，雙管齊下，他們很容易致富。如果他們能夠適當發揮天秤座的人際斡旋技巧，在投資理財上，加入人脈疏通，便能如虎添翼，更上一層樓。但我也要提醒蠍牛（秤）型不要太過驕傲，有時越是 CP 值高的買賣，可能會帶來超乎想像的弊端；「免費的最貴」，相信你最能了解這句話的意涵。適合他們的商品包含定存、基金或是股票，以及利變型、分紅型保單。

職場生涯

受到原生家庭的影響，蠍牛（秤）型對於自身財產的問題相當敏感，不允許他人隨意碰觸，這樣的心態帶到工作職場上，讓他們與同事相處帶有許多競爭成分。他們在工作上，除了倔強外，好勝心強、不願服輸；因此什麼都要跟同事比較一番，每天都在上演「超級比一比」的戲碼。若是主管階級或是將工作視為人生志業的蠍牛（秤）型，時而像位高權重的國

王，時而像站在與平民同一陣線的革命家。他們常在此兩種角色中轉換，當蠍牛（秤）型代表公司參加業界活動時，他們的舉止有種高貴與熱情，一舉一動都深具領導者該有的風範，頗有大將之氣。而在公司內部，面對職員的時候，他們又能展現親民的一面，能和部屬平起平坐，絲毫沒有階級的區別。

別踩地雷

天蠍座與金牛座、天秤座結合的蠍牛（秤）型人格，在金錢的用度上，十分謹慎小心，反應到做人態度上，代表此款對於「價值」有著非同小可地關注。他們較能不受表象影響，深刻地觀察旁人，並找到屬於他人獨一無二、不可取代的價值。蠍牛（秤）型是專業的「人性品酒師」，他們不會以貌取人，而是用心地與人相處，再讀出對方的信念與價值；因此常能成為好友圈的精神支柱，因為他們願意花時間去品味人生。若是個性太過急躁的人，或是「外貌協會」會員，可能與蠍牛（秤）型就沒這麼搭調。他們最痛恨的無非是刻板印象，以及妄加批判他人的事情。

太陽天蠍座與數字 7 ／雙魚座

（10 月 25 日、11 月 7 日、11 月 16 日出生）

生日解碼

天蠍座與雙魚座結合的蠍魚型人格，在外顯意識與內在潛意識上十分調和，兩者皆為水象星座，此款也會展現典型的水象人特質，將水元素性格發揮地淋漓盡致。其正面特質包含：情感感受力強、具同理心與同情心、感情豐富、有藝術細胞……等等；負面特質則包含：情緒化、報復心、不切實際、缺乏客觀精神、懶散……等等。蠍魚型擁有天蠍的堅強意志力，身為固定星座一員，他們非常有韌性，能在各種極端的環境中、自我忍耐，

刻苦地生活下去。

天蠍座屬於固定的水象星座，他們有濃烈的情感，與他人有強烈的情緒連結，但通常不會顯露出來，而是深藏在意識之下、緩緩運作。至於雙魚座則是水象變動星座，他們擅長游離，在自我的意識與潛意識穿梭，也在他人的潛意識裡面探索，這是個與集體潛意識很相應的星座，守護星海王星也是顆心靈與幻想之星。

人際交友

雙魚座會強化蠍魚型神祕的傾向，常給人深不可測的感覺。他們早期與人交往，始終保持距離，在人際關係上，披著薄薄的面紗；受到天蠍座主導的蠍魚型，自我防衛心較重，他們寧可獨善其身，也不會輕易地相信別人，就算是好友也很難打入此款的內心世界。而他們的友誼常帶有功利的成分，彼此的關係存有許多交換原則，也許是交換職場的情報、或是資源的互換。等到人格逐漸整合、成熟之後，蠍魚型終於能看到人性的良善與光輝，並不是所有人都是帶著功利眼光與他們交往的；此時的他們能享受到友情的溫暖，並放下心防，與人做深層的交流。

家庭生活

早期蠍魚型在人際相處上有著較強的防衛心，與他們誕生的原生家庭有關。蠍魚型的父母可能在地方上有過人的資源或權力，因此他們的住家常會有許多訪客前來，蠍魚型爸媽也可能是某些基金會、自助會的主持人，所以自宅也就理所當然變為成員間互相討論的據點；在家的訪客形形色色，各類型都有，蠍魚型的家彷彿就是個「世界村」。這會導致年幼的蠍魚型過早暴露在複雜的環境裡頭，雖對於人性有一定程度的掌握，他們很會察言觀色，但不知不覺中，會把真實的內心潛藏起來，習慣躲在面具後觀察人群。

感情世界

在感情上有很深依戀的蠍魚型，雖然有著濃厚的情感，但對於沒百分百把握的事情，他們不會輕易行動，因此多半讓自己陷入單相思之苦。他們在感情上傾向被動，除非幸運遇到一個主動的對象，不然他們的戀愛都會以難產收尾，歸咎原因，乃是因為此款內心容易受傷害，一方面他們不太相信人，但一方面又渴望著美滿的戀情，讓自己作繭自縛，吃盡感情的苦頭。伴侶（夫妻）關係裡，蠍魚型則會遇到性格較為務實、理性的對象，他們的關係就像泥與水一樣，泥巴需要水的滋潤才能生長萬物；流水則要泥土的約束，才不至於四處流竄。

理財觀念

對於自己的慾望向來很重視的蠍魚型，在金錢用度上雖有謹慎的心思，但他們的野心往往讓錢財有過大的缺口，反倒成為理財的一大隱憂。蠍魚型有些極端的性格，常會讓自己成為「大破大立」下的犧牲者，他們可能會因為一時的貪念，而將過去辛苦賺的存款，全都當作賭注，最後卻因此造成無法彌補的損失，讓他們後悔當初。蠍魚型必須學習克制自己的慾望，養成節制的美德。另外，他們的競爭心態也會引起不理智的消費行為，所以「知足」也是此款的當前理財課題。定存、還本型以及利變型商品較適合他們，建立未雨綢繆的儲蓄心態。

職場生涯

工作對蠍魚型來說，是十分重要的存在，他們會花許多精力在自己選擇的職場上面，一向安全感欠缺的蠍魚型會認為只有工作才不會背叛自己，他們投入許多心力在職場上，企圖心旺盛的他們，也很容易嶄露頭角，在新人時期就會被高層注視。若是主管階級或是將工作視為人生志業的蠍

魚型，性情堅毅不拔、能忍他人所不能忍，是同業與同仁眼中不屈不撓的代表型人物。蠍魚型走到高階主管的位置，很有個人的風采與魅力，他們懂得如何贏得人心，做到讓部屬願意全心全意為公司打拼。這要歸於蠍魚型早年的觀察力，他們在複雜的人際關係裡，能找到有利自身的資源與條件，也知道怎樣的做法才能讓職員為公司效勞。

別踩地雷

　　天蠍座與雙魚座結合的蠍魚型人格，是典型的水象人，他們對於無形的情感看得比誰都重；即便天蠍座看起來好像在物質世界中緊抓不放，但這也是他們想要穩固、追求情感保障的一種手段，最終也是為了情感的再生與深入。我們都知道「水能載舟，亦能覆舟」的道理，內心世界敏感的蠍魚型很能察覺到他人的痛苦，天生就具備了慈悲精神，但當他們感受到威脅，或是覺得被背叛的時候，那麼平時再溫馴的蠍魚型也會面露猙獰，令人不寒而慄。好在精神上與他人有高度共鳴的蠍魚型，最後還是會選擇原諒，但這不表示你就可以隨意踐踏他們的感情。

太陽天蠍座與數字 8／摩羯座

（10 月 26 日、11 月 8 日、11 月 17 日出生）

生日解碼

　　天蠍座與摩羯座結合的蠍摩型人格，其摩羯座會強化天蠍座的特質，從正面看來，土象的摩羯會增強天蠍的務實性，讓他們能更理智客觀去處理事理，摩羯也會強化天蠍的意志力，讓他們面對困難有更優勢的忍受力；但若從負面來看，摩羯會讓天蠍防衛心更重，無法完全地信任他人，摩羯也會阻斷天蠍的情感感受力，讓他們有為達目的不擇手段的傾向。

蠍摩型有著兼具過人洞察力與堅強耐力的性格，他們往往能在世俗成就有非凡的影響力；但同時蠍摩型的破壞性，則會反應在對於權力的掌控與爭奪上。蠍摩型往往能從最悲慘的低谷中崛起，反之，也能讓太平盛世轉為衰敗，一切取決於他們對於人性慾望的掌控。若是人格整合不全的蠍摩型，會有憤世嫉俗的心態，給人殘忍、冷酷的印象；若是整合完全，蠍摩型則擁有點石成金、善於轉化劣勢成優勢的天賦。

人際交友

早年蠍摩型在人際互動上，較會呈現摩羯座的負面特質，他們不相信人群，在自我與他人面前，豎立一道道鴻溝；即便有人能夠「橫渡」成功，在進入他們深層內心世界之前，就會被一舉殲滅。到了蠍摩型歷經磨練，人格統合成熟之後，他們則傾向天蠍座的正面特質，在與人交流的時候，雖不能立即打成一片，但對他人的情緒感受深刻；若有緣成為知己好友，蠍摩型則能將對方視如己出般看待，彷彿大哥大姊般，將對方照顧地無微不至。這中間的轉捩點，在於蠍摩型能否打開自己的內心，把疆土消弭，才有可能與他人融為一體、不再分割彼此。

家庭生活

蠍摩型很可能是出生在一個大家庭之中，家庭成員很多，或是他們擁有許多手足，爸媽的教養方式，多半也是自由放任的。這樣的背景下，會使得蠍摩型與家庭成員互動中，帶有競爭的元素，他們可能會想極力爭寵；藉由課業的表現，來得到父母的讚賞，以及專屬於自己的疼愛。但狀況也可能是蠍摩型無論怎麼努力，一直得不到父母的關注，因為手足裡還有需要爸媽特別關照的人，因此父母將大部分的愛放在那個小孩身上，蠍摩型不斷對爸媽失望，漸漸地他們封閉了自己的心，與家族的關係也漸行漸遠，十分抽離。

感情世界

在親密關係上，蠍摩型則兼具了浪漫與踏實，他們雖不太主動，不過此款的魅力讓人無法招架，尤其是蠍摩型深邃的眼神攻勢，常是擄獲他人的最佳利器。進入了戀愛模式後，蠍摩型一方面多有水象星座特有的細膩與浪漫，在特定節日都會準備小小驚喜。伴侶（夫妻）關係裡，蠍摩型受到摩羯座影響，務實性格將更為明顯，他們對家的概念很簡單，就是一座外人不可隨意入侵的城堡；通常蠍摩型都有強烈的防衛心與保護慾。他們會承擔起大部分家庭的責任，將自己的事業經營得有聲有色的同時，也不會忘了凝聚家族的情感，但他們強硬的作風，可能會引發家庭成員的不滿。

理財觀念

受到天蠍與摩羯共同守護的蠍摩型，在理財上向來會有傑出的表現，他們懂得運用現有資源，將錢財越滾越大，又不會陷入過度投資、貪婪的窘境中。蠍摩型雖然胃口不小，但他們很明白貪心的下場為何，因此總是戰戰兢兢地約束自己，在金錢上，認為萬萬不可因錯誤的野心而讓自己或家族蒙羞。蠍摩型用保守的心態理財，他們擅長維持收支的平衡外，又會利用身邊人脈，號召人群來賺錢，所以適合他們的理財工具除了定存之外，基金也會是個不錯的選擇，另外，還本型、利變型商品也很適合他們。

職場生涯

蠍摩型在工作職場上，具有開創的精神，他們認為危機是轉機，常能在逆境中開出一條生路，並帶領同仁一起前進。受到摩羯座強化的蠍摩型，在職場上有過人的抱負，他們不滿足於現狀，而是會想盡辦法往上擢升。若是主管階級或是將工作視為人生志業的蠍摩型，經歷了一定的風雨

之後，會積極發展自己斡旋的功夫，以強化企業合作的機會。重視公眾形象的他們，對於自我要求甚高，平時也過著自律的生活，以此為圭臬的他們，對待同業能夠待人圓滑、相處和諧，蠍摩型秉持著公平正義的原則，因此常有機會能與其他企業合作結盟。

別踩地雷

天蠍座與摩羯座結合的蠍摩型人格，在塔羅牌裡，天蠍和摩羯分別對應到死神（The Death）與惡魔（The Devil）。他們有著極度複雜的靈魂，也背負著許多旁人難以想像的人生課題，蠍摩型要不是非常幼稚，就是過於早熟；前者是為了將內心真實的感受隱藏起來，所做出的防衛機制，後者則是因為他們早年已對人性有諸多體悟，無論何者，蠍摩型都不是個簡單的人物。若有幸與他們合作，他們會是你得利的合夥人，因為他們能在進與退間取得絕妙的平衡。但如果你們是敵對的關係，那千萬別過分打壓，不然此款「人若犯我，我必十倍奉還」的態度，絕對不是你我想要領教的。

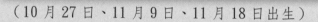

太陽天蠍座與數字 9／牡羊座

（10 月 27 日、11 月 9 日、11 月 18 日出生）

生日解碼

天蠍座與牡羊座結合的蠍羊型人格，其天蠍座在古典占星學裡由火星所主宰，現代則多由冥王星守護。蠍羊型的外顯意識與內在潛意識，有矛盾和重疊之處，矛盾在於天蠍座會反應火星的深度頻率，他們不會將火星衝動、熱情、暴躁的性格展露在外，而是透過隱晦的方式進行著；屬於固定星座的天蠍，會抑制火星的能量，更準確地說，天蠍會轉化火星的能量

將其囤積起來成為慾望，這也是他們前進的最大動力。

　　至於同樣受火星守護的牡羊座則是完全展現火星的淺度頻率，他們以「強者生存」為法則，速度以及力量凌駕一切，這也說明了為何牡羊座總是以「我優先」的心態生活著，他們本能地認為世界就是個殘酷的舞台，為了生存，他們必須武裝自己。天蠍與牡羊都是慾望導向；牡羊會強化天蠍的活力，天蠍則讓牡羊更深思遠慮，結合二者的蠍羊型可說是最成功的策略家、政治家，以及軍事家。

人際交友

　　交友上蠍羊型早期受天蠍座影響，較難對朋友掏心掏肺，他們在與人交往的時候，無法跨越自己建起的藩籬，會給人不夠投入的感覺，甚至因此產生隔閡；必須有共患難的革命情感，或共享著彼此才知道的祕密，唯有如此蠍羊型才能放下心防與人交往。性格逐漸成熟，能將天蠍與牡羊雙向人格整合後的蠍羊型，在人際互動上，則能活出牡羊座的形象，常是朋友間的領導者兼開心果，此時的他們願意拉下顏面，與朋友打成一片，並樂意扮醜只為博君一笑；常在朋友間製造歡樂愉快的氣氛。

家庭生活

　　個性複雜，既渴望與人互動，卻又常拒人於千里外的蠍羊型，這樣的性格來自一個特別的家庭。他們的雙親其中一方，對感情抱持抽離的態度；另一方則是想要擁抱彼此，讓家族的情緒連結加深。爸媽雙方矛盾的態度，使得孩子在人格發展上，遇到一定程度的挫折，導致人格無法統一。蠍羊型爸媽其中一方，擁有極好的人緣，他們會花許多時間在人際事務上，留在家中的時間屈指可數；或是他們會將友人帶往家庭，讓居家的人事進出較為複雜。這會讓年幼的蠍羊型缺乏穩定的安全感。蠍羊型爸媽

中另外一方則是將全部精神貫注在孩子身上，他們可能一人兼職雙親的角色。在這樣的家庭長大，他們會很早就養成獨立人格，並視外界是個需要競爭的所在。

感情世界

蠍羊型冷酷的外在，內心卻依舊有著熱情，向來重視感情的他們，渴望與他人獲得連結；這會反應在他們戀愛對象的類型上。蠍羊型試圖藉由親密關係，活出內心的自己，所以會找尋情感豐富、懂得即時表達情緒的人為伴。伴侶（夫妻）關係裡，蠍羊型內外受到火星影響的人格，會找到一個深受金星影響的伴侶廝守一生；火星與金星素來在神話裡就是一對戀人，戰神火星是男人的典型，愛神金星則是女人的化身，兩者自然有很強的吸引力。蠍羊型的另一半，大多溫柔婉約、典雅樸實，他們在家是個美嬌娘（小男人），在外又是個熟悉人際互動的外交官，能補足蠍羊型人際相處上的弱勢，讓他們處事更圓融、更富智慧。

理財觀念

受到原生家庭影響，蠍羊型對於生活安全感不足，加上他們愛競爭的天性，會有囤積大量錢財的習慣。他們對於守財這事十分在行，生活中可以省的，全都被此款省下來了，在外也盡量節省開銷；難怪會有「省長」的稱號。另一方面，蠍羊型在金錢上也具備野心，他們會透過投資賺錢，這時投資的商品選擇就須格外謹慎，基本上他們在股市的敏感度不錯，也可以藉此致富，但千萬別太貪心，隨時替自己設立停損點。我建議他們以保守商品為主，投資商品為輔，相輔相成；因此定存、還本型保單，以及投資型、分紅型保單搭配使用，將非常適合他們。

職場生涯

在工作職場上，蠍羊型會有完美主義的傾向，他們很重視效能，對於那些動作比自己慢的同事較缺乏耐心，但他們也極具細膩心思，所以期望能將分內的工作做得十全十美；最後可能把自己搞得裡外不是人。若是主管階級或是將工作視為人生志業的蠍羊型，他們兼具了雄心壯志以及堅毅不拔的信念。受到雙重火星主導的蠍羊型能將火星的執著面與能量發揮得淋漓盡致，他們有著深不可測的慾望，能在不被業界發現的情況下，進行不為人知的改革，同時又能快他人好幾步的迎向目標，有勇敢和果斷的精神，也有沉穩的智慧。

別踩地雷

天蠍座與牡羊座結合的蠍羊型人格，「感情」一直以來都是此款的致命傷，他們年輕的時候，會嚐到戀愛所帶來的苦；事業有成後，又會嚐到世間冷暖、人們勾心鬥角的苦痛。蠍羊型感情是豐富的，但他們往往將內心世界封閉起來，而用不可一世，或是憤世嫉俗的外表武裝自己，藉此來保護自己容易受傷的心靈。與他們交往需要時間，在緩慢的時間推移裡，他們也會在一旁觀察，再決定你是不是個可以信任的人？其中不乏許多他們精心策畫的狀況和考驗；若你能突破重重關卡，那就要恭喜你能成為蠍羊型這輩子永遠的心腹之交。

第九章：
太陽射手座與九個星座靈數

太陽射手座與數字 1／獅子座

（11 月 28 日、12 月 1 日、12 月 10 日、12 月 19 日出生）

生日解碼

　　射手座與獅子座結合的射獅型人格，外顯意識與內在潛意識十分調和，兩者皆為火象星座，其中固定星座的獅子座會強化變動星座射手座的定性，讓他們有著更務實的心智，較不會有見異思遷的狀況；而射手座則能讓獅子座更具柔軟身段，同時開闊他們的眼界，不至於落入井底之蛙的深淵。

　　獅子座確實能讓射手性情更加穩定，如果拿火焰來比喻的話，射手座像是舞動之火，炫麗而動感，卻缺乏統一的凝聚力道；獅子座則是冉冉上升的篝火，能向著同一目標猛烈燃燒。獅子可說是補足了射手缺乏耐性的缺點，讓他們能夠有較佳的續航力，不會見風轉舵。

人際交友

　　熱情又樂觀的射獅型，在交友上自不用說，他們輕而易舉就能與他人結為良友，但通常此款的交友「量重於質」，他們雖有許多朋友，但能談

心的可能沒有幾個；儘管如此，射獅型卻很享受這樣的交友模式，他們不希望被友情所羈絆，崇尚來去自如的君子之交，與朋友保持一定的距離。另一方面，受到獅子座影響的射獅型，在人際相處上較容易以自我為中心，所以很大一部份，他們的友人都會傾向配合他們的習氣，或是射獅型會吸引到一群較沒主見和自信的朋友，進而靠近射獅型，喜歡待在他們身邊。

家庭生活

性格開朗的射獅型多半來自一個溫暖的家庭，他們爸媽的感情深厚濃烈。射獅型爸媽其中一方，性情較為善變，他們會教導子女培養能屈能伸的適應力，也非常側重孩子的教育，會在孩子幼時就讓他們上許多才藝班，並鼓勵他們找到一技之長，或是挖掘自己的興趣所在。而射獅型雙親中的另一人，同樣對家人有著密不可分的情緒連結，不過他們外表較為嚴肅，也較少向孩子吐露心事。在這樣家庭長大的射獅型相信人性本善，他們能夠自然與人相處，這也是為什麼射獅型總是這麼開朗樂觀的緣故，因為他們深信就算最壞的時刻仍是有希望；也願意燃燒自己，成為他人的明燈。

感情世界

十足火象個性的射獅型，談起戀愛更是轟轟烈烈，他們對於愛情是積極的，享受扮演獵人的角色，他們喜歡狩獵的過程；對方越是高不可攀、難以親近，越能激發他們野性的本能。伴侶（夫妻）關係裡，射獅型可能會通過與友人的聚會，或是參加一些社團活動，進而認識到自己的真命天子（女），而促成一段良緣。他們與伴侶因為有著相同的社會價值，多能無話不談，這也是射獅型夫妻生活的相處之道，他們有著極類似的興趣，

有著共同的話題，「聊天」已經成為他們生活的習慣。但這不表示射獅型夫妻生活習慣就能有所默契，大部分情況，射獅型會遇到一個生活方式與自己截然不同的人，即便他們很能聊，卻不見得他們很能相處。

理財觀念

射手座的遠見以及獅子座重視的未來性，都會使得射獅型具備基礎的理財觀，他們不是鋪張浪費的類型，也不是花錢如流水的敗家子，此款面對金錢的保守態度，可能會讓人大吃一驚。射獅型對理財的心態很簡單，凡是能省下來的，都能成為自己的財產，因此即便他們沒有特別的投資計畫，也多能透過有覺知的守財，讓自己的存款與日俱增。射手座早年確實會因為賭性堅強，而讓辛苦存下的錢財流失不少，所幸他們有自省的智慧，能夠及早痛徹前非、金盆洗手，轉身成為省錢達人。適合他們的理財工具包括定存、還本型保單，以及利變型保單。

職場生涯

或許你很難相信，不過射獅型面對工作的時候是很務實的，他們向來對有形、有保障的事物有極高的敏銳度，他們會選擇一份夠穩固、夠穩定的職場環境來當作自身的工作選項。若是主管階級或是將工作視為人生志業的射獅型，受到射手座的影響，他們能運用柔軟的身段在企業上怡然自得，在堅守立場與退讓求和間保持平衡；此外，射獅型受到獅子座影響，也很會利用人際的斡旋來提升公司的正面形象。射獅型具有原創的巧思，以及追求完美主義的傾向，他們常給人認真過了頭的印象，實則因為射獅型雄厚的野心，不允許自己有些許懈怠，是值得信賴的上司與合作夥伴。

別踩地雷

射手座與獅子座結合的射獅型人格，大致來說都很好相處，他們比較

大的問題就是「面子」。任何人都可以成為他們的好友，因為他們交友沒有太多的規矩和限制，喜歡開自己玩笑、調侃自身的射獅型也常是朋友間的開心果；但是別以為這樣就可以得寸進尺，侵犯他們的自尊，雙重火象的射獅型，向來把面子看得很重，他們也厭惡任何不光榮的事情。所以千萬別去對他們做人身攻擊，或是妄自批評他的家族、隱私等等。不然等到你意會過來，發現有雙虎視眈眈的雙眼直視你的時候，可就為時已晚了。

太陽射手座與數字 2／巨蟹座
（11 月 29 日、12 月 2 日、12 月 11 日、12 月 20 日出生）

生日解碼

　　射手座與巨蟹座結合的射蟹型人格，水象巨蟹的濕氣會干擾火象射手的燃燒，讓原本性情豪爽、直接的射手座，變得較為彆扭且情緒化。然而受月亮這顆母性星球主宰的巨蟹座會強化射手座本身具有的保護慾；射手座的守護神宙斯（Zeus）在神話中本是保護、祝福旅者的神祇，只不過這回射蟹型保護的不只是旅人，也包含他所重視的家人和好友。

　　他們與其他射手家族不同，多了分細膩與敏感，對他人的情緒反應可能會過度解讀，同時射蟹型自己的情緒起伏也不小，常以戲劇化的方式來表達自身的感受；這也是個適合所有表演藝術工作者的位置。從最好的一面來看，射蟹型能夠突破人群的界限，將小我投入到大我中，能無私地為他人付出，宅心仁厚、不求回報。

人際交友

　　早期人格尚未統合的射蟹型，面對外人常會展現巨蟹座的負面特質，敏感且易怒，無法流暢地與人交往互動，因為他們的保護慾將轉為向內的

不安全感，就像螃蟹需要堅硬的外殼來保護其柔軟的內部一樣；此時的射蟹型較為害羞內向，他們一方面想與他人有所連結，卻又因為杞人憂天、不信任他人，常將他人無心的反應過度解讀，最後甚至導致自己被孤立。等到射蟹型能夠整合自己的人格之後，他們就能順利地在射手與巨蟹的人格中穿梭；由射手座主導的人格能與任何人相處融洽，他們能不帶任何偏見的心態投入任何關係，用寬敞且自由的心智徜徉在人際的世界裡。

家庭生活

　　情格奔放卻又害羞的射蟹型，誕生自一個溫暖的家庭，他們擁有一對個性平易近人且仁慈的父母。雙親的其中一人更以優異的交際手腕見長，擁有豐富的幹旋技巧，重視人際間的禮尚往來和公平原則，此類父母這樣的心態會讓射蟹型培養出細膩的人格，他們對於周遭人的情緒敏感，但幼時的他們又不懂得與複雜的外界和平相處，因此使得射蟹型傾向於自我保護，自身有著不安全感。至於射蟹型爸媽中的另一人，則是家庭凝聚力的幕後推手，這類爸媽情緒豐富，具有一定的藝術天分，也會是孩子的心靈啟蒙者；這會啟發射蟹型樂於與人打交道的一面，也會讓他們對人生更加樂觀。

感情世界

　　受到巨蟹影響的射蟹型即便外表大方，內心仍是容易受傷的類型，所以在戀愛關係上，顯得較為被動。他們會先採取遠距離觀察的策略，就算遇到心儀的對象也不會馬上就展開攻勢，而是會選擇守在一旁、默默關心。伴侶（夫妻）關係裡，射蟹型則兼具了傳統與創新的元素，基本上他們都相當認命，對自己選來的婚姻會有些宿命的觀感，當然我不是說他們會遇到不好的伴侶，而是射蟹型傳統的家庭觀會促使他們有「嫁雞隨雞，嫁狗隨狗」的想法。所以也造就了此款的忍功一流，他們會為了顧全大局

而犧牲自我，為家庭毫無保留的付出。

理財觀念

在理財上，射蟹型有勤儉持家的精神，大多會注意自己的開銷，不會有鋪張浪費的消費習慣。受到射手座影響，他們對於賺錢是有企圖的，但天性較為膽小的射蟹型會選擇穩健且風險相對較小的長期投資，並會仔細規劃其中的投資報酬率等問題，在金錢議題上，呈現客觀且保守的態度。但有一點我要特別提醒，射蟹型害羞怕生的內心，可能會有藉由華麗包裝來彰顯自我的心態，因此一些高價的奢侈品會成為此款理財的漏洞，這點要格外謹慎，別讓辛苦存下的錢付諸流水。適合他們的商品包含定存、還本型保單，以及利變型保單。

職場生涯

射蟹型在工作上會追求穩定的職場環境，一成不變的職務他們也不排斥，朝九晚五的上班族生活，也很適合他們；不過射蟹型很在意辦公環境的舒適度，過於狹小的地方可能會大大降低他們的效率，甚至會讓他們生病。若是主管階級或是將工作視為人生志業的射蟹型，則很看重企業的細節文化，他們會有一板一眼的認真態度，對於細節從不馬虎，他們在事業經營上是不折不扣的完美主義者；平時更以專業的形象深植人心。受到原生家庭影響，他們傾向透過高品質的服務，來獲取同業的信任，同理，他也很要求公司內部的服務品質，通常是「質勝於量」的企業類型。

別踩地雷

射手座與巨蟹座結合的射蟹型人格，早年在與外界相處的時候，會先用射手座的諷刺口吻來武裝自己，他們害怕揭露自我，更抗拒自我表白，因此交友上會被孤立。加上巨蟹座的多愁善感，常將他人捲入自身的情緒

漩渦。等到射蟹型個性逐漸穩定之後，他們則可以展現射手與巨蟹的優勢；最佳的狀況是，能一視同仁與社會互動，並常保慈悲與仁愛之心。但就像我先前所說的，射蟹型有強烈的保護色彩，因此對於自身所珍視的家人朋友，還有隱私問題等，這類話題可就千萬別拿來調侃他們。

太陽射手座與數字 3／射手座

（11 月 30 日、12 月 3 日、12 月 12 日、12 月 21 日出生）

生日解碼

射手座與射手座結合的射射型人格，屬於典型的射手人，擁有所有射手座的正面特質：樂觀進取、富有遠見、獨立思考能力、智慧哲理、熱情大方……等，而負面特質則包含：自我膨脹、粗枝大葉、敷衍應對、缺乏耐性、急躁……等。由於外在意識與內在潛意識重疊，他們對人落落大方，帶有俠義之氣，對於弱者多能體諒愛護；屬於「路見不平，拔刀相助」的類型。但同時也會合理化自己的行為，以為自己就是正義的化身。

射手座受到木星所守護，其守護神正是眾神之王，掌管奧林帕斯天界、赫赫有名的宙斯（Zeus）。宙斯是神話中地位最崇高的神，也是雷霆之神，也代表著正義與智慧。傳統上，射手座與遷徙宮相對應，這個宮位素來與高等教育、信仰、外國事務，以及長程旅行有關，象徵遠方的人事物；這無疑影響了射手座的理想主義。

人際交友

在人際互動上，射射型憑藉著過人的膽識，以及主動積極的心理，常能打破人際的隔閡，自然而然就能與他人成為好友。而他們誇張的肢體表情還有優秀的表達能力，往往能讓自己成為團體的核心人物，進而領導同儕。但是射射型的自我中心，可能也會遭受別人的批判，雖然他們自有一

群擁護者，但也代表有一群人對以射射型為首的團體感到不屑，無形中射射型會造成人際的對立。逐漸社會化，且人格成熟的射射型重視的是人際交友的自由與平等，他們不會再以自我為訴求，而是學習更客觀的心態去接觸人群，並用更包容的度量，去傾聽多元的聲音。

家庭生活

　　為人熱情且樂觀的射射型有一對感性的父母，他們對子女投入相當多的愛，對自己的情感毫無保留，甚至可以做到犧牲自我亦在所不惜的地步。射射型爸媽可能具有靈媒的體質，或本身具有超強的第六感，能感知到旁人無法察覺的特殊磁場，這類爸媽也多從事與藝術、靈修，以及宗教相關的工作，有過人的精神靈敏度。這會使得孩子發展出敏銳的領悟力，對於抽象思維十分擅長，射射型能將早期從父母那接收到的敏感情緒，還有豐富的感受力加以吸收，內化成自我獨一無二的哲學思維。也難怪射射型的孩子，若不是過度早熟，就是習慣用幼稚的行為來解放自己的心理需求。

感情世界

　　射射型談起戀愛絕對是猛烈且瘋狂的，他們極容易進入一段關係，就像極速燃燒的火焰，一發不可收拾；他們很難理性看待自己的戀愛關係，而是逼近「不打不相識」的模式與愛人相處，因此若他們與愛人吵得越凶、罵得越慘，也表示他們的戀情正打得火熱。伴侶（夫妻）關係裡，射射型會朝兩個方向發展，其一、他們會與一個能言善道且多話的伴侶結為連理，重視抽象思維的他們，會與一個左腦特別發達的有緣人為伴。其二、大而化之的射射型也可能遇到一個重細節且務實的人，進而共組家庭。這類伴侶多是實事求是，且是個能為射射型打里內務的賢內助。

理財觀念

即便射射型外表看起來多麼難以依靠，但其實他們對於理財是採取保守的心態，他們對於賴以生存的物質生活，往往會透過穩紮穩打的精神去維持經濟水平。射射型也會以「計畫式」的理財方式來做長期規劃。總之，他們人雖然樂天，但對金錢用度卻是十分謹慎，或許他們深知理想需要務實的執行，才會對錢財有高度的覺知。射射型在精神上是理想的，但在物質上則是腳踏實地的，他們也不會有一步登天的幼稚想法，而是一步一腳印、緩慢而踏實地完成自己的目標；這中間最大的動力就是他們的理念和動機（夢想）。定存和還本型保單等工具都是他們不錯的選擇。

職場生涯

在工作上射射型常能透過穩健的勞動，找到自己的價值。他們有「英雄不怕出身低」的打拼想法，認為職業無貴賤，只要肯付出，每個認真的當下，都能造就英雄。若是主管階級或是將工作視為人生志業的射射型，受到原生家庭影響，他們所帶領的企業追求的是細緻與精巧化，他們強烈的完美主義傾向，會在業界樹立高品質的典範，所生產的商品有口皆碑。射射型主管也很重視職員的權益，是照顧基層的表率；同時他們也會鼓勵職員多多參與慈善活動，透過志工服務進而接觸成人教育。當然射射型老闆也很贊同職員能夠在職進修。能待在射射型麾下，將是十分幸福的事情。

別踩地雷

射手座與射手座結合的射射型人格，是典型的射手人，受到木星的影響，早年的他們較會自我膨脹，也較以自我為中心。射射型常用誇張的手法來掩飾自己敏感的內心，他們不像外表看來這麼幼稚，早熟的他們其實擁有一套人生智慧，但大智若愚的個性常會遭到他人的誤解。就好像河

豚受到威脅會膨脹自己的身體一般，射射型基於不想讓人擔心（或說被識破）的心理，所以會用假性的理想主義來武裝自己。成熟後的射射型則善於激發他人的潛能，無論是在學業上或職場上，都是不可多得的領導人才。他們最無法忍受教條主義，以及任何阻擋成長的約束和限制。

太陽射手座與數字 4／水瓶座
（12 月 4 日、12 月 13 日出生）

生日解碼

射手座與水瓶座結合的射瓶型人格，外顯意識與內在潛意識十分吻合，火象的射手座能拓展水瓶座的視野，風象的水瓶座則與射手座有志一同，對於「自由」都很重視。受天王星所主宰的水瓶座確實會強化射手座探索世界的渴望；水瓶座一向與改革、人權，以及新觀念有關，與受木星守護的射手座很契合，這是個追求更高人類精神層次的位置，非常有利於創意、發明，或是宗教的深造與革新。

射瓶型比起其他射手家族，將擁有更開闊的胸襟，還有原創、自由的心思；但從反面來看，他們也更不能被約束、被限制，甚至會有逃避責任的心態。以射手座為首的射瓶型，會受到水瓶座的啟發，讓他們在固有射手座掌管的領域中，得到全新的刺激；他們可能成為一名新興教育的改革家、與遠方的人事務有創新的異界結盟，或是在古老宗教與現代人權中找到全新的見解。

人際交友

交友層面，射瓶型為了習得更多廣泛的知識，他們「讀萬卷書，不如行萬里路」的中心思想，會接觸到各地的人群；而他們無設限的心胸，能交往到許多形形色色的朋友，由於抱著來者不拒的心態，加上此款主動熱

情的個性，他們輕而易舉就能與大夥打成一片。友情對他們來說，就是為了體驗更多不同的文化衝擊，自然而然，射瓶型的友誼遍地開花，到哪都會受人歡迎；只不過他們的友誼都不太長久，因為像候鳥的他們，每在一個地方待上一段時間，就又會起身離開，開始下一段人生的旅程。

家庭生活

有著自由且熱情心靈的射瓶型，其父母同樣也是重視精神生活之人，他們可能從事與藝術文化、教育有關的工作。雙親其中一方更是對於家庭的凝聚作出許多奉獻，這類父母情感豐富，性情溫暖、喜歡付出，他們也會教導孩子成為一個願意為他人犧牲自我利益的人。至於雙親中另外一個角色，個性則較為務實，他們擅長「維持」，給予家人穩定的安全感，並透過辛勤的工作，支撐著家庭。在這樣家庭成長的射瓶型學會了關懷他人的能力，能在追尋自我精神價值的過程中，激發他人、鼓舞他人；同時射瓶型也在爸媽的教養下，培養出自信與樂觀，以及擁有與他人不同的智慧先見。

感情世界

與交友的心態一樣，射瓶型心儀的類型也十分多元，他們似乎每隔一段時間就會轉換口味，每個人生階段戀愛對象的外貌和個性都截然不同；但不能說他們花心，而是他們通常對於感情沒有這麼執著，加上此款喜歡嚐鮮的個性和續航力欠佳的心態下，射瓶型的戀情都不大長久。伴侶（夫妻）關係裡，射瓶型同樣需要極大的個人空間，他們與伴侶的關係比較像好友，雖沒有太多激情，卻是細水長流般地維繫著。通常射瓶型會找一個與自己有共同興趣的人為伴，「能不能聊得來」也就理所當然成為他們婚姻生活的必要條件。

理財觀念

　　受到水瓶座影響的射瓶型早期較缺乏社會經驗，在理財上較不理智，會有衝動消費的傾向；但追根究柢也是因為他們有許多理想想要實踐，而他們的理想又會造成不少花費，因而形成了經濟上的惡性循環。等到人格較為成熟後的射瓶型則會發揮水瓶座固定星座的面向，對於未來抱持更實際的看法，也較有遠見，不會太意氣用事，對於理想跟夢想，他們仍抱有一定的抱負，但做法就不會像年輕時那麼粗糙。適合他們的理財工具包含了定存、基金，以及利變型保單等商品。

職場生涯

　　有遠大目標的射瓶型會選擇一分穩定的工作，因為他們知道唯有先站穩腳步，才能進一步發揮自己的影響力，等到工作漸上軌道、形成氣候之後，他們能展現自身的能力，成為同仁精神的依靠。若是主管階級或是將工作視為人生志業的射瓶型，他們能夠結合自身的廣大人脈，在業界中做不同產業的同盟，常能成為企業的新興風潮。射瓶型具有他人沒有的遠見，以及跳脫時代框架的原創力，常能將自己的理念付諸實現。射瓶型也相當重視勞工的權益，對待下屬態度十分柔性，常能得到部屬的信任與敬意。

別踩地雷

　　射手座與水瓶座結合的射瓶型人格，對於自由有強烈的渴望，他們無法忍受任何人對自由的干涉，無論是人身上的，抑或是思想上的；他們都希望能保持一定的解放。然而，年輕時的射瓶型可能會為了自由而與部分人的利益相衝突，或是在堅持自身自由的情況下，卻牴觸了他人的自由。在自由與責任間，很明顯的射瓶型往往選擇了前者，導致於他們無法貫徹始終，完成世俗的成就。所幸，成熟後的射瓶型能引導出水瓶座的固定星

座特質，應對進退更具彈性外，也變得更為實際，不會活在夢想的國度中。但我仍要提醒你，射瓶型對於太拘泥於形式和繁文縟節的人事物，通常不會太有耐心。

太陽射手座與數字 5 ／雙子座與處女座
（11 月 23 日、12 月 5 日、12 月 14 日出生）

生日解碼

凡是與數字 5 有關的組合，都會增加本人性格的複雜度，因為受到雙子座與處女座這兩個星座的雙重影響；射手座與雙子座、處女座結合的射雙（處）型人格更是變本加厲，他們的心智能力快速、變化無窮，常給人不安於室的感覺。其中，射手座與雙子座在星盤上呈現一百八十度的位置，兩者互相吸引且排斥，為射雙（處）型帶來極大的張力。而射手座與處女座向來也是常在各領域中互別苗頭，視雙方為重量級敵手的組合；總而言之，射雙（處）型會以誇大、戲劇化的形式（射手座），來將自己的思想、理念（雙子座），透過勞動、服務他人的方式（處女座）向眾人展現出來。

以射手座為主導的射雙（處）型，容易有小題大作的傾向，但他們也獨具慧眼，並能藉由富渲染力的宣傳手法，將自身或他人的思想發揚光大、行銷四方；他們除了是最佳的經紀人、行銷家，也是一名引人關注的教師，能將呆板的文書資料，演繹成活潑有趣的生動語言。

人際交友

這是個非常有利於「傳播」的位置，兼具抽象與具象思維的射雙（處）型，擁有優異的語表天分，具有縝密的心思和靈活的頭腦，更有絕佳的幽

默感；有他們在的地方，常能笑聲四座、逗得旁人哈哈大笑。射雙（處）型很有個人魅力，他們十分懂得聽眾想要的是什麼，能輕易與他人達到思想上的共鳴。他們在交友上是不設限的，能與任何人相聊甚歡，他們也以此目標鞭策自己，做到與所有人搭上線、開口談天說地的標準。射雙（處）型的好友類型也非常廣泛，小自街坊鄰居，大至跨國際、跨領域的專才人員都有可能是其交往的對象。

家庭生活

精神生活十分活躍的射雙（處）型，來自一個重視教育的家庭，他們的爸媽本身可能就是從事與教育有關的工作，或是在某個領域擔任權威角色，甚至在同業裡是赫赫有名的人物。射雙（處）型父母也多半都有宗教信仰，他們會用簡樸且低調的方式教養孩子，希望培養出子女遠離奢華的務實心理，並能為他人奉獻一己之力，同時射雙（處）型父母也是那種會帶孩子上教堂、教會，或是參加佛學體驗營的家長，他們期望子女有豐富的精神生活，學習與自我內心對話；所以他們不會過度強調物質的重要。

感情世界

雖然與人搭上話、交朋友很容易，不過進入親密關係的射雙（處）型，會在人我之間的進退產生懷疑，他們對於伴侶的需求若不是太過敏感，就是毫不在乎，凡事以自我為中心。射雙（處）型會將愛人的付出視為理所當然，甚至對伴侶予取予求，最後免不了惹來一陣光火。他們這種心理源自於太把對方當作自己人，而忘了最基本的尊重；但情況也可能相反，變成他們太在意愛人的感受，過度寵愛另一半，甚至透過對方的雙眼看世界，到頭來自己都忘了為誰而活？伴侶（夫妻）關係裡，射雙（處）型則較沒有上述的狀況，不過他們仍會太美化丈夫或妻子，而無法將兩人的互動落實到現實生活中。

理財觀念

受到射手座與雙子座影響，射雙（處）型在理財上會以家庭為重，而呈現保護慾（保守）的面向。射手與雙子都是流動的星座，他們以變化多端的氣質聞名遐邇，但如果牽扯到自身錢財，他們則沒有表面看來那麼活躍，而是傾向將錢妥善保護起來，可能會放到世人看不到的地方，或是用強硬的態度深藏起來，總之他們堅信「錢不露白」的道理，因此大多數人可能不知道此款擁有為數可觀的存款，因為他們外頭看上去，並不會是刻意打扮行頭的類型；要知道射雙（處）型可是「恬恬吃三碗公」，多半能累積不少財富。適合他們的理財工具包含定存，以及還本型保單等。

職場生涯

縱橫人際關係的射雙（處）型能在商業、傳播出版、行銷等領域過得十分快活，但擁有一份優渥的薪水，也是此款選擇職業的一大誘因；除此之外，有穩定收入的行業也是他們的一大考量，因此金融業也是他們青睞的行業之一。若是主管階級或是將工作視為人生志業的射雙（處）型，則能發揮變動星座的多變面向，眼觀四面、耳聽八方。他們能善用人際網絡裡的情報，替企業增加更多效益，並透過自身能言善道的斡旋技巧，爭取許多業界結盟的機會，大幅提升公司的曝光度，作足了宣傳與行銷的功課。射雙（處）型也常能在職場上一心多用，屬於能者多勞的類型。

別踩地雷

射手座與雙子座、處女座結合的射雙（處）型人格，其性格是多變的，在人生每個階段會展現不同的樣貌，往好處看，他們具有多元的心智，就像千面鑽石一樣，能接受許多不同的觀點，為人也相當隨和；但從壞處看，射雙（處）型較缺乏統一的人格，會在該堅持己見時卻見異思遷，需要柔軟身段時，卻又頑固不靈，朝變動星座的低層次發展。射雙（處）型必須

培養自己的定性和原則，在盡情向外探索的時候，更該站穩自己的腳步。此款最大的地雷莫過於他人的批評，以及食古不化、陳腐的作為和思想。

太陽射手座與數字 6 ／金牛座與天秤座
（11 月 24 日、12 月 6 日、12 月 15 日出生）

生日解碼

射手座與金牛座、天秤座結合的射牛（秤）型人格，其射手座向外追求精神發展的特質，會受到金牛座與天秤座的強化，讓他們更具有自信，以及出眾的品味。射手座為木星所守護，自古來木星在占星學中，一直都是象徵好運的大吉星；其守護神宙斯亦是掌管天庭的神祇，也是地位最崇高的全知之神。受其影響的射手座，單純且熱情，保有赤子之心外，對於更高的學問，顯露強烈的探求慾望；樂觀之氣常伴左右。

而受金星這顆愛神星守護的金牛座與天秤座，同樣是占星的吉星，象徵物質與精神之美，代表財富與和諧。被兩大吉星守護的射牛（秤）型，擁有隨和的性情，還有樂善好施的為人，他們總能呈現良善、友好的特質，就像散播愛與和平的天使，或是笑容滿面的聖誕老人。

人際交友

人際交友上，射牛（秤）型可以說是最崇尚「四海一家」的典型人物，他們能夠真心對待周圍的人，更能將這份情感放諸到四海之外、不分人我，射牛（秤）型都能夠平等待之。他們對待朋友既像朋友又像家人般，彼此的連結很深，卻又不會互相牽制、拉扯，在親近與孤獨間，保持微妙的平衡關係。他們也許不常與好友聯絡，不過一旦連絡上了，又能談天說地話家常、樂此不疲。射牛（秤）型與人的互動是成熟的，他們不會強迫朋友非得接受自己的理念，也不會因為與朋友的親密度而有大小眼的

現象。

家庭生活

　　個性樂觀隨和的射牛（秤）型，有一對守成的父母，其中一方很重榮譽和顏面，對待孩子要求也較多，同時對紀律的門檻也很高。射牛（秤）型這類型的爸媽，充滿威嚴、行事嚴謹，他們會樹立許多規則要子女去遵守，自小就讓孩子養成不依賴他人的習慣，嚴厲的教育方式，不排除軍事化的作風。而雙親中另外一個角色，則相對柔軟許多，這類父母很會滋養他人，對於子女更是極盡母性之能事（實際上也許並非是女性），能滿足孩子情緒上的連結，帶給孩子厚實的安全感，這也是為什麼射牛（秤）型有顆在逆境中從不絕望的心，因為他們堅信未來是值得期待的。

感情世界

　　射牛（秤）型在親密關係裡，相對理智許多；他們剛開始雖會投入大量的熱情，與愛人很快就能進入狀況，但隨著時間推進，戀情逐漸穩定後，射牛（秤）型會對伴侶變得挑剔。也許是受原生家庭影響，他們對另一半的生活面要求不少，當然自己也是過著自律的生活，但愛人能不能接受又是另一回事了。伴侶（夫妻）關係裡，射牛（秤）型受到愛神金星影響，自身崇尚美感的特質會吸引到同樣對藝術文化富有熱情的伴侶，雙方會花許多時間追求精神或是物質的富饒，彼此擁有精彩的藝文生活，情感也是鶼鰈情深，宛如神仙眷侶。

理財觀念

　　受到金牛座與天秤座影響的射牛（秤）型，具有一定的理財觀，他們向來對於金錢是斤斤計較的。尤其此款金牛座的人格，對於物質界的有形價值特別重視，善於守成，此外加上天秤座喜歡享樂的心態，會讓射牛（秤）型在年輕時就及早對理財有所計畫，等到有了相當存款後，他們會

嘗試透過投資讓資金變多。而適合他們的投資包含基金或是外匯，前者是因為射牛（秤）型優秀的外交技巧，能認識到不錯的基金經理人；後者則是因為此款對於外國事務具有細膩的敏感度，以及先知先覺的特點，故能在上述領域中進行合理範圍內的投資。

職場生涯

具有出色美感覺知的射牛（秤）型，會選擇與藝術文化相關領域的工作，他們在公關、傳播圈也佔有一席之地。射牛（秤）型能與同事相處融洽，他們的辦公環境也是瀰漫著典雅氣氛，他們無法容忍一絲粗魯，以及粗糙的對待，十分追求精緻化的路線。若是主管階級或是將工作視為人生志業的射牛（秤）型，同樣會追求企業內的和諧，但他們已經有足夠能力去面對困難，而不會有粉飾太平的心態；所以也會適度的增加職員的工作量，希望部屬能夠學習突破和成長。射牛（秤）型的主管大多有完美主義的傾向，他們很在乎事情能否圓滿，其中的細節和精緻度也是他們十分重視的。

別踩地雷

射手座與金牛座、天秤座結合的射牛（秤）型人格，受到占星兩大吉星的影響，他們走到哪都有股好運道，能給自己和他人帶來幸福。探究其因，也是因為此款寬廣的胸襟，還有不吝付出的奉獻精神，最重要的；他們懂得設身處地為人著想，這種「利他不為己」的心胸，無疑在幫助他人的同時，也在為自己的福德鋪路，這便是佛家所言的因果關係。但射牛（秤）型也必須了解到不能任何事都幫別人「擦屁股」，因為這也會剝奪他人學習成長的機會；就像過度溺愛孩子的爸媽，會導致子女過於依賴、學不會獨立，射牛（秤）型站在長遠的角度，也要學習如何在讓對方成長的前提下幫助旁人。射牛（秤）型重視心靈的提升，而任何無理或是無禮

的行為，也會惹惱他們。

太陽射手座與數字 7／雙魚座

（11 月 25 日、12 月 7 日、12 月 16 日出生）

生日解碼

　　射手座與雙魚座結合的射魚型人格，外顯特質與內在潛意識有所碰撞，但也有吻合之處。受木星守護的射手座與受海王星守護的雙魚座，就從主宰星來說，木星是天神宙斯（Zeus）的化身，祂掌管著天庭，是地位最高的天神；其兄波塞頓（Poseidon）掌管海洋。

　　木星與海王星就像兄弟一樣，前者象徵擴張，鼓勵人們探求更高的精神層次；後者則代表某種程度的自我犧牲，以及虛無飄渺的夢境、潛意識。彼此雖然都是精神性的星體，但木星能夠保持自覺，並帶著樂觀光明的積極；海王星則傾向將自我與宇宙融為一體，有著消弭自我與隱晦的元素。而同為變動星座的雙魚座會強化射手座的理想主義，一方面他們會鼓舞射手做大夢、成就大事，但同時也會讓射魚型更不切實際，甚至漫不經心，活在高於人間頻率的精神國度。

人際交友

　　受到射手座影響的射魚型會用開放的心胸，去面對人際關係上的事物，他們不會替自己設下限制，而是用毫無保留的心態結交朋友。他們認為人群就像一本本會移動、並有喜怒哀樂的書一樣，每天能品味不同的書籍，是件很幸福的事情。他們渴望能認識更多的人，接觸不同的文化；在生命的某段時間，他們也可能到國外遊學，結識更多元的朋友，讓自己的視野更加廣闊。「關係的自由」將是此款的交友座右銘。射魚型善良單純的個性，在錯綜複雜的人際網絡裡會吃些虧，但他們不以為意，反倒認為

「吃虧就是佔便宜」。

家庭生活

　　精神靈敏度極高，對於知識探求非常迫切的射魚型，自小在一個書香世家中長大，他們的爸媽可能從事教育、傳播相關的工作，或是與藝術、宗教特別投緣。射魚型家別的不多，就書報特別的多，他們沉浸在書海之中，各類訊息唾手可得；射魚型也比其他同齡的孩子有更多閱讀的機會，沐浴在資訊流之中。在這樣的家庭環境長大的射魚型很早就擁有獨立思考的精神，心智上會比較早熟。父母也會在不強迫的前提下，讓孩子接觸家庭的信仰，當然他們也鼓勵子女去盡情探索宗教的世界，不會刻意要他們做出選擇，或是非得要孩子接受自身的信仰。

感情世界

　　感情豐富的射魚型要談場戀愛不會太困難，但他們常會將愛人當作自己的家人般，有時會給對方一些心理的壓力。射魚型對於自己的歸屬問題相當重視，他們理所當然會將心愛的人視為自己生命的延伸，也可能剛交往沒多久就帶回老家，給爹娘好好審視一番。伴侶（夫妻）關係裡，射魚型在婚姻關係中，則能妥善運用溝通的特長，與親密的另一半保持天長地久的好友關係。他們既是夫妻，又是朋友，關鍵點在於射魚型很重視與伴侶有良性的溝通和互動；他們不太擅長打冷戰，夫妻間若有什麼問題，通常都會在當天解決，不會拖到隔天。

理財觀念

　　理財上射魚型年輕的時候較為衝動，他們可能會無節制的消費，或是沒有計畫性的投資，因而造成不小的損失；成年後的射魚型則能記取教訓，在經濟上轉為保守，並對能夠長遠獲利的理財工具深感興趣。他們可能會熱衷於房地產的投資，或是選擇定存與債券來強化自己的基底。射魚型擁

有長遠的目標，他們不會被金錢所控制，相反的，他們會妥善運用金錢，去幫助更多需要援助的弱者，或是定期參與公益慈善活動，盡一己棉薄之力。適合他們的商品還包含利變型，以及還本型的保單。

職場生涯

　　早期射魚型受到射手座與雙魚座影響，這兩個象徵群體希望與美夢的星座，會強化射魚型的信念，他們可能完全不在乎經濟收入，選擇貼近自身夢想的工作；而這工作多半有著義工的性質，所以薪水不大優渥。若是主管階級或是將工作視為人生志業的射魚型，他們能夠將自身的信念與工作相結合，創造獨一無二的價值。射魚型喜好的職業類別受到原生家庭影響，通常會與教育、傳播，或是與宗教慈善有關的工作；射魚型在企業中以身作則，付出了相當大的熱情，極富渲染力的他們，也能將自身的理念成功地推廣出去。

別踩地雷

　　射手座與雙魚座結合的射魚型人格，受到兩個變動星座的影響，若無法將射手與雙魚的面向整合完全，會使得他們有不安定的靈魂；常在「過度」自己的人生，而無法在各場域中交出完美的成績。射魚型的內心是善良的，腦筋也動得相當敏捷，但他們無法堅持到最後的習性，會導致自己有逃避的傾向。射魚型如能將射手的直觀與雙魚的靈性互相結合，將產生極大的創造力；同時富同理心的他們，能夠異地而處為旁人著想，在做人與做事上能獲得極大的成功。射魚型需要思想上的自由，他們對於任何箝制思想的行為特別反感；與時俱進、追求流行的射魚型也受不了過於迂腐的人事物。

太陽射手座與數字 8／摩羯座

（11 月 26 日、12 月 8 日、12 月 17 日出生）

生日解碼

　　射手座與摩羯座結合的射摩型人格，受到木星與土星的守護；在占星學中木星與土星都是「社會行星」，意旨祂們都是超個人的星體，與集體意識、社會運作有關。在希臘神話中，木星即是宙斯（Zeus）的化身，為奧林帕斯的統治者，其父克羅諾斯（Cronus）則是泰坦神（Titan）之王（泰坦神為初代統治世界的諸神），後被宙斯所推翻，並建立廣為人知的奧林帕斯神系。木星與土星長期以來都被視為對立的星體，前者代表擴張與成長；後者代表限制與延宕。

　　與其他射手家族不同，射摩型不像表面來的開朗陽光，他們內在傾向嚴肅與陰鬱；受到摩羯座影響，他們從不認為世界是個光明璀璨的地方，相反的；世界是個殘酷的舞台，在沒有萬全的自我準備之前，任何人都容易受到傷害。因此射摩型反覆的要求自己、鞭策自我，以最嚴厲的方式自我約束，深造無人可及的專業。

人際交友

　　射摩型十分早熟，往往年紀輕輕就有許多社會歷練。他們要不是學生時代書念得特別久、學歷特別高，比他人更晚進入職場；就是很早就有了志向，比同齡的人更早進入社會工作；此款聊天的話題始終圍繞在社會議題、勞動市場，或是國家制度上，這些話題都比較嚴肅且枯燥，所以射摩型朋友圈內成熟穩重的類型占了大宗。另一方面，射摩型也會花許多時間投入社會福利或是慈善公益活動之中，他們會是走上街頭參與運動的人，也會是默默行善、樂捐給弱勢團體的類型，射摩型很關心社會的脈動。

家庭生活

　　對於社會潮流極度敏感的射摩型誕生自一個傳統又創新的家庭。射摩型父母其中一人對孩子採取斯巴達式的軍事教育,「一個口令,一個動作」是射摩型孩提時代最常聽到的一句話。這類爸媽可能來自軍中的高層,或是他們在某頗具影響力的企業擔任總裁的角色;他們的一舉一動牽動著整個事業的地基,因此對孩子特別嚴肅。至於家庭中扮演另一個雙親角色的人物,則是相對柔軟許多,他們對子女投入相當多的情感,對孩子精神上與物質上的需求格外重視,好比傳統上慈母的角色。在如此家庭長大的射摩型寬以待人,嚴以律己;他們認為自己負有對家庭、社會責任的使命。

感情世界

　　在愛情的世界中,射摩型非常的單純,他們對愛情不會投入過多的幻想,而是以實際且務實的心態處理感情。他們認為愛情即是精神上的滿足,也可以解讀成情慾上的追求,就是因為心理或是生理有了需求,才會進一步想向外獲得滿足。伴侶(夫妻)關係裡,射摩型則會以家庭和事業為重,他們會是孩子眼中的好爸爸、好媽媽,也是同仁口中講求紀律、公私分明的好主管;但是常在家族以及事業上奔波,會加速他們的老化,危及到自身的身體健康。如何在家庭與事業的天秤上取得平衡,是射摩型必須學習的人生課題。

理財觀念

　　向來很重視社會議題的射摩型,對於理財抱持保守的心態,他們用穩健且務實的方式,來經營自身的理財工具。射摩型的社會化傾向,使他們知道如何獲得相關的理財情報,在錢字這條路上此款是不孤獨的。他們也時常與人討論經濟等等問題,因此能夠掌握先機,進一步替自己的投資鋪路。但即便如此,射摩型仍會選擇風險小且穩固的商品,不會貿然進行投

資。他們可以考慮定存，以及還本型保單等商品；而善用人脈資源的射摩型，也可以考慮須與人合作的小額基金投資。

職場生涯

射摩型兼具了木星的擴張以及土星的限制法則，運用在工作上，他們可以駕馭自己的身段，在傳統與創新之間，都會有不錯的表現。這個面向也會讓射摩型早年會選擇一份穩定的工作來當作自己的經濟收入，等到工作穩定之後，他們會試著在職場上做些變化，或是在老舊的思想上注入新的元素，讓自己與他人都能受益。若是主管階級或是將工作視為人生志業的射摩型，能夠將理念與現實整合，他們會是出色的企業家、夢想家。受到原生家庭影響，他們對自我要求很高，對於企業更是抱著如履薄冰的精神，細心呵護自己的事業王國。一方面射摩型受到摩羯座影響，會重用資深的元老員工外；一方面受到射手座主導，他們對於新進的新鮮人也能善盡提拔之力。

別踩地雷

射手座與摩羯座結合的射摩型人格，受到兩個對立行星的影響，雖以木星守護的射手座作為主導人格，為人親切且真誠；但內心卻受到土星守護的摩羯座所控制，有時對人性的陰暗面感到失望。表面望去，射摩型有著光鮮亮麗的外表，但內心卻是陰暗與苦痛，會造成這樣的局面，很大的原因在於此款早年在與人的互動中，受到了背叛與不信任、或是遭人冷落，而引起他們強烈的防衛心。長大後射摩型雖然已能夠對他人自我表白，但心裡深處仍有道跨不過的鴻溝；「唯有自己才能渡己」是我送給他們的一句話。射摩型很重視社會發展，而「家庭」則是社會的最小單位，所以社會與家庭都是他們感興趣的話題，但也是此款的地雷區，須格外留意用字遣詞及談天的態度。

太陽射手座與數字 9／牡羊座

（11 月 27 日、12 月 9 日、12 月 18 日出生）

生日解碼

　　射手座與牡羊座結合的射羊型人格，其外顯意識與內在潛意識調和，兩者皆來自火象星座家族，所以射羊型可說是典型的火象人。受到火星這顆戰神星守護的牡羊座，會強化射手座的戰鬥本質，讓他們脾氣變得更為暴躁易怒；平時可以像聖誕老人般散播歡樂、散播愛，但是脾氣上來的時候，又會翻臉不認人、氣得臉紅脖子粗。所幸牡羊座的情緒來得快、去得也快，不太會記仇的射羊型，很快又能恢復笑容、跟人打鬧。

　　目標導向的牡羊座會讓射手座的弓箭更加聚焦，大幅增加命中的機率。牡羊座也會活化射手座的熱情，讓他們行動更加順暢，而較不會陷入變動星座特有的「多頭馬車」狀況。射羊型只要詳加控制自己的火力，增加更多的社交技巧，他們在任何領域很快就能嶄露頭角，也能擔任領頭羊的角色。

人際交友

　　由射手座主導的那一面，射羊型在交友會盡可能地與人打交道，增加自己友誼的廣度。射羊型不會在人際上設限，主動而積極的他們，常能認識到各式各樣的朋友，他們朋友的類型是相當多元的。而牡羊座的面向，則讓射羊型更能放膽嘗試新鮮的事物，他們果斷且富於勇氣的精神，使得射羊型不會在人群面前怯場；而他們積極的作風，加上熱情的為人，常能吸引到許多朋友前來。有如此交友觀的射羊型，認為朋友不嫌多，但他們倉促且輕率的心態，常導致射羊型的友情都不能長久維持，建議射羊型在追求好友量的同時，也要兼顧其中的品質，才能讓情誼更加穩固。

家庭生活

　　做人首重情義的射羊型來自一個充滿愛與關懷的家庭，他們的父母也很重感情，兩個都是性情中人。其中一方對於弱勢族群或是流浪動物，以及環保議題都格外重視，這會養成射羊型出色的世界觀，不會以自己的知識自滿，對精神層次有更高的探求。而雙親中另一個角色，同樣也是情感豐富之人，但他們擁有更多的保護慾。射羊型的這類爸媽對孩子的需求敏感，與子女有很深的情緒連結，或說他們彼此有條看不到的情緒臍帶，爸媽容易受孩子的情緒影響，反之亦然。射羊型爸媽必須學會放手，不要過度依賴孩子、或是溺愛孩子；時間到了，該讓小孩獨立、盡情地翱翔，這才是身為家庭避風港的意義。

感情世界

　　受到牡羊座影響，射羊型在戀愛關係中較為衝動，他們的愛火極易燃燒，在戀愛初期就會將所有火力爆發，卻缺乏續航力；導致射羊型的戀情後繼無力。射羊型要用更成熟的心態面對感情，而不是「遊戲人間」的幼稚心理。伴侶（夫妻）關係裡，射羊型能因為家庭的責任而變得成熟許多，他們需要伴侶與家庭的溫暖，一旦有了責任之後，此款會為了心愛的家人，在工作上衝刺、賣命。前提是，他們必須要有目標，有了堅定的目標，加上來自家庭供給源源不絕的燃料，射羊型的幹勁會獲得前所未有的新體驗，他們能在自己專精的領域上，交出亮眼的成績。

理財觀念

　　雙重火象的射羊型傾向我本位，他們對於金錢的使用是很謹慎小心的，射羊型認為金錢並不是用不完的東西，唯有靠付出勞力，且妥善運用、不浪費，才有可能將錢財變得越來越多。當他們有這種想法之後，射羊型對於金錢的企圖心將會是相當旺盛的，他們會將錢財當作是人生的一場競

爭，只有「人生勝利組」才能支配金錢，而不是被錢給支配。但射羊型這種觀念也可能被扭曲，認為有錢什麼事都辦得到，時下大家常說的「有錢就任性」與此款的金錢至上主義相距不遠。射羊型得調伏自身的野望，別讓金錢最後控制了自己。適合他們的理財工具包含債券、股票，以及投資型保單。

職場生涯

射羊型受到射手座影響，他們會認為自身的價值必須透過他人的肯定來實踐，而受他人肯定最快的途徑，便是藉由工作的付出來獲得；因此射羊型會選擇一份最貼近自己理念的工作當作經濟的收入。若是主管階級或是將工作視為人生志業的射羊型則擁有更大的野心，他們能善用變動星座的特質，將工作品質做大幅度的提升，追求企業服務的細緻度；因此射羊型會成為職場完美主義的擁護者，對事物的要求也會變得謹慎。另一方面，射羊型受到牡羊座的鼓舞，對自身的企業有著強烈的競爭意識，他們希望能將事業版圖不斷擴大，成為業界中具影響力的公司。

別踩地雷

射手座與牡羊座結合的射羊型人格，是典型的火象人，他們目標遠大，且是個劍及履及的行動派人物，在前進的道路上，無法忍受他人的阻擋。早年較不成熟的射羊型會展現極度的自我中心，更會有「我優先」等不可取的行為，他們的世界很簡單，即是我最重要，其他都是次要的。這樣的心理在成長過程中。不斷遭到挑戰與磨合之後，人格逐漸成熟的射羊型則較能站在對方立場思考事情，但他們仍不能接受他人的挑釁，尤其是涉及到個人自由，或是與家族隱私有關的事情，可都千萬別拿來當作消遣他們的道具。

第十章：
太陽摩羯座與九個星座靈數

太陽摩羯座與數字 1／獅子座

（12 月 28 日、1 月 1 日、1 月 10 日、1 月 19 日出生）

生日解碼

　　摩羯座與獅子座結合的摩獅型人格，火象的獅子座會強化土象摩羯座的野心，讓他們對於權力以及金錢的慾望更加巨大。受土星守護的摩羯本是低調、務實的星座，他們重視自我的專業形象，卻不太懂得群眾語言，在需要展現自我的舞台上，吃足了悶虧。而受太陽主宰的獅子，則可以減緩摩獅型這類木訥害羞的傾向，讓他們更勇於自我表白，也能適時施展個人魅力。

　　但摩獅型的內外意識仍是衝突的，受到摩羯影響的人格，十分看不起獅子的華麗與高調，並視之為浮誇、虛榮；獅子也受不了摩羯的一板一眼與一成不變，認為他們缺乏創意。在摩獅型尚未整合這兩股力量之前，他們既渴望掌聲，但又害怕展現真誠的自我，摩獅型的「自我」某種程度被否定了，是不被允許自由發展的。等到逐漸成熟後的摩獅型則能調和內外的意識，讓他們具有個人的魅力，同時又不會引起他人的反感。

人際交友

早年受到摩羯座影響，他們對交友的態度不甚積極，他們身邊總是缺乏陪伴，又因為此款不會表達自身的情感，常給人孤傲甚至孤僻的錯覺；加上摩獅型非常獨立，他們什麼事都喜歡自己來，一方面是他們不懂得開口請他人幫忙，一方面則是摩獅型對自我要求嚴格，他們不大放心將事情交給他人處理，一定都是親力親為的。長期下來，摩獅型形單影隻，常遭外界誤認為是個獨行俠。等到摩獅型不再鬧彆扭，願意跨出自己設的結界之後，他們是很會照顧朋友的。務實的摩獅型會吸引到情感豐沛的友人前來，他們會在關係裡面扮演穩定的角色，並願意為朋友奉獻，做事更是負責認真。

家庭生活

看似內向卻又想要凸顯自我的摩獅型誕生在一個複雜的家庭，摩獅型父母其中一方，年紀可能相當輕，或是在還沒準備好為人父母的時候，卻意外當成了父母；這類爸媽由於年紀較輕，故能與孩子較沒距離，不會擺起傳統爸媽的架子，而會與孩子平起平坐，就像朋友一樣。但也因為他們較缺乏人生的經驗，很多場合都必須詢問他人的意見，這會讓摩獅型變得早熟，希望自己能快點長大，分擔爸媽的壓力。至於摩獅型父母中的另一人，則相對性格較為成熟，行動上也不會過於衝動，而是會經過觀察之後，再做出決定。在如此家庭長大的摩獅型一方面具有早熟的人格，會將許多責任扛在肩上，與同齡孩子相比，感覺可靠的多。

感情世界

在愛情中摩獅型較為被動，他們總會考慮得很多、想得很久遠，在他們沒有認真計畫之前，是不會將心中想法付諸實踐的。除非遇到主動的對象，不然他們的愛情通常都會來的較晚。想與他們經營親密關係，經濟基

礎也是很重要的。伴侶（夫妻）關係裡，摩獅型受到原生家庭影響，他們認為婚姻是家庭的基石，對婚姻抱有傳統的思維。摩獅型是很典型「男主外，女主內」的家庭分工擁護者，他們理所當然覺得男人就該去外頭打拼，而女人就該守在家裡處理家務；雖然時下雙薪家庭很多，也有不少家庭主夫、事業女強人的例子，但這些都很難動搖摩獅型對家庭固有的觀念。

理財觀念

在金錢理財上，受摩羯座主導的摩獅型自不用多說，他們會用保守的心態，計畫式的經營自己的財路。通常能透過定存來累積自己的財富；但他們的野心不僅於此，也會利用職場上的人脈，與他人進行合作或是合資，創造更多的產值，因此基金對他們而言，也是不錯的選擇方案。同時，摩獅型在理財上是出了名的錙銖必較，他們常抱著「能省則省」的理財觀，對日常生活開銷都會有記帳的習慣，並用理性且合乎邏輯的統計方式，找出自己的消費習慣，進而補足消費的漏洞與死角。另外，還本型保單以及利變型單也是適合他們的商品。

職場生涯

摩獅型面對工作的時候，是相當靈活的，他們受摩羯鞭策的野心，使得自己在投入職場的時候，能對事不對人、妥善扮演溝通傳遞的角色；並能一心多用，同時處理許多事務。害羞低調的摩獅型在職場上，是十分活躍的。若是主管階級或是將工作視為人生志業的摩獅型，他們首重與他人的合作，憑著自身講求禮儀的舉止，以及紳士淑女般的氣質，在業界常有最強公關主管之稱；並傳為許多佳話。受到原生家庭影響，摩獅型深知家庭讓自身對於社會歷練接觸不足，因此他們更會意識到人際進退上的眉角，會去主動修補自己的社交能力，對他人的需求也更敏感，因此常能在商場上一枝獨秀。

別踩地雷

摩羯座與獅子座結合的摩獅型人格，受到土星與太陽的影響，人格會有整合的困難。某些程度來說，土星內縮與限制的法則，與太陽聚焦，以及展現自我的原則互相牴觸。前者會藉由不夠完美來否定自我，後者則是忠於自身的獨特之處，進而肯定自我；無論何者，都讓摩獅型對於「自我」的概念不是更加迷惘，就是變得剛愎自用、完全以自我為中心，兩者都是彼此的極端。倘若摩獅型能整合摩羯與獅子的元素，他們在自我與事業上，將會有傑出的發展和表現。摩獅型的地雷區，不外乎便是自我與他人的互動；他們是愛面子的，臉皮薄的他們連在外購物殺價都會覺得很丟臉，這是群自尊心極強、內心敏感的類型。

太陽摩羯座與數字 2／巨蟹座
（12 月 29 日、1 月 2 日、1 月 11 日出生）

生日解碼

摩羯座與巨蟹座結合的摩蟹型人格，在星盤上摩羯座與巨蟹座呈現一百八十度的位置；他們在個性上有對立、互補的一面，也有許多重疊的地方。摩羯與巨蟹向來代表著公眾與隱私、事業與家庭，以及父親與母親的對稱性質。受到土星守護的摩羯會將自我的情感收拾起來，不易向外人透露自己的情緒，傾向保守與壓抑；而被月亮主宰的巨蟹對自我還有他人的情緒相當敏感，他們有強烈的母性本能，喜歡照料他人（無論物質或精神上的），也很善於滋養旁人。

這兩個星座相處會有困難，前者會區分自我與他人的階級，進而定位公眾的自我；後者則是與大眾融為一體，或進一步凝聚與他人的連結，找到自我的歸屬。他們是典型外冷內熱的類型，當他們還不能結合摩羯與巨

蟹性質的時候，巨蟹座會強化摩羯座的防衛心理；月亮與土星都是與「保護」有關的星體，當摩蟹型害怕受傷，而將自我封閉的時候，任誰都很難進入他們的內心世界。

人際交友

受到摩羯座影響，摩蟹型早期的友情中多少帶有功利的色彩，他們無法完全信任他人，與他人的精神交流也不多；其友誼大多建立在物質之上。這會使得摩蟹型友情都不大長久，且唯物主義的驅使下，最終可能遭到朋友的背叛，甚至被團體孤立。所幸，人格逐漸成熟的摩蟹型較能真誠地為他人付出，也不會去計較得失；此時的摩蟹型能嚐到友情真正的味道。而摩蟹型敏感細膩的巨蟹座特質，擁有敏感的母性本能，他們很會滋養他人的情緒，也很在行照料朋友；無形中，摩蟹型會變得像爸爸、媽媽一樣，對朋友照顧得無微不至。

家庭生活

摩蟹型擁有一對個性鮮明且熱愛社交的父母。爸媽其中一人會以極具個人色彩的方式教養孩子，這類爸媽也較自我為中心，他們必須控管好自己的脾氣，不然很容易將在外累積的怒氣，轉嫁到孩子身上。摩蟹型爸媽這種正直的性格也會影響到孩子的發展，摩蟹型會懂得積極開創自我的人生，並相信自己有能力掌控未來的命運。只不過，摩蟹型不會像父母那麼具有侵略性，而是會內化此股力量，整合成較具建設性的方式來面對外界。另一方面，摩蟹型父母的其中一人則活躍於社交舞台，他們為人充滿了愛與關懷，對人和善親切。這類父母也很重視孩子間的公平性，因此不會特別偏愛誰，而是均等的分配他們的愛與關注。

感情世界

摩蟹型內心有著對感情的慾望，卻會用冷酷的外表來掩飾；他們在愛

情裡十分不坦然，這也會導致此款的戀情都會來得較晚，因為要與他們發展出親密關係，得有幾分耐心，「速食愛情」絕對不是摩蟹型的首選。伴侶（夫妻）關係裡，摩蟹型如果是摩羯座影響較強，那麼他們就會吸引到情緒變化豐富，且喜歡照料家務的人前來，並活出摩蟹型所欠缺的巨蟹特質；反之，若是巨蟹座影響較強，就會吸引到有強烈事業心，且具有保護慾的人，並將摩蟹型的摩羯座特質引導出來。無論如何，事業與家庭遠永遠都是摩蟹型的人生課題。

理財觀念

由於在事業上，摩蟹型會強化自己的社交技巧，他們能將在工作上的企圖心轉為更建設性的實際行動，透過與他人的交流，將人脈轉換成錢脈；因此適合他們的理財工具包含基金，以及與他人的合資都會有不錯的成績。另一方面，即便摩蟹型擁有高超的斡旋技巧，但他們的野心和胃口會在嚐到甜頭後，越來越大，最後可能因為貪念，而將過往的努力燃燒殆盡。幸虧，基本上摩蟹型在理財上是謹慎的，建議他們要常保戒慎之心，勿讓貪婪蒙蔽自己的雙眼。而分紅型以及投資型保單也是適合他們的工具。

職場生涯

在工作職場上，摩蟹型很重視人際的溝通，以及自身的理念是否能夠推廣出去？或是公司文化是否能與自己的信念相符？這些都是他們選擇職場環境的考量。摩蟹型的企圖心是旺盛的，他們也深知唯有靠自己的力量是不能成就大事的，向來很有計畫性的摩蟹型，會希望有個能溝通的團隊，而不是死板板的制度。若是主管階級或是將工作視為人生志業的摩蟹型受到原生家庭的影響，他們對於未來具有前瞻性，對於自己的事業更是盡全力衝刺，他們也善於擔任領導者的角色，能帶領公司良性的競爭；但是摩蟹型有時思考的立場太過自我本位，而會讓同仁感到些許專制，甚至

有獨裁的評價。

別踩地雷

　　摩羯座與巨蟹座結合的摩蟹型人格，受到土星與月亮的影響，人格會有統合的困難。土星好比傳統東方世界父親的角色，沉默寡言、不善言詞，卻嚴厲的批評我們、希望我們能做到最好；而月亮則像母親一樣，總是在我們受傷時給與支持、為我們準備豐盛的飲食、關心我們的一舉一動，並與我們有強烈情緒的互動。結合兩者的摩蟹型常給人不苟言笑的嚴肅外表，然而他們內心卻是渴望被了解，以及有股想要滋養他人的情緒。如果你能成功激起摩蟹型保護他人的母性、父性本能，那就是與他建立友好關係的第一步，自尊心高的摩蟹型有種想被他人需要的慾望，他們也十分善於照料他人。

太陽摩羯座與數字 3／射手座

（12 月 30 日、1 月 3 日、1 月 12 日出生）

生日解碼

　　摩羯座與射手座結合的摩射型人格，受到土星與木星這兩個對立行星影響，內外性格不大一致，對其人格發展亦會帶來挑戰。土星做為摩羯座的守護星，象徵著限制與內縮，另外，土星也代表了恐懼，會引起我們的焦慮與憂鬱。與其相反的木星，是射手座的守護星，同時也是行星中體積最大的星體，更是希臘神話天神宙斯的化身；象徵著開闊與膨脹，代表著希望與成長。由摩羯座所主導的摩射型，行事是嚴謹的，心態也多所保留，但認識他們的人越久，越會發現此款內心有顆單純、助人的心，外冷內熱，常遭到旁人的誤解。

　　摩射型是「社會型」的人，土星與木星長期以來，也是占星家口中的

「社會行星」。只不過摩射型習慣透過傾向悲觀的觀點來看待社會，他們認為唯有不斷地努力與修正，才能達到眾人的期望；然而在遇到挫折的時候，摩射型不會裹足不前，他們內心的射手特質，會鼓舞自我重新站起、再度出發。

人際交友

摩射型一反一正的性格，也會反應到他們待人處世方面，他們早年對於交友較為被動，受到摩羯座影響，他們會覺得友情並不是最重要的；在有形看得到的事務面前，友情的存在受到了質疑。無形中，他們孤立了自我與他人的互動，對他人的事情置身事外。在摩射型逐漸成熟，並能將內心的射手座人格整合之後，他們則較能展現摩羯與射手的優點與人交流。受摩羯座影響的那一面，摩射型透過務實且負責任的心理，結交到一群知心的朋友，這類朋友能滋潤摩射型過度壓抑而乾涸的心靈，另一方面，摩射型的射手座特質，希望自己能從朋友那學到更多不同的知識與見解，所以他們也會嘗試結交各式各樣的朋友。

家庭生活

個性較為保守的摩射型受到兒時的家庭環境影響，他們爸媽的其中一人，對孩子採取嚴厲的教育方式，用紀律以及規範來要求孩子。所謂「愛之深，責之切」就是用來形容這樣的父母。與前款父母相反，在雙親中扮演另一角色的摩射型爸媽，則是透過循循善誘的方式，來教育孩子什麼事是該做的？什麼事是不該做的？如果說前款爸媽是法家的商鞅，實施專制的高壓政策，用嚴刑峻法來約束孩子；那麼後者就像是儒家的孔孟思想，以懷柔的方式，對子女因材施教。在如此環境成長的摩射型，由於受到強勢爸媽的打壓，讓他們在人際上傾向退縮與木訥；另一方面，在仁愛爸媽的春風化雨下，摩射型內心深處又渴望與人接觸，希望得到更多的精神啟

發。

感情世界

在愛情的道路上，摩射型一開始較為內向害羞，他們是被動的等待愛情，即便有了意中人，他們仍是如如不動、不為之動情。摩射型是講求實際的，在沒有任何經濟基礎前，他們也不會主動去追逐戀愛；在愛情與麵包之間，他們會選擇後者。伴侶（夫妻）關係裡，摩射型願意扛起家庭的責任，他們的肩膀特別厚，無論男女都有強烈的責任心，並會為了守候家庭、抵禦外敵。家庭對他們而言，就是一座愛的城堡，裡面有他們需要守護的家人，以及滿滿的回憶。摩射型的摩羯座人格，具有土星的保護慾，但有時他們強硬的作風，可能會讓家族反感；出自於關愛的心理，卻會透過專制的手段來約束家人，這樣可就本末倒置了。

理財觀念

理財事務上，摩射型雖具有事業的野心，但他們也深知「取之社會，用之社會」的道理，若是事業有成的摩射型，會以實際行動回饋鄉里，投入許多公益活動。而早期摩射型受到土星影響，他們對於金錢的慾望是個無底洞；保守且謹慎的他們，守財的能力，絕對是高人一等的，他們甚至會有「鐵公雞」的綽號。除此之外，摩射型也會藉由計畫式的經濟，來做長遠的投資規劃。憑藉著摩射型縝密的心思，還有務實的人格，他人以其信任為基礎，能促成許多合作與合資；長期下來，能替彼此賺進大把鈔票。適合摩射型的投資包含基金、股票，或是外匯；而定存、債券，以及投資型保單也很適合他們。

職場生涯

在尚未正式進入職場之前，摩射型會藉由許多打工經驗來磨練自己，他們抱著學徒的心態，向師傅虛心請益，並以「吃苦當作吃補」做為自己

的座右銘。若是主管階級或是將工作視為人生志業的摩射型，早年在各個領域都有所接觸，讓他們比別人擁有更多的優勢，他們全人式的學習心態，為自己的將來鋪好了道路；也許他們起步較晚，但因為他們把時間都放在各領域的認識與深耕上，所以他們也具備了綜合型的能力，是非常適合擔任主管的人物。摩射型在成為主管之後，果然不負眾望，他們很能了解基層員工的立場，願意傾聽職員的心聲，所以能得到部屬的愛戴；對內有關懷，對外又重合作，摩射型所帶領的企業，將會是業界的典範。

別踩地雷

摩羯座與射手座結合的摩射型人格，一方面具有摩羯座的冷靜與嚴肅，一方面又擁有射手座的熱情與風趣，他們是非常悶騷的類型。基本上，此款都是很好相處的，只要對他們以禮相待，通常都能得到不錯的回應；畢竟摩射型是講求形式與禮儀的人，所以如果太過突兀，或是怪異的舉動，可就會讓他們退避三舍、不敢領教。另外，摩羯與射手都是關乎社會脈動的星座，與他們聊天可以從時事新聞下手，不過在表達自身立場的時候，一定要多加觀察他們的反應，千萬別斷章取義，或是曲解他們的意思。

太陽摩羯座與數字 4 ／水瓶座
（12 月 31 日、1 月 4 日、1 月 13 日出生）

生日解碼

摩羯座與水瓶座結合的摩瓶型人格，性格中受到摩羯與水瓶其守護星—土星與天王星的影響，外顯意識與內在潛意識將有所衝突與矛盾。希臘神話，土星的化身克羅諾斯（Cronus）原為天空之神烏拉諾斯（Uranus）之子；但以克羅諾斯為首的泰坦神族，隨後推翻了其父烏拉諾斯的權力。

土星代表了傳統與規範，天王星則是改革與創新；祂們的法則是相反的。土星與天王星可視為一體的兩面，復古可能成為流行；而新科技、新發明初期以非主流之姿問世，最後也將走入生活，成為主流。

　　摩瓶型兼具了傳統與創新，然而早期他們的生活是很辛苦的，因為他們無法統御這兩種截然不同的元素，會在需要固守傳統的時候，堅持反抗、過於激進；常會「為了反對而反對」，就像叛逆期的少年。摩瓶型人格逐漸成熟後，則能駕馭兩者，常能在古老的事物中有新的發現，或是具有讓傳統與流行融為一體，令人耳目一新的能力。

人際交友

　　具有保守與開放觀念的摩瓶型，在交友上也會呈現矛盾的心態；早年他們傾向自我本位，容易展現摩羯座的負面特質，凡事皆以利益為考量，關係到自身的事情，才會選擇投入。這會給旁人過度功利的觀感，同時他們「自我優先」的自私作為，將遭致他人的排擠與厭惡。成熟後的摩瓶型儼然是社會的改革家與理念的實踐家，他們將朋友當作自己的珍寶，並認為個人的成功勢必須要他人的幫助，因此不再抱有原先的優越感，取而代之的是願意與好友共患難的革命精神。此時的摩瓶型能啟動摩羯座務實且具有建設性的能量，幫助自我及他人重新定位，找到追尋的目標。

家庭生活

　　摩瓶型如此矛盾的性格，代表他們來自一個特別的家庭。摩瓶型父母其中一方，個性突出且鮮明，為人相當熱情而直接，但通常性子較為急躁。這類父母很重視孩子的獨立人格，他們雖然深愛著子女，卻不希望孩子過於依賴家庭，因此對孩子的教育多半較為嚴厲。這對幼時的摩瓶型來說，會誤以為自己是不被愛的、是不被接納的，一方面他們學會了獨立；但同時他們也變得防衛心重。另一方面，摩瓶型父母中的另一人則性格相對溫

和許多，這類爸媽很有耐心，與上述的父母類型完全相反，他們會通過耐性以及顯而易見的愛，關照著子女。在這樣環境長大的摩瓶型有著獨立、世故的人格，並擁有不可動搖的信念。

感情世界

摩瓶型對於戀情是抱著非常務實的心理，他們對於沒有未來的感情，是不會輕易一頭栽進去的，因為「有願景」，比什麼甜言蜜語，或是羅曼蒂克來的更為重要。伴侶（夫妻）關係裡，摩瓶型的摩羯座個性，會讓他們成為婚姻與家庭的巨人，摩瓶型的土象性格，促使自己更願意去承擔責任；但是他們有些專制的做法，可能會讓伴侶以及家人不大舒服。摩瓶型需要讓自己的手法再柔軟一點、讓自己的言語再更圓潤一點，才會更討家人喜歡。而摩瓶型的水瓶座面向，會吸引到同樣具原創性的伴侶前來，他們親密關係裡很大一個元素就是「創造」；不管是精神上的創意，或是生理物質上的創造（也表示生兒育女），都是摩瓶型與另一半重要的課題。

理財觀念

作風既保守但又崇尚前衛的摩瓶型，在理財上有很大的分野；他們一方面透過穩健且謹慎的理財方式，控管自己的消費、以及投資商品，對於守成有很大的助力。因此摩瓶型往往年輕時，就會累積不少錢財，具有致富的潛力和水準。不過另一方面，他們內心的水瓶座趨力，會鞭策摩瓶型完成更遠大的目標，畢竟水瓶座掌管著福德宮，這是個與社會利益有關的宮位。摩瓶型等到有一定的經濟水平後，會將自己的財力傾注在自身的宏願當中，其中包括：公益活動、慈善活動，以及幫助少數弱勢團體……等等，只要是能幫助他人的，摩瓶型都很樂意去做。適合他們的理財工具包含定存、還本型以及利變型保單等商品。

職場生涯

嚴謹而踏實的摩瓶型，在正式進入職場前便會格外注重自我訓練，他們會選擇打工或以當學徒的方式，在學生時代盡量接觸不同的工作類型，來累積自己的職場經驗。若是主管階級或是將工作視為人生志業的摩瓶型，能將早期豐富的職場經驗運用得淋漓盡致，也因為他們知道各行業的管理技巧，將其融會貫通後即成為自己的事業經營之道。摩瓶型懂得站在部屬的角度來思考事情，並非一味的行使自己的權力，摩瓶型擁有更彈性的帶人技巧，也有獨到的識人眼光。

別踩地雷

　　摩羯座與水瓶座結合的摩瓶型人格，兼具了摩羯的守舊，還有水瓶的前衛。當他們人格發展尚未成熟的時候，不懂得如何權衡這兩股勢力，他們面對外界不是過分防衛，就是過度隨和、毫無自己的主張。摩羯與水瓶是社會的推動者，前者讓自己在社會立足，後者則是反饋於社會。摩瓶型在能統合內外意識之後，能將摩羯與水瓶的優點展現出來，他們對於社會議題相當重視，並能透過實際的行動去參與改革，甚至本身就是個社會改革家。在傳統與創新之間，摩瓶型能保持良好的平衡；因此過於極端的言論，或是光說不練的空談家，似乎就與他們不那麼對盤了。

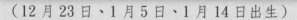

太陽摩羯座與數字5／雙子座與處女座

（12月23日、1月5日、1月14日出生）

生日解碼

　　凡是與數字5有關的組合，都會增加本人性格的複雜度，因為受到雙子座與處女座這兩個星座的雙重影響，摩羯座與雙子座、處女座結合的摩雙（處）型人格擁有摩羯座的老成，又具備雙子與處女的年輕心態；在工作與事業上，將會有不凡的表現。

外表看似老成的摩雙（處）型受到雙子與處女影響，讓他們更能接受新知識、新觀念，心靈比實際年齡來的年輕。他們兼具深層而豐富的人生智慧，以及年輕人的活躍思維，能與耆老、年輕人相處融洽，這也算是此款的特殊之處吧！無論如何，雙子與處女這兩個變動星座，確實會增強摩雙（處）型的彈性。

人際交友

早年摩雙（處）型尚未啟發自己內心的雙子與處女能量時，他們較容易呈現摩羯座的世界觀。摩羯座是最世故的星座，他們做事一定要有合理的理由，沒有符合邏輯的事，他們是不會去為之的。摩雙（處）型會因為強烈的防衛心理，不想去冒險，也不想做沒有結果的事情。因此，在交友上摩雙（處）型是傾向保守的。而能夠整合雙子座與處女座面向的摩雙（處）型，與人相處則多了許多活潑與輕鬆。受到雙子座與處女座影響，他們擁有靈活的心智，以及敏捷的口語能力；在人群中將會是出色的演說家；因此他們在朋友間會成為核心般的人物，往往成為朋友的焦點。

家庭生活

個性獨立、凡事不喜歡麻煩別人的摩雙（處）型，在家裡頭有個嚴厲的父親或母親，摩雙（處）型爸媽雖是個性格直爽之人，但對於孩子的教育卻是相當嚴格，他們會從細節要求，除了孩子的在校成績外，對於子女的道德品行，還有生活作息等紀律問題，都十分重視。爸媽中另一個人則是扮演溝通者的角色，他們會在另一半與子女間周旋，試圖緩解雙方給彼此的壓力。在如此家庭長大的摩雙（處）型雖有嚴肅、自律的個性，卻有活潑且開放的內心世界。

感情世界

摩雙（處）型追求的是天長地久的戀情，他們不是玩咖或是對愛情不

負責任的人，相反的，他們太重視感情的責任了，所以往往很難下定決心、許下承諾。伴侶（夫妻）關係裡，摩雙（處）型則會以家庭為重心，保護慾強烈的他們，會設法為家人建造一座穩固的城堡，並防止家族受到外敵威脅。摩雙（處）型會透過努力賺錢、拚事業的方式維持家庭的經濟命派，但也因如此他們會疏忽了與伴侶，以及子女的感情維繫。在事業與家庭的兩端，如何權衡似乎是此款永遠要面對的宿題。

理財觀念

受到原生家庭影響，摩雙（處）型將以高度的人際覺知進入社會職場，他們在事業面除了專業度之外，更重視與人的互動，摩雙（處）型多半擁有高超的交際手腕；這點也會反應到他們的理財面向。他們擅長以合作的方式進行投資，摩雙（處）型講究合作的信用，加上他們雙子與處女的溝通能力，往往能在合資上獲利。但畢竟以摩羯座主導的摩雙（處）型對於金錢仍是相當謹慎，原則上他們會以保守的態度與他人進行協商。除定存以及利變型保單、還本型保單外，他們也很適合基金，以及分紅型保單的商品。

職場生涯

初步踏入職場的摩雙（處）型，會想滿足自身的好奇心與企圖心，若有可能，他們真想在公司的每個部門都體驗看看，再從中找出最適合自己的領域。摩雙（處）型在工作初期，會有些嚐鮮的心態；等到工作漸入軌道之後，摩雙（處）型受到原生家庭影響，他們能以理性的覺知進入職場環境，從全盤性的面向看待自己的工作，因此他們常能找到自己的劣勢與優勢，並設法改善。若是主管階級或是將工作視為人生志業的摩雙（處）型，如同上述提到的建設性覺知，他們能在人際專業場域與人交涉，並以斡旋技巧贏得許多次指標性的合作。摩雙（處）型深知「一加一，大於二」

的道理，會設法將自身的企業透過產業聯盟的方式日益壯大。

別踩地雷

　　摩羯座與雙子座、處女座結合的摩雙（處）型人格，初期也許會給人不好親近且嚴肅的觀感，但認識越久，你越能發現他們愛講話、長於溝通的本質。他們不像外表來的老成，其心智就跟年輕人一樣，喜歡接收新知、愛嚐鮮。基本上，此款是好相處的，他們可以聊的話題很多，於各領域都有涉獵的他們，堪稱是博聞專家。但與傳統上雙子座「博而不精」的傾向不同，由摩羯座主導的摩雙（處）型，是真的會對有興趣的領域深度研究的。所以可別在他們面前膨風，以為自己什麼都懂，要不然可是會被此款「打破砂鍋問到底」的追根究柢精神給逼瘋的。

太陽摩羯座與數字 6 ／金牛座與天秤座
（12 月 24、日 1 月 6 日、1 月 15 日出生）

生日解碼

　　摩羯座與金牛座、天秤座結合的摩牛（秤）型人格，雖然同為土象星座的金牛座與摩羯座性質類似，但是他們潛意識裡天秤座的性格會與摩羯座所主導的外顯意識有所衝突，使得摩牛（秤）型早年會有內外人格不調和的狀況。

　　由摩羯座所主導的摩牛（秤）型，常給人冷硬的外表，還有一板一眼的行事作風，總是一個人埋頭苦幹自己的事，不與他人打交道。摩羯座是個務實且企圖心旺盛的星座，他們受宿命之星土星所守護，對自我要求十分嚴格，並有股想要透過征服事業高峰，來證明自我價值的渴望。至於受愛神星金星守護的天秤座，天生就覺得自己不完美，需要與他人湊成一對，才是圓滿的；他們致力於多采多姿的社交生活，透過與他人的合作，

進一步定位自己的價值。兼具兩者的摩牛（秤）型若能整合內外人格特性，他們將以此合作為職志，在公關、行銷，以及整合等領域都會有不凡的表現。

人際交友

受到土象星座的摩羯與金牛座影響，摩牛（秤）型非常的老實，老實到都忘了該怎麼與人相處，他們為人正直且講求實際，是「結果論」的擁護者。摩牛（秤）型可能太專注在自己的工作上，而忽略了與周遭人的互動；或是他們強烈的防衛心，會將他人的善意阻擋在外。成熟後的摩牛（秤）型，則能將摩羯與天秤的特質相融合，並進一步將天秤愛神的特質發揮出來。他們會是散播愛與關懷的使者，與早期拒人於千里的心理不同，此時的摩牛（秤）型渴望友誼，並喜歡有人為伴；他們也熱衷於多變的社交生活。

家庭生活

自相矛盾的摩牛（秤）型，其家庭生活也是呈現這樣的特質，他們的爸媽其中一人常鼓勵孩子勇於表達自我，但他們的方式可能錯了，因為這類父母會透過強硬的作風逼子女就範；這會對摩牛（秤）型產生不良影響，讓他們在人際表現上顯得更為害羞和退縮。至於家庭中另一個較為內向的家長，他們的個性傾向務實，並用高標準來要求自己和家人。他們尤其重視孩子在「公領域」的表現；此外，他們也會透過實際的行動支持孩子，雖然方式不是那麼圓滑，但他們是關心孩子生活的。在這樣環境長大的摩牛（秤）型擁有典雅的身段，他們也很關照自己給他人的形象，但由於缺乏自信，他們一開始較會與人保持距離。

感情世界

在愛情的面前，摩牛（秤）型是羞澀的，他們較不懂得如何表達自身

的情感，更不用談如何說「愛」了。比較適合摩牛（秤）型的戀愛方式，是「近水樓台先得月」，他們先與旁人建立起友情，再慢慢轉化成愛情，這樣的方式比較符合他們務實的心態。伴侶（夫妻）關係裡，摩牛（秤）型悶騷的性格，在婚姻中常會埋下許多不定時炸彈。他們必須適時將內心的想法傳達給另一半知道，因為他們天真的以為親密愛人永遠了解自己的每個念頭；但婚姻是實際的生活，EQ 再怎麼高的人，也不可能完全了解他人的想法。如果摩牛（秤）型不能適時表達自己的心聲，他們息事寧人的態度，會不斷壓抑自己，隨時會引爆與伴侶的關係。

理財觀念

受到土星與金星的影響，前者是世俗之星，後者則是美感之星；摩牛（秤）型很懂得理財之道，他們善於挖掘潛藏在平凡事物下的價值，無論是藉由人脈或是物質生活，摩牛（秤）型都能將之轉換為有形的財產，這也算是他們的特殊天分。土星會強化此款的企圖心，設法在物質界找到保障；金星則能在過程中扮演潤滑的角色，並善於串聯人際網絡。有了這兩項要素，摩牛（秤）型常能透過與他人合資，像是基金、融資等合作，進而讓自己與對方獲得利益。而定存、股票，以及投資型、分紅型商品也很適合他們。

職場生涯

受到原生家影響，摩牛（秤）型很重視職場環境的和諧，他們會選擇在藝文界或是公關界等需要與人互動，並兼具美感的行業作為選擇。若是主管階級或是將工作視為人生志業的摩牛（秤）型，則能將摩羯與天秤的優勢發揮到最大。這類主管具有高度的處世智慧，能將人事做到盡善盡美；另外，他們優異的人際互動，常能為公司招攬重大的合作。受到天秤座的激發，摩牛（秤）型善於與人斡旋，他們總能看到對方尚未發覺的天賦，

並利用串聯與整合，將彼此的合作帶到新的境界，共創雙方不可取代的資源與價值。

別踩地雷

摩羯座與金牛座、天秤座結合的摩牛（秤）型人格，其金牛座會強化他們土象星座的性格，讓他們早期傾向固執而保守，在人際交友上謹慎且防衛心重、不容易信任他人。而在逐漸社會化之後的摩牛（秤）型，則能發揮天秤座的面向，他們將更樂於與人相處，態度也隨之軟化；因為他們相信與他人的合作比起單打獨鬥，將會帶來更多附加價值。但我們也忘了摩牛（秤）型的摩羯和天秤都是基本星座的一員，基本星座又稱為本位星座、或是開創星座，也就表示某些程度他們仍是以「自我」為出發點的。所以如果你以為他們脾氣好，就可以盡情利用、甚至想壓榨他們；那麼到頭來，吃虧的還是自己喔！

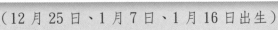

太陽摩羯座與數字 7／雙魚座

（12 月 25 日、1 月 7 日、1 月 16 日出生）

生日解碼

摩羯座與雙魚座結合的摩魚型人格，外顯意識與內在潛意識雖是互相調和，但摩羯座與雙魚座的守護星法則確是背道而馳、南轅北轍。摩羯座的守護星土星，祂是人生最嚴格的老師，總會替我們在迢迢人生路上製造許多困難與限制、挑戰我們的底線，土星會讓我們變得謹慎，甚至帶來恐懼。至於雙魚座的守護星海王星，象徵著人類的深層潛意識以及夢境；被海王星觸及到的事物，會變得柔焦、細緻，或是曖昧與模糊不清。

從摩羯座與雙魚座的主宰行星，我們可以知道，某種程度摩魚型的內外人格是衝突的，摩羯可以說是最入世的星座，雙魚則是最出世的星座；

前者追求世俗的成功，後者則希望與眾生融為一體。年輕的摩魚型會為了自我與他人的利益問題而苦惱，在堆砌自我事業城池的同時，他們也會為了眾人的苦難而憂心。但成熟後的他們則能兼具自我發展，並為了社會心靈的健康而努力。

人際交友

在人際交友上，摩魚型也會呈現矛盾的兩面，他們早期還未整合摩羯與雙魚人格的時候，總以利益掛帥，認為只有看得到的東西，才是值得珍藏的，因此會有許多功利的思想。在逐漸社會化、歷經人生的酸甜苦辣後，摩魚型有能力發展自己雙魚座的人格面向，並將摩羯與雙魚的優點發揮出來。此時的他們，不再認為外頭是個需要加以隔離的地方，相反的，他們情願打破藩籬、讓高牆倒下；讓自我與外界相融合，達到人我合一的最高境界。摩魚型不僅只是個夢想家，他們一貫的務實風格，能將內心的理念化做現實。

家庭生活

一般而言，摩魚型來自一個高社經地位的家庭，他們的爸媽在社會上擁有很強的影響力。其中一方，可能是某些企業的領導人，或是在公職內擔任主管階級的職務。無論如何，此類父母擁有許多權力，但也背負許多社會壓力；他們對待孩子的方式較為嚴格，甚至會採取軍事教育。這雖然讓摩魚型具備堅強的意志，但也無形中剝奪了他們的童年，讓他們過於早熟。摩魚型爸媽的另一人對於孩子的教育相當重視，多半會有台灣傳統教育「不能輸在起跑點」的觀念，因此他們會要求子女的課業表現。這類父母也會讓小孩多與外界接觸，參與許多課外活動，豐富了摩魚型的精神生活，也讓他們具有別於其他孩子的細膩觀察力，延伸出細緻的同理心與同情心。

感情世界

　　摩魚型的私人關係，具有許多田園與家庭的味道；受到摩羯座的影響，他們會選擇最務實且絕對安全的路線，如果沒有必要，他們不會冒險追逐沒有結果的戀情。喜歡安定且低調的摩魚型，戀愛對他們來說就像光顧一個田園風光，是假日休閒的奢侈行程，但卻是回到現實後，他們內心所嚮往的生活。伴侶（夫妻）關係裡，摩魚型的重心會擺往事業；不可否認，此款確實會對事業的發展感到自豪，但深究其因，也是因為摩魚型想要給家人更好的物質生活，為了保障家庭的健全，他們傾注了自己的青春。所以身為摩魚型的伴侶還有家人，也要學習與他們溝通，而非不斷的抱怨。

理財觀念

　　受到土星與海王星的影響，摩魚型的理財觀可以很入世，也可以很出世。摩魚型早期為了自身的利益，除了穩健存錢之外，他們也可用自身良好的公信力，來進行與他人的協商與合資；透過與他人的合作，往往都能為雙方帶來不少的財富，這是屬於摩魚型入世的一面。逐漸引導出雙魚座面向的摩魚型，則會為了幫助他人，而在財務上造成短失，至於這個短失在旁人看來也許會覺得他們很傻；但摩魚型卻不以此為意，他們會在累積了一定的經濟水準後，轉而投入公益慈善事業，為社會盡一己之力。適合他們的理財工具包含定存、基金，以及還本型、分紅型商品。

職場生涯

　　受到原生家影響，摩魚型早期面對工作時也會呈現多才多藝的面貌，他們這時不追求專精，而是廣泛地吸收各部門的精華，並以學徒的身分自居，虛心請益前輩。等到他們在職場逐漸穩定之後，則會開始發揮雙魚座的面向，能運用細膩的思維，以及為人服務的中心思想，在工作舞台上發光發熱。若是主管階級或是將工作視為人生志業的摩魚型，因為早年在家

庭教育的薰陶下，讓他們能夠在專業領域（特別是公眾領域中），展現優雅的身段；他們能夠以理性和熱忱與人合作，憑藉摩魚型自身的自律形象，以及重視平等的原則，常能得到合作方的青睞，因而換來結盟、取得更大的利益。

別踩地雷

摩羯座與雙魚座結合的摩魚型人格，年輕的他們較難以駕馭摩羯與雙魚的特性，會呈現兩者的負面心態；包含防衛心強、物質主義至上，以及對他人信仰的極端否認。我們常能看到摩魚型背負著許多旁人加予他們的責任，摩羯與雙魚的組合，可以說是最宿命、最認命的組合；他們的人生觀傾向悲劇，總戴著墨鏡看人事物。然而雙魚座特有的同理心、同情心，以及犧牲奉獻之心，卻又最常出現在此款組合當中。就像電影所言：「黎明前的夜晚是最黑暗的」，希望總緊跟在絕望之後，唯有嚐到人生低谷的滋味，才能體會到什麼是真正的美好。摩魚型多半是宿命論者，但這不表示他們就很消極，相反的就是因為知道人生苦短，他們反而會更積極利用時間、充實自我。因此身為他的朋友，可別要他們一直努力；要他們學會適時的「不努力」，也許才是此款的生存之道。

太陽摩羯座與數字 8 ／摩羯座
（12 月 26 日、1 月 8 日、1 月 17 日出生）

生日解碼

摩羯座與摩羯座結合的摩摩型人格，屬於典型的摩羯人，擁有所有摩羯座的正面特質：意志堅定、刻苦耐勞、企圖心、細心務實、傳統……等，而負面特質則包含：頑固不靈、不知變通、剛愎自用、貪婪、食古不化……等。

摩羯座的守護星土星，長期以來在古典占星一直被視為「第一凶星」，因為土星所帶來的限制和萎縮，容易讓人產生自我懷疑，甚至會去否定他人。這顆星體與「恐懼」似乎畫上了等號，祂害怕改變，也厭惡任何的不確定感，所以不具有延展性。但在現代占星學中，越來越多的占星家起身替土星平反；他們認為土星確實會帶來許多的延宕與災難，但生命中若缺乏這顆星體的影響力，我們可能連好好地站穩腳步都有困難，甚至我們會缺乏人生的養分，而無法在青少年階段順利蛻變為一名成人。

人際交友

充分展現摩羯座特質的摩摩型，在生命各領域也會展現摩羯座與土星的法則；摩羯向來與成熟、老成有關，因此在人生路上，年輕時的摩羯與年長後的摩羯將會擁有截然不同的人生經驗。早年的摩摩型面對交友，容易呈現負面的形象，他們貪婪且不知足，凡事總以自我為重。因此在早期，摩摩型可能會藉由利用友誼，來獲取利益；但也可能反過來，摩摩型淪為被他人利用的對象，無論如何，這都不是健康良好的人際互動模式。社會歷練較為豐富的摩摩型，有機會發展自我的高等層次，他們會以保護、服務朋友的立場，為他人提供實際的協助。而較為務實保守的摩摩型向來不大會表達內心的情感，所以他們身旁也會圍繞著一群情感豐富的朋友，彼此截長補短。

家庭生活

個性保守、不擅表達的摩摩型，令人意外地來自一個作風大膽且開明的家庭，他們擁有一對個性外向的父母，為人熱情且直接。摩摩型雙親其中一人，性格更是光明正大、直接了當，不喜歡拐彎抹角，情緒表情幾乎都寫在臉上，是單純且好相處的類型。可是這些爸媽得要學習掌控自己的脾氣，不然他們從不壓抑的怒氣，很可能會傷害了親子之間的關係。而家

庭雙親中的另一個角色，則與上述的爸媽類型不同；較傾向用委婉、柔性的方式教導子女；他們較常使用迂迴戰的方式、循循善誘，進而激發孩子的潛能。此外，他們很重視摩摩型的禮儀與個人形象，會要求孩子出門在外得為自己的言行負責；同時他們會鼓勵小孩參與許多社交活動，來獲取更多的社會經驗。

感情世界

土象星座的摩摩型會將愛情物化，會將愛人當作是自己的資產，這難免會給對方一些壓力，誰也不希望自己是別人的「所有物」；摩摩型的這種想法，也會引發他們的佔有慾。醋心大發的摩摩型，會將理智丟到背後，甚至會做出一些失控的行為。伴侶（夫妻）關係裡，摩摩型受到土星影響，他們擁有強烈的保護慾，對待家人更是如此。摩摩型的婚姻生活非常傳統，他們與伴侶分別守護事業與家庭兩端，雙薪家庭的例子較為少見。摩摩型走入婚姻與家庭後，可能會為了家人放棄自己的工作，盡心在家務之中，成為另一半的後盾；也可能反過來在事業上鞠躬盡瘁，成為家庭的經濟支柱。

理財觀念

身為基本星座一員的摩摩型，本就較常以自我的立場出發，凡事站在利己的角度；加上土象星座務實的特質，他們對於物質界有濃厚的興趣，以及擁有強烈的執著和企圖心。反應到理財上，摩摩型早年會藉由保守的心態，辛苦的存錢，逐漸讓自己的錢財豐厚。有了一定的基礎後，他們會進行謹慎的投資，通常摩摩型都具有獨到的眼光，能在投資領域獲利不少；但是嚐到甜頭後的他們可能變得十分貪婪，胃口也越來越大。摩摩型得學會節制，別讓投資失衡。所幸，成熟後的摩摩型較能控制自身的慾望，也懂得回饋社會的道理。適合他們的理財工具除了定存外，基金與股市、還

有分紅型、還本型商品也很適合他們。

職場生涯

　　摩摩型擁有遠大的抱負，從早年的校園生活就看得出來，他們在學的時候，就會通過各式各樣的打工經驗，來豐富自身的經歷；而他們打工的最大動機除了賺錢外，便是觀察各行業的管理方式，以及企業制度等等，這些都會成為摩摩型將來成大器的養分。若是主管階級或是將工作視為人生志業的摩摩型，受到原生家庭影響，他們會傾注非常大的熱情，將工作從呆板轉變成鮮活的型態；這其中最大的不同在於，他們能活用職場的人脈，摩摩型相當重視人際的互動，為事業注入一股暖流。摩摩型主管對外性格鮮明，給人直接乾脆的印象，同時他們又具有出色的幹旋技巧，能在人我之間的利益中，取得絕妙的平衡。

別踩地雷

　　摩羯座與摩羯座結合的摩摩型人格，是典型的摩羯人，他們最在意的不外乎那些可看到、可觸摸到的有形事物。摩摩型需要生活的保障，若長期處於經濟不穩定、顛沛流離的狀態，他們會陷入不可自拔的焦慮與憂鬱中。摩摩型重視未來的發展，他們未雨綢繆的心態，總能設想到許多狀況，防患於未然；但這也表示他們缺乏一顆勇於冒險的心。總歸來說，摩摩型多半是保守的，且私底下不善表達自我（工作領域除外），但這不代表他們對他人的情感無動於衷；相反的，摩摩型很需要情感的滋潤。此款的地雷區常與個人情感，以及私領域有所關聯。

太陽摩羯座與數字 9／牡羊座
（12 月 27 日、1 月 9 日、1 月 18 日出生）

生日解碼

　　摩羯座與牡羊座結合的摩羊型人格，外在意識與內在潛意識有所衝突，卻也有吻合之處。摩羯被土星所守護，可以說是土象中的土象；牡羊則被火星主宰，則是火象中的火象。前者保守且務實，行事也顯得拘謹而嚴肅；後者則是性急且積極，行事較為衝動而輕率。由摩羯所主導的摩羊型，早期較無法統合自身截然不同的兩股能量，他們會用嚴肅自律的外表來壓抑渴望自由、放蕩不羈的內心。較不成熟的摩羊型會變得憤世嫉俗，他們會對社會進行批判，對於某些潮流、主流團體感到不屑，然而內心卻是多所嚮往，希望成為其中一員。

　　較為成熟的摩羊型則能整合摩羯與牡羊的面向，對於內心的衝動能在事業上藉機轉化成前進的動能。摩羯與牡羊都屬於基本星座，這代表他們都是較以自我為中心的。牡羊能活化摩羯的動力；摩羯則讓牡羊更具耐性與毅力，這是個十分適合事業發展，以及深耕專業領域的位置。

人際交友

　　早期摩羊型受到摩羯座與牡羊座互相較勁的影響，他們在人際互動上顯得笨拙、居於劣勢。一方面摩羊型受到牡羊驅使，會想要與他人建立關係，但是摩羯的防衛心卻又會在摩羊型與人交流時造成阻礙。他們內外的矛盾，使得自己無法真心與他人相處，甚至會有逃避與人群互動的傾向。而在摩羊型整合摩羯與牡羊的面向之後，他們能發揮牡羊的影響力，富於勇氣和行動力的他們，將更樂於嘗試與他人交往，並透過認識不同的人群，來拓展自己的知識。此時的摩羊型較能言善道，不再給人不擅言詞的印象；因為牡羊的鬥志會讓他們不怕失敗，從與人互動的過程中，不斷修正自己的語言技巧。

家庭生活

對外嚴謹、內在衝動的摩羊型來自一個矛盾的家庭。爸媽其中一人，性格較為衝動、較容易動肝火。他們對孩子採取傳統的教育方式，用打罵的方式教訓子女；因此在如此教育中長大的摩羊型也會在心裡留下陰影，讓他們與人交往更傾向退縮、缺乏自信。至於雙親中的另一人，則會對孩子過渡溺愛；這些父母十分疼愛孩子，他們也可能過度溺愛小孩，在他們心中對孩子有彌補的心理，會盡力滿足小孩物質上的需求，無形間也寵壞了小孩，讓孩子長不大。在這樣環境長大的摩羊型，一方面對外不敢表達自己內心真正的想法，而會不斷的壓抑自己；一方面內心又顯得衝動幼稚，一有什麼不滿，回到家中就會發洩在最親的家人身上。

感情世界

在親密關係中，摩羊型追求穩定的發展，但他們不擅言詞的個性常會在戀愛裡吃悶虧，即便他們有心想經營感情，卻因為他們總是動作慢半拍，而讓情敵搶得先機，這種半途殺出程咬金的狀況屢見不鮮。伴侶（夫妻）關係裡，摩羊型受到摩羯座影響，常會無心中找到一個情感細膩且豐富的人為伴，這類人會活出摩羊型缺乏的元素，為人柔情，且善於與他人有情緒的連結。同時摩羊型內心的牡羊座性格，也會吸引到一個配合度高、且較柔順的伴侶；他們與伴侶維持一種互補的關係。摩羊型具有摩羯與牡羊的特質，這意味著他們有大男人、大女人的性格，雖能成為家庭的支柱，為家族盡責；但他們以自我為中心的處事方式，可會引起伴侶和家人的抱怨。

理財觀念

在理財上，摩羊型有長遠的目標，他們能夠為了理想，抱著覺知存錢，透過能省則省的方式，逐漸讓自己的財富積沙成塔、越來越多。在一定的社會磨練後，摩羊型也可以透過與他人合資、合作來賺錢，憑藉他們辛苦

經營的個人品牌，能得到合作方的信任，而摩羊型面對事業的斡旋能力，也能替自己招募到有品質的團隊。如此雙管齊下，摩羊型想要致富，並非難事。適合他們的理財工具，除了定存外，基金，以及房地產、利變型與投資型保單也是不錯的選擇。

職場生涯

摩羊型剛進入職場的時候，他們會呈現多變的特質，與一般我們對摩羯座的印象不同；他們十分熱衷於多元的興趣，不排斥接觸各類型的工作，他們會竭盡所能去認識各部門的精華，從中學習各領域的獨特之處。若是主管階級或是將工作視為人生志業的摩羊型，能將早期吸收到的多元經驗，應用到自己的事業經營策略上，也因為懂得許多企業的運作模式和內部制度，他們非常具有外界的社交手腕，常能在談判桌上，創造雙贏、甚至多贏的局面。此外，摩羊型也會在專業領域精益求精，常成為某些特定領域的佼佼者。

別踩地雷

摩羯座與牡羊座結合的摩羊型人格，早年他們較難統合摩羯與牡羊的衝突面向，在人際場域中顯得被動，又因為他們無法控制內心牡羊座的衝動特性，常無意間傷害了自己最珍視的人。即便摩羊型能整合此兩股面向，人格趨近成熟後，他們的內心仍是十分脆弱的。摩羊型不像表面來的堅強，他們意志力堅定，但這不表示此款就能對人際上的傷害有免疫力。摩羊型需要情感上的滋潤，因此他們向來對於精神上的美感，諸如音樂、藝術、戲劇……等等，有強烈的喜好。想打開他們的話匣子，除了聊聊事業經營，以及有形的物質生活之外，從上述藝文領域下手也是不錯的選擇。值得一提的是，此款向來崇尚自律的嚴謹生活；因此懶散的態度，或是遲到、放鴿子這類行為將被他們極度厭惡。

第十一章：
太陽水瓶座與九個星座靈數

太陽水瓶座與數字 1／獅子座

（1 月 28 日、2 月 1 日、2 月 10 日出生）

生日解碼

　　水瓶座與獅子座結合的瓶獅型人格，內外人格有許多衝突和矛盾，性格中將有很大的張力；星盤上水瓶座與獅子座遙遙相對，呈現一百八十度，彼此互相排斥。瓶獅型由水瓶座所主導，其守護星天王星被發現的時候，地表的人類正在發生法國大革命、美國獨立運動，以及一系列的工業革命。天王星象徵著改革與創新，有拋棄固有傳統、守舊勢力的傾向。

　　反觀獅子座由太陽守護，太陽在世界各地，以及各時期的神話中幾乎都能找到相對應的神祇；祂對我們賴以為生的地球更產生舉足輕重的影響力，帶來了光與熱。太陽象徵著我們的自我（外顯意識上的）；受太陽守護的獅子座，全身上下閃耀著光芒，他們有正直的人格、熱情的個性、華麗的舉止，是個不可漠視的人物。天王星與太陽的法則相反，前者有擴散的能量，後者則是聚焦的能力。

人際交友

　　如果以自然界來比喻，水瓶座是天空的化身，獅子座則是熊熊燃燒的太陽。早期瓶獅型較不能統合這兩個面向，他們容易展現出此兩星座的負面特質，瓶獅型要不是刻意與人保持距離、自命清高，厭惡任何的主流活

動，有股憤世嫉俗的滄桑感；就是過度極權，認為自己是世界的中心，大家都是繞著自己運轉。等到瓶獅型逐漸能整合內外意識的差異，找到彼此的共通點後，他們則能在人際關係裡悠遊自在、怡然自得。此時的瓶獅型既能保持自我的完整性，又能與他人和平相處，在人我關係中，維持絕佳的平衡。

家庭生活

回到家庭的主題，瓶獅型有著強大的人格張力，很多時候都是拜父母之賜。瓶獅型爸媽的之一，性格是溫和且保守的，他們相當注重傳統；並以關愛與耐性教育孩子，期望培養子女找到自我的價值。而雙親中的另一人，同樣也是具有耐性之人，只是他們較為沉默寡言，會選擇在背後支持孩子，從平時的觀察中，去關心子女。他們的情感多半濃烈，只是此款父母會將愛藏在心中，雖然他們會用實際行動去關懷子女，但他們鮮少說「愛」；這會使得瓶獅型內心有所矛盾，他們雖然知道父母的用心，但又想得到父母的肯定，想聆聽爸媽由口中表達的讚美。因此瓶獅型內心的獅子座面向會越來越明顯，他們會藉由向外尋找自身的舞台，並追求掌聲，藉以肯定內在的自我。

感情世界

受到水瓶座影響的瓶獅型對人性向來好奇，他們進入親密關係後，也會對另一半的想法、舉動充滿強烈的興趣，嚴格來說，此款談戀愛就像在做場實驗；常會被伴侶抱怨自己不夠投入，因為瓶獅型總是帶著理智在看愛人的反應，他們需要把理性暫時拋諸腦後，用更深刻的感情對待愛人。伴侶（夫妻）關係裡，瓶獅型則會發揮水瓶與獅子的雙重面向，他們在個人與伴侶之間，好比平民與貴族的戰爭；當然，我的比喻是比較誇張一點，不過瓶獅型與愛人的結合確實是非常驚天動地的，他們的婚姻生活似乎無

法與「平凡」掛勾。學習尊重彼此的差異，對瓶獅型婚姻經營的長遠之道，會是個良好的潤滑劑。

理財觀念

早年由水瓶座主導的瓶獅型，在理財上過於理想化，他們總有許多夢想想要完成，而這些夢想通常都是需要不少花費；完成了這個夢想，又會想追逐下一個夢想，漸漸的，這樣的消費習慣就會變成惡性循環，進而成為理財的漏洞。在瓶獅型慢慢成熟後，這類狀況會減輕許多，他們會變得更為謹慎，對於金錢錙銖必較，也對理財商品更為熟悉，會透過貨比三家、比較優劣的方式，找到最適合自己的理財方案，進一步瓶獅型也能累積不少的財富。適合他們的理財工具包含定存、股票，以及還本型與投資型保單。

職場生涯

在工作上，瓶獅型早期因為沒辦法將內外意識調和，他們在職場上防衛心較重，較不能與通人進行良性的溝通互動，而他們利己的傾向，也可能遭到同事的排擠，他們的職場關係有些許的功利成分。而轉為成熟且能統合內外意識的瓶獅型，則多能發揮水瓶與獅子的優勢，與同事相處融洽；此時的瓶獅型就像職場的長輩，很會照顧他人，常有「暖男」、「暖女」的封號。若是主管階級或是將工作視為人生志業的瓶獅型，受到原生家庭影響，他們對事業有著不可動搖的堅強心智，一方面他們堅守企業的固有傳統，一方面他們也會以此為基礎，對制度進行相對的改革，帶領風潮，建立全新的事業文化價值。

別踩地雷

水瓶座與獅子座結合的瓶獅型人格，具有風象水瓶的人際手腕，以及火象獅子的自我意識，他們擁有出色的原創精神，許多天馬行空的創意，

在他們的努力下都能化做現實。因此此款非常注重創意思維，與他們交往，思想可不能太過呆板單調，越具原創性的點子，越能吸引他們的注意。值得一提的是，瓶獅型受到天王星與太陽法則的影響，他們生活中總需要許多大量的自我獨處時間，所以身為他們的朋友，也要適時給他們自己的個人空間，可別「過度關心」了。

太陽水瓶座與數字 2 ／巨蟹座
（1 月 20 日、1 月 29 日、2 月 2 日、2 月 11 日出生）

生日解碼

　　水瓶座與巨蟹座結合的瓶蟹型人格，其外顯意識與內在潛意識不大調和，巨蟹座的敏感情緒，會干擾水瓶座在人際關係上抽離的心態，讓他們較難從制高點看待事理，而會參雜個人的情緒，為他們的理性帶來挑戰。受天王星守護的水瓶座，對人際具有一定的高度，他們能抽離情感，不被他人情緒左右。而巨蟹座的加入，無疑會對這固有客觀產生影響。

　　巨蟹由月亮這顆母性星球守護，祂象徵人類的母親，善於滋養旁人，對別人的需求也很敏感，能給予即時的協助。瓶蟹型若不能妥善整合此兩種面向，他們一方面渴望與他人有情緒的連結，一方面又害怕與人過從親密，因而喪失了客觀與理性的本質；他們常在親密與孤獨間徘徊。成熟後的瓶蟹型則較無這方面的困擾，因為巨蟹座重視歸屬的特性，能強化水瓶座博愛的面向，讓他們在與人打交道的時候，更具有同理心，且能打破國界與種族的藩籬，擁有四海一家的世界觀。

人際交友

　　早期瓶蟹型尚不能將水瓶與巨蟹的人格相整合，他們會把此二者的負面特徵展現出來，瓶蟹型對人疏離，且凡事以自我為重；由於內心安全感

不足，他們會對外界有敵對的意識，常將他人當做自己的假想敵。瓶蟹型也會把好友的關心阻擋在外，甚至用情緒化的方式來做應對，給人幼稚的觀感。在瓶蟹型能夠調和水瓶與巨蟹的面向之後，他們為人相當具有風采。瓶蟹型受到水瓶座影響，他們想要探索得更多，並重視關係裡的自由與平等，他們可以與任何人相處融洽，與先前疏離的態度不同，此時的瓶蟹型更有能力去關懷他人，並能激起他人對追求理想的鬥志。

家庭生活

瓶蟹型通常擁有良好的家世，並很重視「美」的教育，無論是物質上或精神上的。雙親其中一人，對待孩子極具耐心，且他們的性情是穩定的，平時很難看到他們發脾氣的樣子。這類爸媽傾向壓抑，而且他們的作風也較為傳統，具有高度的道德感。至於雙親中的另一個角色，重視精神之美，他們可能從事與藝術文化，或是公關整合有關的工作。這類爸媽向來會要求子女要有美好的儀態，且他們注重孩子精神美感的教育，會盡力培養孩子的協調感；無形中，瓶蟹型內心會追求和諧。在這樣環境長大的瓶蟹型，通常都有許多崇高的理念，他們關心社會，但是內心善良且敏感的他們，又害怕自己會受傷。因此早年他們會顯得有些乖戾；與世隔絕、試圖與人保持距離。

感情世界

親密關係層面，受到水瓶座影響的瓶蟹型，會想要接觸各式各樣的關係，他們會被人貼上花心的標籤，但事實上此款對人用情很深，一旦決定對方是自己的真命天子（女），他們就不會再做變動。伴侶（夫妻）關係裡，瓶蟹型的好脾氣，可能會讓伴侶長期下來得寸進尺，而造成關係的失衡。如果這樣的狀況無法改善，瓶蟹型內心的巨蟹座會啟動層層的防護，而讓夫妻雙方無法進行良性溝通，甚至彼此的距離漸行漸遠。但情況也可

能反過來，瓶蟹型因為自身的好人緣，讓他們在外頭累積大量的人氣，久而久之，他們可能會忘了最基本的尊重，而在家裡有「大頭症」的情況。

理財觀念

水瓶座掌管著星盤的福德宮，本是個攸關人群福利的星座，因此瓶蟹型在理財上，多少也會有某種程度的利他、理想主義。但對於年輕時，財力有限的瓶蟹型而言，若是花太多金錢在夢想上，很容易就會把自己拖垮；他們必須要有長遠的規劃，用更務實的心態，理性處理財務狀況。另外，由於受到巨蟹座安全感不足的影響，他們早期也會有藉由華麗的行頭，來虛張自己的聲勢一番，具有虛榮的傾向；這點在理財上也要格外注意。通常瓶蟹型擁有敏銳的投資眼光，只要合理的運作，想要致富也不是夢想；因此股票、基金，以及變利型、分紅型商品也很適合他們。

職場生涯

巨蟹座確實會強化瓶蟹型的博愛精神，但在早期瓶蟹型尚未統合巨蟹與水瓶的人格之前，他們在職場上傾向退縮。由於無法內化巨蟹座的面向，瓶蟹型在與同事相處時，常會升起強烈的防衛意識，這對向來追求人際和諧的水瓶座，將會是個嚴重的打擊。直到瓶蟹型能整合內外意識後，他們則能設身處地為同事著想，並能延伸自己的觸角，此時的瓶蟹型能積極拓展人脈關係，進而提升自己的事業形象。若是主管階級或是將工作視為人生志業的瓶蟹型，他們能將早期從原生家庭學到的技能運用在事業當中。瓶蟹型很重視企業的往來，他們在合作事務上非常積極，而早年受到的美學教育，也會讓瓶蟹型懂得運用社交以及斡旋手腕，一次次的牽成許多重大的企業合作案。

別踩地雷

水瓶座與巨蟹座結合的瓶蟹型人格，基本上人都很好相處，受月亮守

護的巨蟹，會拉近水瓶的距離，讓他們不再有置身事外的孤獨感。但同時，巨蟹也會讓水瓶喪失冷靜客觀的能力，比起其他水瓶家族，較會意氣用事。我們可以說，巨蟹適時發揮了將水瓶自外太空拉回地球的作用，但也讓水瓶看不清人際上的紛紛擾擾。就最好的一面來說，巨蟹強化了水瓶的博愛思想，讓他們能與任何人好好相處。但我們也別忘了，巨蟹本是重視隱私和家人的星座，因此這兩點也會變成瓶蟹型最大的地雷區。

太陽水瓶座與數字 3／射手座

（1 月 21 日、1 月 30 日、2 月 3 日、2 月 12 日出生）

生日解碼

　　水瓶座與射手座結合的瓶射型人格，外顯意識與內在潛意識協調，火象的射手會為風象的水瓶帶來活力，這兩個星座都強調精神的自由與解放；身為變動星座一員的射手座，也會讓固定星座的水瓶更具彈性與柔軟身段。射手也強化了水瓶追求自由的法則，瓶射型是不能被束縛的；無論是肉體上或精神上，他們都要求相對的自由。這是個有利發展新文化、新技術的位置；高度成熟的瓶射型將會在各領域有新的發現，並引領潮流、蔚為風潮。

　　但是這樣的結合也可能是最危險的組合，從最壞的一面來看，受到天王星守護的水瓶座，在尚未覺知到高層次人格之前，他們常有些叛逆，甚至離經叛道的思想，並會透過極端的手段展現出來，射手座的加入，無疑是助長瓶射型的這類傾向。

人際交友

　　早年瓶射型人格還不夠成熟，他們在交友上，容易展現水瓶座的負面態度。瓶射型雖然能言善道，乍看好似擁有熱絡的人際關係，但實際上他

們始終與人保持距離；可能他們自視甚高，認為自己的才智無人可及，有一種鶴立雞群的優越感，因此他們不願與他人為伍。若是瓶射型能夠發展更高度的自我，行事更為成熟後，他們則能體現水瓶與射手帶給人群最好的禮物。瓶射型可以一視同仁與他人相處，並放下原本的身段，願意親近人群，並給予精神和物質的協助。瓶射型在好友圈會是新觀念的推動者，追求自由、平等的他們也常會走上街頭，為捍衛他人的權益而努力。

家庭生活

有著弘遠理念的瓶射型，來自一個充滿關愛的家庭，雙親之一性格老實，是個講求務實之人。對他們來說，擁有生活的「保障」是維繫家庭的第一要務。他們可能會努力的賺錢養家，來支撐家庭經濟的命脈。瓶射型幼時或許家境並非富有，但爸媽知足的性格，也讓孩子思考什麼才是真正「有價值」的事物？在瓶射型家中，「珍惜」是件了不起的事，孩子也從父母惜物愛物的精神裡，學到了任何事都有其價值的道理。另外，瓶射型雙親中另一個角色，則是家庭心靈的掌門人，此款爸媽很會照料家人的情緒，他們與家族有深刻的情緒臍帶，也善於凝聚家族的情感。在此環境成長的瓶射型擁有堅強的信念，他們對於未來總有股社會的使命感，想去完善現有的制度。

感情世界

瓶射型年輕時對人性充滿了好奇，他們在愛情上有喜歡嚐鮮的心態，因此惹來花心的批評。其實固定星座的水瓶，對於自己選擇的對象，相當重視未來，他們一旦決定與對方經營感情，通常都能夠維持長久的關係。伴侶（夫妻）關係裡，瓶射型能更加的穩定，他們通常會選擇一個具有創造性的伴侶共度一生。瓶射型的另一半許多是從事與演藝娛樂、文化教育有關的工作，他們的個性一點也不呆版，而是充滿了源源不絕的生命力。

瓶射型與伴侶的生活也是同樣多采多姿，他們不會因為共組了家庭而放棄原有的生活，相反的，他們夫婦倆會在生活中安排許多活動，尤其是兩人都可參與的活動，除了可以增加雙方的話題，在參與活動的時候，彼此的感情也更加深厚。

理財觀念

　　水瓶與射手都是很社會化的星座，瓶射型的人格更是如此，反應到理財上，他們會藉由與他人的合作來賺錢。一方面水瓶座的理念需要靠大眾集資、募集款項；他們也可能透過基金或是合資的方式理財，進一步藉由獲取的錢財，讓自身的理念得以推動和實踐。一方面受到射手座影響，瓶射型對於賺錢這件事是很有企圖心的，射手知道唯有穩固的生活保障，才能讓他們擁有更多的選擇和自由。綜合上述種種，瓶射型會採用穩健的方式理財。但要注意別讓夢想與現實脫軌，才不會使得自己的錢財失血過多。適合他們的工具還包含定存以及還本型商品。

職場生涯

　　向來很重視社會理念的瓶射型，在職場上更能看出這一點，瓶射型會選擇一份具有服務性質的工作，來宣揚自己的信念。水瓶座的面向，讓他們與同事相處和諧，他們也常把同仁當做自己的家人看待。若是主管階級或是將工作視為人生志業的瓶射型，由於早期他們廣泛接觸不同人群，累積了一定的人脈，對於識人也具有一定的洞察力。瓶射型往往能夠以絕佳的觀察力掌握先機，並能藉由與他人的合夥共創更大的產值。瓶射型主管具有「點石成金」的能力，他們常能將他人視為敝屣的事物重新轉化，進而挖掘出全新的價值、活出新的生命力；這特殊能力也能運用在人際上，瓶射型主管能將部屬的潛能開發出來，讓職員煥然一新。

別踩地雷

水瓶座與射手座結合的瓶射型人格，在早期受到水瓶與射手的共伴影響，他們還不能掌控這股力量之前，行事較不考慮後果，在青春期的他們也可能會做出許多激進的事情，情緒也較容易受到慫恿。或是給人不可一世、高高在上的模樣，任誰也無法親近。在歷經社會的洗禮後，瓶射型將變得更穩重，為人也更友善，這時便能看到他們特有的人生智慧，以及獨特的理念。瓶射型很重視自我與人群的信念，他們擁有自發的社會使命，有時對社會議題顯得義憤填膺，通常此款道德感也較重。與他們相處，切記不要牴觸他們的信念以及人身的自由。

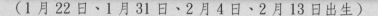

太陽水瓶座與數字 4／水瓶座

（1 月 22 日、1 月 31 日、2 月 4 日、2 月 13 日出生）

生日解碼

　　水瓶座與水瓶座結合的瓶瓶型人格，屬於典型的水瓶人，擁有所有水瓶座的正面特質：創意、博愛、知性、人道主義、利他……等，而負面特質則包含：怪異、疏離、冷漠、孤芳自賞、剛愎自用……等。水瓶座向來與大眾的利益有關，他們是會為了他人權益走上街頭的革命家，同時他們心中也有著崇高的理念，終其一生，都在追求理念的實踐。

　　不過我們也別忘記，存於水瓶座的深層矛盾；水瓶座過去在天王星尚未被發現之前，一直由土星所守護，直到近代仍由土星與天王星共同主宰著水瓶人。然而，早期受到土星與天王星對立法則的影響，瓶瓶型容易展現此兩星體的負面特性；於傳統與前衛之間來回擺盪，在需要固守傳統的時候，一心想要推翻它；在需要創意思維的時候，又轉成故步自封的心態。等到瓶瓶型人格逐漸成熟後，則能將土星與天王星的法則相互融合，能保持新意、又不會偏離主流太遠；能鞏固傳統，也不會顯得食古不化。他們

身上總背負著社會前進的使命。

人際交友

　　若無法平衡自身土星與天王星座作用力的瓶瓶型，在人際相處上，他們會呈現玩世不恭以及自私自利的心態。瓶瓶型會將土星與天王星的負面特質展現出來，他們做事不會考慮後果，僅以自己夠不夠「特別」為理由，而做出許多輕率的行為。甚至他們會有叛逆的心態，常常為了反對而反對，純粹只想站在反對的立場，而不去思考事物的真相。等到瓶瓶型能將土星與天王星的能量內化並重新整合後，他們能展現人類的睿智、處事的技巧。他們明白一味地堅守不合時宜的傳統，等於是在讓時代原地踏步，而過度激進且沒有經過相關配套的改革，如此貿然揚起革命的旗幟，一樣也會為社會帶來傷害。此時的瓶瓶型在交友上崇尚中庸之道，他們會避免自己陷入極端當中。

家庭生活

　　瓶瓶型內心世界來回擺盪、迥異的人格，暗示他們來自一個矛盾的家庭。瓶瓶型爸媽其中一人，思想比較守舊，同時他們以務實謹慎的人生觀，拉拔孩子長大。這類父母以真面目示人，或者說他們的生活態度非常認真而踏實。爸媽傳統與根深蒂固的價值觀，雖然引導出瓶瓶型的土星面向，但也禁錮了瓶瓶型自由的心靈。至於瓶瓶型雙親另一個角色，善於轉化他人的資源，進而重新挖掘他人的價值。他們雖然尊重傳統，但在舊有的事物上，他們也會想辦法找出新的觀念。接受如此教育的瓶瓶型一方面想抓住現有的資源，一方面又想拋棄過往經驗，尋求新的人生道路。

感情世界

　　私人感情上，瓶瓶型向來不大保守，他們總能透過眼前愛人的雙眼，去體驗外界更多的刺激；早年的瓶瓶型，他們談戀愛似乎不大能負責任，

也不大會許下承諾。重視精神生活的他們，總想在人際上體驗得更多，他們可能無法滿足只跟同一個人交往的鐵則。伴侶（夫妻）關係裡，瓶瓶型則相對穩重許多，有沒有「孩子」將會是個關鍵。在共組新家庭，並有了小孩之後，初為人父母的瓶瓶型，終於知道自己有維繫家庭的責任，也終於明瞭創造一個新生命，需要付出何等的代價。瓶瓶型會花許多時間與孩子相處，並相當重視子女的教育，希望孩子在平安長大之餘，將來能成為對社會有貢獻的人，因此對孩子寄以重望。

理財觀念

在理財上，由於瓶瓶型會將自身的資產與理念綁在一起，他們早期可能會為了完成自己的理想，而在財務上造成虧損；因此，一些較保守的理財工具，諸如定存、債券，或是還本型、利變型商品較適合他們。性格較為成熟的瓶瓶型則會在實踐夢想的同時，也為自己留下後路，不會演變成自身難保的田地；而他們也傾向透過服務他人，一邊理財、一邊推廣自己的信念，行事更為穩健且踏實。此時適合瓶瓶型的理財工具則包含投資型保單，或是分紅型的商品。

職場生涯

瓶瓶型時時關心社會的脈動，他們也會希望自己從事的工作能站在第一線，與人群作接觸，最好還能夠利益到弱勢族群。瓶瓶型的工作性質，具有一定的「保護」色彩，他們可能在某些庇護工廠服務，藉由專業知識以及勞力的付出，在工作的時候又能幫助到其他人。若是主管階級或是將工作視為人生志業的瓶瓶型，他們能夠在事業中找到自己立足於社會的價值；並以穩健的方式帶領部屬，試著讓同仁找到自己的定位。瓶瓶型的智慧反應到職場裡，即表示他們擁有識人與用人的能力，他們總能發覺到下屬真正的潛能，並將之安排到合理的位置，讓部屬能夠適才適所，進一步發揮長才。瓶瓶型也能將下屬認為的劣勢轉為優勢，創造許多神話級的奇

蹟。

別踩地雷

　　水瓶座與水瓶座結合的瓶瓶型人格，早期他們的個性或許會有些憤世嫉俗或是不可理喻，就脾氣來說，此款相當的固執，彷彿只有他們認定的事情才是天理。會造成這樣的結果，不外乎他們內心有著相反的靈魂，在某些事情上他們顯得保守，甚至食古不化；在某些事上，又過於激進、標新立異。在瓶瓶型能夠整合內心的矛盾之後，這類人擁有極強的生命張力，能在各領域發揮源源不絕的原創思維，是天才型的人物。但天才與瘋子也只有一線之隔，在未得到認同之前，他們的想法可能過度前衛；因此身為他的朋友，必須要適時的幫他們一把，千萬別在他們面前澆冷水；在你眼前，可能是即將發跡的新興科學家、思想家。

太陽水瓶座與數字 5 ／雙子座與處女座
（1 月 23 日、2 月 5 日、2 月 14 日出生）

生日解碼

　　凡是與數字 5 有關的組合，都會增加本人性格的複雜度，因為受到雙子座與處女座這兩個星座的雙重影響；水瓶座與雙子座、處女座結合的瓶雙（處）型人格，受到由水星主宰的雙子與處女影響，會讓本是固定星座家族的水瓶座更富彈性，對於他們資訊的蒐集與探索，將有良好的幫助；而水瓶也會安穩雙子與處女的多變性，讓他們不會像氣體般流竄，而有統一前進的方向。

　　由土星與天王星共同守護的水瓶座，瓶雙（處）型早年若無法整合自己的內外人格，則較會顯現此款的負面性質。他們受到土星強化的那一面，加上土象處女的影響，會讓瓶雙（處）型心胸變得狹隘，過度拘泥於

既有模式，而流於形式；或是思想受到箝制，容易畫地自限。而瓶雙（處）型天王星的那一面，則加上雙子的影響，讓他們更不受控制，脾氣古怪、總是見異思遷，缺乏自身的原則。

人際交友

　　早期人格較不穩定的瓶雙（處）型，在人際交往上，容易呈現自私的面向。他們較會以自我為中心與人相處，又因為自己天賦優異的語表能力，他們往往有強烈的優越感，認為周遭人都不比自己聰明，所以容易產生自大與自負的心理。瓶雙（處）型常用批判的態度對待他人，更給人高不可攀的印象。瓶雙（處）型必須真誠的面對自己，無須用高傲的態度來偽裝自己；他們是需要好友的，在內心深處，即便他們看起來多麼獨立，但事實上，瓶雙（處）型非常渴望人際上的互動。瓶雙（處）型若能調和自身的矛盾情緒，則能發揮水瓶與雙子，以及處女的正面能量，他們能透過自身的聰穎才智，與他人做更深層的精神交流。

家庭生活

　　內心有著這樣矛盾情結的瓶雙（處）型，擁有一對性格互補的父母；爸媽其中一方，非常厭惡變動，性格務實且穩定。這類瓶雙（處）型爸媽，為人處事相當低調，他們日復一日，過著同樣的生活，對於「守成」很有一套。這也會引導出瓶雙（處）型水瓶座的面向，讓他們能夠在穩定的物質世界中發展自己的理想。而家庭中另一個雙親的角色，則是相對彈性得多，這類父母會鼓勵孩子盡情去探索、盡量去體驗多元的生活方式；「多元」是此款爸媽的教育方式。於如此家庭環境長大的瓶雙（處）型，擁有固執守成的那一面，也具有靈活多變的靈魂；若發展良好，他們能抱有堅強的意志，並能透過各種方法，去迎接人生所帶來的各式困難跟挑戰。

感情世界

性格有些古怪，但口語十分流暢的瓶雙（處）型，初期會因為他們特有的魅力，而能夠快速地進入一段關係，但是瓶雙（處）型在愛情中的規矩很多、地雷也很多，最後可能會讓對方嚇得驚慌失措，甚至草草結束彼此的戀情。伴侶（夫妻）關係裡，瓶雙（處）型與另一半會花許多時間在彼此的信念互動，以及理念溝通上，他們會找到一個很聊得來的對象當做婚姻伴侶。瓶雙（處）型自身多變還有古靈精怪的氣質，同樣會吸引到一個極具特異想法的人前來；彼此個性雷同，但也有互補的時候。瓶雙（處）型的婚姻生活，雙方精神交流將會是個很大的重心。

理財觀念

受到水瓶座的影響，一般來說他們在理財上會有理想化的特質，因為水瓶本是掌管群體利益的星座，因此他們可能會為了他人利益，或是自身理念，造成過度的投資，忽略實際層面的風險，最後會有不小的損失。好在，雙子與處女的加入會適時平衡水瓶座這類傾向，尤其以左腦思維見長的雙子與處女，能在狀況尚未惡化之前，即有所自覺，所以即便是投資，也會轉而謹慎。有如此長處的瓶雙（處）型很適合與他人共同合資，以基金的合作方式賺錢，或是穩紮穩打透過定存、債券等較保守的商品來獲益。此外，還本型與利變型保單也很適合他們。

職場生涯

瓶雙（處）型剛進入職場的時候，多半防衛心較重，因他們無法調和自身的矛盾勢力；而受到水星主宰的雙子影響，他們的快言快語，還有自身優越感的傾向，很容易就得罪到人，甚至造成自己在職場上的孤立。若是主管階級或是將工作視為人生志業的瓶雙（處）型，他們有著堅毅的意志力，並透過早年在職場的人脈經驗，累積許多觀人的智慧，瓶雙（處）型所帶領的企業能在同業中異軍突起、成為一支穩定的勁旅。另一方面，

瓶雙（處）型受到早年家庭環境的影響，他們在事業的表現上，會呈現多元面貌。瓶雙（處）型主管可能一刻不得閒，他們總是忙進忙出，同時處理許多案子；在他們身上我們可以感受到強烈的水星特質—快速傳遞訊息、像隻花蝴蝶一樣。

別踩地雷

　　水瓶座與雙子座、處女座結合的瓶雙（處）型人格，在他們身上我們能看到各種可能；水瓶座常以「不按牌理出牌」聞名，總不用約定俗成的路數，以閃電般的創意思維驚嘆社會。雙子與處女的加入，會讓他們的腦袋運作變得更加快速，常有許多新穎的想法在腦中忽現。瓶雙（處）型早期受土星影響雖會呈現保守、傳統的特質，但經過時間的洗禮，他們會變得越來越前衛；注重關係裡的自由，以及任何形式的改革再創造。瓶雙（處）型厭倦「因為前人這麼做，所以我就這麼做」，這種「照慣例」的模式與藉口，他們要的是在咀嚼與吸收之後，源自心靈的獨立原創精神。這也是與他們切入關係一個很大的關鍵。

太陽水瓶座與數字 6 ／金牛座與天秤座

（1 月 24 日、2 月 6 日、2 月 15 日出生）

生日解碼

　　水瓶座與金牛座、天秤座結合的瓶牛（秤）型人格，其水瓶座與金牛座同屬固定星座，這會在瓶牛（秤）型的人格整合上帶來困難。水瓶與金牛皆是固定星座，這代表他們都很重視理念。水瓶重視人群的利益，以及社會能不能以接納多元的聲音、包容異己且穩定地運作；金牛則重視自我的資產，以及所延伸出的自我價值。

　　當瓶牛（秤）型的社會理念與自我資源衝突的時候，就會造成他們內

外元素不一致，會導致呈現此兩星座的負面特質。瓶牛（秤）型早期為人固執且剛愎自用，他們常過於堅持過時的守舊價值；或難以駕馭過分前衛的思想、陷入自相矛盾的局面。不過，瓶牛（秤）型當中的水瓶座與天秤座同是風象家族一員，所以他們必要時也能展現風象人固有的協調性。

人際交友

年輕時，瓶牛（秤）型尚不能統合自己的內外意識，他們在自我價值以及團體的利益間猶疑不決，形成一股既渴望友誼但又排他的力量。瓶牛（秤）型在人前容易顯得自私，凡事都以自身為出發點，在人際相處上有很大的盲點，因為他們分不清自我與群眾利益的差別，會誤以為自己就是社會的代言人，並將自己的理念強加在他人身上、為人詬病。在瓶牛（秤）型能夠統合內外的意識後，他們則能保有水瓶座的理性客觀，同時也擁有自身固有的價值與理念，並透過優雅的社交經驗，將自身的想法推廣出去。

家庭生活

瓶牛（秤）型爸媽多半為人落落大方，舉止從容不迫、並在藝文圈具有一定的影響力。其中一方，可能是個美食家、廚師或是園藝師，至少他們擁有完美的品味，並講究生活的品質。這會引導出瓶牛（秤）型的水瓶座人格面向，讓他們得以站穩腳步、發展自我的理念。另一方面，瓶牛（秤）型雙親中的另外一個角色，個性熱情且外向，這類爸媽很重視子女的教育，他們會希望孩子將來能對社會有所貢獻；這會引導出瓶牛（秤）型金牛與天秤的面向，讓他們相信人性的光明面；並渴望與他人有所連結，進一步將自身理念向外傳播。於此家庭長大的瓶牛（秤）型擇善而固執，他們有許多想法想要付諸實踐，並與時事有所羈絆，是關心社會的思想家、社會學家。

感情世界

　　崇尚多元心態的瓶牛（秤）型，會讓此款面對愛情的時候，有喜歡嚐鮮的傾向。他們很重視關係裡的自由，不能被感情所套牢，而是追求平等且開放的關係。與瓶牛（秤）型交往必須要有心理準備，他們可能會花很多時間在社交聯誼、社團活動上。伴侶（夫妻）關係裡，瓶牛（秤）型的脾氣，可能會造成關係的失衡，他們多半個性和善，除非忍無可忍，才會引爆；瓶牛（秤）型的好脾氣是眾所皆知的。但也因為如此，瓶牛（秤）型常會吸引到比自己強勢的人前來，這類伴侶的強勢作風，會使得瓶牛（秤）型不斷壓抑，最後造成情感的不和諧。但情況也可能完全反過來，瓶牛（秤）型因為固執的性格，會無法與伴侶配合，最後兩人長期處於失和的狀態。

理財觀念

　　一般而言，受到金星守護的金牛與天秤影響，瓶牛（秤）型在理財上常能一枝獨秀、獨領風潮。他們受金牛座影響的一面，會讓自己勤做理財功課，對於許多投資商品都不陌生；一方面又採取嚴格守財的方式，很快就能讓財富積沙成塔、越滾越多。

再者，受到天秤座影響的部分，瓶牛（秤）型也善於與他人進行合作，甚至合資，為彼此穩固關係，並帶來利益。瓶牛（秤）型的理財計畫越務實、實際越佳，他們不宜打模糊仗，而是要將財路與思路變得清晰；適合他們的工具尚包含定存、股票，以及分紅型、投資型商品。

職場生涯

　　瓶牛（秤）型受到爸媽影響，他們很適合從事與人文藝術，或是傳播公關的工作；瓶牛（秤）型一向重視職場的和諧氣氛，意味他們相當看重辦公環境的人脈互動，他們往往能與同事打成一片，並借力使力，讓彼此

在工作上互相協助、效率更高。若是主管階級或是將工作視為人生志業的瓶牛（秤）型，此時的他們已能將內外人格統御成熟，並發揮水瓶與金牛、天秤的特長。對內、瓶牛（秤）型主管能忠於企業的核心價值，同時他們累積的識人功夫，往往能夠挖掘部屬的潛力，進而發揮他們的價值與職場定位。對外、瓶牛（秤）型則能實踐自己的理念，在異界結盟上以高超的斡旋力，讓雙方的合作至臻完美。

別踩地雷

水瓶座與金牛座、天秤座結合的瓶牛（秤）型人格，外顯意識與內在潛意識，在水瓶與金牛的軸線，好比社會利益與自我資源的衝突；被強化的固定星座特質，會導致瓶牛（秤）型與人相處上，容易自負且自大，但內心卻是充滿了自卑與不安。在他們學會調和人格的衝突面向後，瓶牛（秤）型能以出色的社交技巧，將自我的價值展現與世人；加上天秤座的圓滑，他們能在人際事務獲得成功。值得注意的是，瓶牛（秤）型的地雷區，通常與集體利益，還有人我互動有關；他們受不了小鼻子、小眼睛的觀念，也厭惡只保護特定族群的狹隘思維。

太陽水瓶座與數字 7／雙魚座

（1 月 25 日、2 月 7 日、2 月 16 日出生）

生日解碼

水瓶座與雙魚座結合的瓶魚型人格，這是個「夢想家」的組合，就像水瓶與雙魚分別對應到塔羅牌裡的星星（The Star）與月亮（The Moon）一樣，前者代表希望；後者代表多變的情緒。瓶魚型從最正面來看，他們象徵由深層人性陰暗面，所淬煉出的光芒；但也表示瓶魚型有著強烈的迷惘、不安和恐懼。外顯意識與內在潛意識，雖有吻合但也有分歧的地方，

水瓶與雙魚都是集體的星座，即代表他們善於與他人產生精神上的共鳴，瓶魚型多半有與他人連結的渴望。

但是水瓶與雙魚仍有相當程度的區別，水瓶屬風象星座，雙魚則是水象星座；從他們對情緒的態度就可見彼此的差異。瓶魚型受到天王星與海王星這對太陽系最外部行星，以及星盤上最後兩個宮位（水瓶宮與雙魚宮）價值影響，他們可以說是肩負著人類進步的使命，在物質與心靈發展上，做出許多貢獻。

人際交友

由水瓶座主導的瓶魚型，早期若不能統合水瓶與雙魚的人格面向，他們在人際交往上，會產生許多疑惑。瓶魚型在人際關係上，似乎與單調無緣，他們的交友生活無論是好是壞，總是充滿了戲劇性。源自於水瓶的能量，會讓他們與人相處有些獨斷，因為無法調和另一面雙魚的性格；因此為人容易以自我為出發點，對他人做出嚴厲的批判，或是以自身的優越感掩飾內心的脆弱。而內在雙魚的能量，則會讓瓶魚型故步自封。其實，瓶魚型是需要朋友的，倘若他們能統合水瓶與雙魚的面向，則能發揮此兩星座的人際優勢。雙魚能軟化水瓶桀傲不馴的態度，讓他們更容易親近人群；水瓶則讓雙魚抱持中立，不至於太意氣用事。

家庭生活

瓶魚型通常有對性格反差頗大的父母，在他們家庭中，雙親裡其中一方是家庭的守門人，能給予子女安穩的生活，並提供堅強的後盾。這類爸媽善於守成，他們的性格也是穩重而踏實的，此外他們相當的認命；總是逆來順受的他們，在孩子眼中是一股安定的力量；這會引導出他們的水瓶面向，他們深信除了家庭外，仍有許多值得他們守護並且捍衛的事物，間接的養成了他們著重社會健全發展、多元並存的價值觀。另一方面，瓶魚

型爸媽的另一人，則是相當重視子女的精神發展，他們很樂意與孩子一同學習，並帶領子女走進知識的殿堂。於此環境長大的瓶魚型會擁有堅定的信念，也具有一顆柔軟、易感的心。

感情世界

在講求智識與守成價值中長大的瓶魚型，面對親密關係亦是如此，他們喜歡接觸各式各樣的族群，不排斥與任何人有更深入的關係，因為瓶魚型想要體驗的更多，試著從伴侶身上學到不同的知識與見解。伴侶（夫妻）關係裡，瓶魚型受到水瓶座影響，他們會很重視關係的興趣與嗜好，通常瓶魚型會與自己有相同嗜好，或是相同社會理念的人成婚；如果彼此缺乏興趣的支持，或是有類似的社會理念背景，這段婚姻將會是危險的。即便如此，受到雙魚影響的瓶魚型感情也很豐富，他們向來不大會拒絕伴侶的要求，尤其那些具有自我犧牲，以及願意服務他人等高尚情懷的人，更是吸引此款的致命武器。

理財觀念

在理財上，瓶魚型有著先天的弱勢，他們對於金錢不大敏感，且對消費時有衝動；要他們好好存錢似乎不是件簡單的事。起因於瓶魚型的水瓶面向，這個星座向來與大眾福利有關，金錢（資源）在他們身上，乃身外之物，他們對於物質生活的優沃度沒這麼注重；雖然瓶魚型也很懂得享樂和欣賞美感，但是他們會認為錢應該用於社會之上，因此此款理想主義的思維，在理財觀是有風險的。而雙魚的面向，也會讓他們在錢字面前，節節敗退；他們可能會一時衝動，而做出不理智的消費行為。所以適合他們的理財方案，包含定存，以及還本型或是利變型等保守商品，都能適時阻擋他們惡性的理財習慣。

職場生涯

瓶魚型「先天下之憂而憂，後天下之樂而樂」的人生大義，發揮在職場上，代表他們與同事的關係好比爸媽之於孩子一樣，瓶魚型很適合擔任父母官的角色。他們能夠體恤同仁的辛勞，願意幫同事做許多事而不問回報，但這樣的習慣久而久之，會造成職場職權的曖昧，無形中也讓瓶魚型變成濫好人，延攬太多不相干的責任到自己身上，最後搞得自己裡外不是人。若是主管階級或是將工作視為人生志業的瓶魚型，則能運用洞悉人性的智慧，加上他們的遠見，常能讓公司穩固立足，並能與時俱進、進而成為同業的標竿。瓶魚型豐富的識人經驗，讓他們常扮演部屬的伯樂，能將同事引導到正確的位置，進而發揮他們的潛能。

別踩地雷

水瓶座與雙魚座結合的瓶魚型人格，受到水瓶與雙魚的守護星—天王星與海王星影響，他們擁有寬闊的心胸，以及豐富的精神生活。瓶魚型有能力將夢想化作現實，其關鍵點在於，這個夢想是否對他人有益？是否對整體社會有更多的幫助？瓶魚型源源不絕的創意，能透過水瓶座的渲染力，為世間帶來新的觀念、還有新的方法。他們勇於嘗試，並能夠擺脫制式的傳統，為社會創造新的契機。瓶魚型是個與大眾站在一起的組合，敢於做大夢的他們，為的也是希望替他人製造福音。因此富於建設性的意見，他們很歡迎；但若是純粹想潑人冷水，最好還是省省力氣，別去招惹他們了。

太陽水瓶座與數字 8／摩羯座

（1 月 26 日、2 月 8 日、2 月 17 日出生）

生日解碼

水瓶座與摩羯座結合的瓶摩型人格，外顯意識與內在潛意識有重疊但

也有衝突的地方；重疊之處在於，水瓶由土星與天王星共同主宰，其受土星影響的那一面，與摩羯（本身即是土星守護的星座）非常契合，瓶摩型可以非常世故，他們人格中的一部分，總以沉穩的態度面對人群，某層面也趨於保守與傳統。

　　但是我們若從水瓶座的另一主宰星天王星切入，就會發現水瓶與摩羯十分的格格不入。如果說土星的法則是建構與穩固，那麼天王星絕對就是先崩壞、再建構；土星以守舊勢力自居，天王星則是追求創新與改革。受到水瓶座主導的瓶摩型，年輕時會為了傳統與創意而內鬥；他們一方面想抓住陳舊的思想，一方面又想在舊觀念中解放、創造新的價值。

人際交友

　　早期瓶摩型在交友上是失利的，他們較無法整合水瓶與摩羯相反的特質，因此面對旁人，總是有強烈的不安全感，進而引發自身的防衛心；一點風吹草動都可能激怒他們，性情極度不穩定。逐漸內化水瓶與摩羯特質到自身人格後，瓶摩型能發揮此兩星座的優勢到人際關係中，他們受到水瓶的驅使，自能運用客觀理性的精神面對人群，並不像以往參雜個人情緒到交流中，而是以清新的言談吸引朋友，總能以全盤性的觀點說服友人，進而成為朋友圈的領袖人物。

家庭生活

　　要形容瓶摩型的雙親，可以用急先鋒與慢郎中來比喻，一個性急且動作快速，一個則是溫和且行動緩慢。瓶摩型爸媽之一，個性急躁，他們是不折不扣的行動派，一想到什麼，就馬上去做，屬於劍及履及的人物。在爸媽的要求下，瓶摩型做事謹慎，甚至有些一板一眼，因而引導出瓶摩型的摩羯座性格；讓他們偏向保守而務實。另一個為人父母者，則是充滿了愛心與耐心；他們對待子女講究愛的教育。這類爸媽有十足的耐性，他們

也較少在孩子面前發脾氣，個性也很穩重；這會引導出瓶摩型的水瓶面向，讓瓶摩型能在爸媽耐性的教養環境中，發展自身的信念。於此家風中成長的瓶摩型，具有高度的企圖心，以及為他人激發自我價值的社會理念。

感情世界

受到水瓶座影響，瓶摩型在感情世界中是多變的；他們重視關係裡的自由，希望自己與伴侶都有多元的興趣、或是共同的嗜好。他們與愛人能維持像手足的關係，在關係裡面帶有一些距離，而不是整天二十四小時都黏在一起；那種成天綁在一起的相處模式，很快就會讓瓶摩型感到厭倦。伴侶（夫妻）關係裡，瓶摩型因為有摩羯座做後盾，他們在婚姻中向來以極度的保護慾著稱。瓶摩型在婚姻初期，會以嚴格的手段監控家人，他們的手法趨近專制，常給家人帶來壓力。所幸，瓶摩型是可以商量的，別忘了他們的人格由水瓶座主導，意味著他們向來重視人道精神，只要多與他們溝通，相信此款的作法將會有很大的改善空間。

理財觀念

傳統上，水瓶座掌管著福德宮，這是個朋友之宮，也是主宰社會資產的位置。瓶摩型的水瓶座面向，很適合透過人脈與他人做合資；因此若瓶摩型本身條件具足，性格也較為穩定的話，基金與股票將是他們致富的途徑，前提是他們必須找到可信任的合夥人，並以謹慎的心態來經營。另一方面，受到摩羯座影響的瓶摩型，也很擅於守財，當他們覺知到金錢的重要後，會以「能省則省」的心態處理理財事務，號稱生活「省長一哥一姊」；不過省歸省，瓶摩型對於人事的開銷則是很捨得，畢竟「真情無價」。而定存以及還本型商品也適用於他們。

職場生涯

瓶摩型通常能與職場同仁維持既像手足、又像親子的關係，他們以自

身成熟的社交技巧，常能勝任公司傳播者的角色，當他們來回穿梭在各部門的時候，也認識了許多朋友，替自己的職場人脈鋪路。人格統合之後的瓶摩型，能發揮水瓶與摩羯的正面特質；他們長於在複雜的人際網絡裡，保持一定的高度，就像職場文化中的清流，因此他們常被賦予協調、協商的重任。若是主管階級或是將工作視為人生志業的瓶摩型，他們具有觀察人的洞察力，同時將年輕時代累積的豐富人脈，運用在職場上，常能談成許多合作、簽訂許多關鍵的合約。瓶摩型能將他人的優點加以吸收，並將過失當作借鏡；「他山之石可攻錯」，即是這個道理。

別踩地雷

　　水瓶座與摩羯座結合的瓶摩型人格，好比一體的兩面，在他們身上可以看到最老成的智慧，以及新穎的才能；只不過年輕時的他們較不能統合內在的矛盾，因而呈現水瓶與摩羯的負面特徵：激進與陳腐。在歷經時間的洗禮後，成熟的瓶摩型就像時間的魔術師一樣，他們可以與你談遠在民過初年，甚至大清王朝的歷史事蹟，又可以與你大談現今時下最流行的APP是什麼；瓶摩型總能自由慣穿在光陰的長流裡。他們擁有寬廣的胸襟，還有獨到的見解。但在他們面前可別提到主流價值較好、或是非主流價值較優；對他們而言，主流與非主流都只是時代演進下的產物罷了，彼此並沒有絕對的好與壞。

太陽水瓶座與數字 9 ／牡羊座

（1 月 27 日、2 月 9 日、2 月 18 日出生）

生日解碼

　　水瓶座與牡羊座結合的瓶羊型人格，外顯意識與內在潛意識調和，水瓶屬風象星座、牡羊屬火象星座，兩者皆為陽性星座，因此瓶羊型在性格

上較為統合而外向。本位星座的牡羊能強化水瓶的行動力，讓他們更富於勇氣，去實踐自身的理念；風象星座的水瓶則能拓展牡羊的視野，讓他們更能客觀理性的處理事理，以站在制高點了解事情的來龍去脈。

不過如果發展不足的瓶羊型，則會呈現此兩星座的負面特徵：剛愎自用且狂妄自大；他們會以為自己就是眾人的信仰，會將自己的價值強冠在他人身上。此外，他們會合理化自己的行為，認無自己就是上天的意旨，有神格化自我的傾向。

人際交友

瓶羊型早期較會顯現牡羊的火星特質，為人正直且直接、厭惡任何拐彎抹角的方式。年輕時的瓶羊型水瓶座面向較不明顯，因此在人際交往上，他們容易有自我中心的傾向；但因為他們的熱情與主動，還是能結交到許多朋友，且瓶羊型通常喜歡認識不同的人群，藉以滿足他們的好奇心，只不過容易以自我觀點來與人相處的瓶羊型，其友誼通常都不太穩定。在調和了水瓶與牡羊的面向後，瓶羊型的人格逐步走向穩定，且他們水瓶的特質將越來越明顯。這個時候的瓶羊型較有能力成為好友的領導。一則他們勇氣過人，常能言他人不敢言；一則他們的行動力強，能號召他人加入自己的陣營，加上瓶羊型對處世的智慧，他們常能成為好友間的核心人物。

家庭生活

瓶羊型的父母其中一人，具有過人的耐性，他們以愛與耐心教育孩子，並以愛物惜物的精神培養子女珍惜不浪費的習慣。這類父母善於守成，他們期望透過穩定且踏實的方式，引導出孩子的自我價值。至於雙親中另一個角色，同樣為覷覜之人；這類父母除了思想較為傳統與保守外，他們更具保護色彩，對子女有強烈的父愛母愛。他們對孩子有深刻的垂直

關係，與子女的情緒連結亦強，即便孩子已經離開母體，身為爸媽的他們，仍是對其有保護慾。這會導致子女過於依賴、喪失獨立精神。於此生長的瓶羊型會擁有亟欲脫離家庭的獨力慾望，並會試圖活出有別於他人的特有價值。

感情世界

在親密關係中，瓶羊型與交友時的態度一致，他們喜歡認識不同的族群，所以此款的羅曼史也是相當豐富的。瓶羊型年輕時可能會嘗試與各類型的人交往，藉由他們與愛人的互動，來理解社會人際的複雜模式；就某層面來說，瓶羊型的戀愛觀好比求知一樣，他們會在每段關係裡學習，因此與他們交往需要有很大的勇氣；因為自己很可能會成為他們研究的對象。伴侶（夫妻）關係裡，瓶羊型無法接受呆板或是傳統的婚姻生活，與原生家庭有別，瓶羊型傾向追求刺激且有活力的長久關係。一般而言，瓶羊型會與忠於自我，且擁有源源不絕創意的人結為連理，諸如：藝術家、演藝人士，或是其他「特別」的對象。

理財觀念

受到牡羊座影響的瓶羊型，對於金錢的觀念很直接，早年他們較欠缺理財觀，而是屬於「有錢就花，沒錢就忍」的模式，也可能是每到月底薪水就跟著見底的月光族。他們也會衝動購物，毫無計畫的使用金錢，長期下來，存款毫無起色。直到水瓶的能量覺醒，瓶羊型能調和內外意識之後，逐漸成熟的他們開始意識到自己花錢的態勢，很可能會「窮苦一生」；至此他們變得勤於守財，用盡各種方式存錢，加上水瓶固有的人脈，他們也不排斥與他人合資，如此雙管齊下，致富也不是夢。適合他們的理財工具還包含定存、基金，還有還本型、利變型保單。

職場生涯

性格帶有剛烈之氣，且行動主義至上的瓶羊型，他們在工作上卻是非常完美主義的。出於瓶羊型追求快速與效率的心理，他們十分厭惡事情重覆、反覆地做，與其被上司打槍，不如一開始就聚精會神、努力地做到完美，因此瓶羊型對於分內的工作總是會一再檢視，並對細節一再要求。若是主管階級或是將工作視為人生志業的瓶羊型，企圖心將是非常旺盛的。他們受到早年教育影響，除了能將自我價值與企業文化相結合，擁有豐富人脈閱歷的瓶羊型更能挖掘部屬的潛力，將其拔擢到適當的職位，給他們盡情展演的舞台。另一方面，瓶羊型受到牡羊座的趨力，他們對自身的企業有強大的抱負，將火力全開直搗業界的核心地位。

別踩地雷

水瓶座與牡羊座結合的瓶羊型人格，牡羊能激化水瓶的活力，他們兼具勇氣與智慧，是社會的改革家。瓶羊型受到水瓶影響，他們向來對時事，還有社會的制度是否健全有所醒悟；牡羊的加入，讓他們有如得到了「授權」，能去做許多放在心底但不敢做的事。而所謂的授權，到底是他們內化了集體的思想，成為群眾的代言者？抑或是他們僅以自己的判斷行事，甚至將自我的理念神格化？關於這中間的差異，就要看瓶羊型的人格夠不夠成熟了。瓶羊型常誤以為自己就是群眾的代理人，合理化行使正義；然而己方的正義卻可能是他人的不正義，要如何落實真正的公平與正義，還要讓社會去評斷。但可以肯定的是，瓶羊型的行動力強，他們對於個人以及群眾的自由非常敏感；這無疑也是此款最大的地雷區。

第十二章：
太陽雙魚座與九個星座靈數

太陽雙魚座與數字1／獅子座

（2月19日、2月28日、3月1日、3月10日、3月19日出生）

生日解碼

雙魚座與獅子座結合的魚獅型人格，其雙魚本是低調的星座，與高調的獅子有很大的不同；再加上雙魚受到海王星守護、具有無我的特質，與受太陽守護、重視自我發展的獅子，在本質上南轅北轍。因此魚獅型的外顯意識與內在潛意識有所衝突。由雙魚座主導的魚獅型向來不喜歡聚光燈，他們寧可撤退到邊緣，也不想成為焦點人物；不過他們內在卻不時傳來一陣聲音，要他們發揮自身的影響力、展現自我，並透過自我揭露的方式，進而肯定自己。魚獅型在人格的整合上會出現困難。

他們早期要不是過於害羞，就是太過跋扈；在逐漸統合此兩星座特質後，受到獅子座強化的雙魚，比起其他雙魚家族，擁有更多的自信，以及水象星座普遍缺乏的領導統御精神。此外，由心靈之星海王星守護的雙魚座，加上由太陽主宰的獅子座；在藝術創造上將如虎添翼。魚獅型在表演藝術、音樂、舞蹈……等等，會有不凡的表現。

人際交友

　　早年魚獅型較不能統御雙魚與獅子的面向時，他們在人際相處上會有許多盲點。他們可能太過害羞，而很難與他人有精神上的交流；此時的魚獅型會將重心擺往物質層面，他們甚至會有「可以用錢買到友情」這種幼稚的想法。另一個情況則是，魚獅型受到獅子座影響，太過強調自我，認為他人都必須配合自己、只有自身的感受才是最重要的。這些都是魚獅型尚未整合內外意識，在人際交往上的負面態度。等到他們能夠將雙魚與獅子彼此調和，他們的人際互動將有別以往。這時候的魚獅型能展現雙魚與獅子的優勢，與他人接觸，除了可以更加靈活外；他們自身豐富的情感與靈感，也能吸引到許多性格較為穩重的朋友前來，為朋友的心靈帶來滋潤。

家庭生活

　　性格敏感且感情豐富的魚獅型，來自一個重視教育的人文家庭。他們的爸媽其中一方，會花許多時間讓孩子學習新事物；無論是陪伴子女學習、或是讓孩子自主學習，魚獅型的家中總是瀰漫著書卷氣。這會讓魚獅型擁有寬廣的胸襟和視野，也會引導出他們的雙魚座面向，讓他們在孩童時期就有豐富的資訊觀，進而有較強的感受能力。另一方面，魚獅型雙親中的另一個角色，則是很重視家族的隱私與情感的凝聚力；這對魚獅型的人格會有深遠影響，不過也引導出他們的獅子座面向，因為他們會希望能夠活出獨一無二的自我，在父母的羽翼下、勇敢地出走。在此家庭成長的魚獅型一部分具有細膩多變的情感，一部分則有過人的意志力，以及自我表白的需要。

感情世界

受到雙魚座影響的魚獅型，情感纖細且豐富，加上獅子座的影響，此款談起戀愛來是很多情、羅曼蒂克的。伴侶（夫妻）關係裡，魚獅型則會傾向自我犧牲；當然這類情況最常見的方式，是魚獅型透過服務伴侶，來營造「小我完成大我」的過程。魚獅型要注意別過度寵愛另一半，他們會像呵護孩子一樣，將伴侶捧在手心上，對於家庭生活更是如此。魚獅型可能會做牛做馬的幫家人整理家務，而讓伴侶和家人越來越依賴自己。不過情況也可能是，魚獅型遇到一個賢內助型的情人，幫他分攤大部分的家事。

理財觀念

年輕時的魚獅型在花錢上較為衝動，他們受到雙魚座的影響，消費有許多不良習慣；例如總是不看標價，感覺對了、想買就買，或是為了某個合理化的舊口，而大肆購物。魚獅型在還沒覺知到金錢真正的價值之前，花錢是不會手軟的，這將不利於理財的發展。所幸，人格較為成熟的魚獅型在消費上更能節制，且他們的雙魚面向，會提醒自己存錢的必要，是為了造福其他人、不單是為了自己。這時的魚獅型較能透過合理的行為進行投資，通常他們具有敏銳的市場嗅覺，一般來說，能在投資或是股票市場裡賺錢。此外，適合他們的理財工具還包含定存、分紅型與投資型商品。

職場生涯

早些年，魚獅型還不能統合自己的人格時，他們在職場上，可能會成為被霸凌的對象；權力騷擾、性騷擾、年齡騷擾都有可能發生，當然這是最差的案例，現實狀況不至於到這麼嚴重。但是魚獅型脆弱的內心，確實很容易遇到比自己強勢的同事，他們不懂得替自己發聲，進而會受人擺布。若是主管階級或是將工作視為人生志業的魚獅型，則能將早期受過

的教育運用在職場上，他們擁有多元的企業經營之道，能從各面向看待事理，並能藉由獨特的眼光，帶領公司與時俱進。魚獅型在人格逐步成熟之際，他們擁有高深的社會知能；其心胸亦是寬廣的，他們不排斥任何的可能，加上敏銳的直覺，魚獅型往往能早同業好幾步，把握市場行情、從中獲利。

別踩地雷

雙魚座與獅子座結合的魚獅型人格，外表陰柔、內在陽剛，是外柔內剛的典型；可別看他們好欺負，就可以大聲嚷嚷，魚獅型的獅子人格可會給你一記獅子大咆哮的。此款受到海王星與太陽的啟發，精神力十足，魚獅型在藝術文化上會有很高的造詣。在他們成功整合雙魚與獅子的特質後，能將海王星（雙魚座）虛無飄渺的無垠特質減緩些，將頻率拉近到人間、不至於曲高和寡。同時，太陽（獅子座）能活化海王星的活力，讓魚獅型創作的作品顯得耀眼。這是個有利藝術發展的位置，魚獅型的創作能得到大眾的共鳴、並啟迪人心。

太陽雙魚座與數字 2／巨蟹座

（2 月 20 日、2 月 29 日、3 月 2 日、3 月 11 日、3 月 20 日出生）

生日解碼

雙魚座與巨蟹座結合的魚蟹型人格，外顯意識與內在潛意識和諧，兩者皆為水象星座，此款是典型的水象人，水象星座的特質很容易就能在他們身上發現；這也表示他們能夠在需要精神美的領域獲得成功，諸如：藝術、音樂、文學、詩詞……等等的創作活動都是他們的強項。

但是過多的水元素，也會影響到魚蟹型的人格發展，他們缺乏務實與

建設性的活動，普遍對於物質界的生活感到不協調，因此他們往往受不了現實生活的粗糙與乏味，多半會隱身到精神世界中，故有逃避的傾向。再者，典型水象人的魚蟹型在與人交流時，也會夾雜過多的個人情緒，容易被人誤解、或是誤解他人，在側重理性溝通的現今，是很吃虧的。

人際交友

　　年輕時的魚蟹型由於本身感受力強，在人際關係上，雖能夠輕易與他人達成情緒的連結；但在溝通上卻是一大阻礙。魚蟹型會在與人互動時，參入過多的情緒，容易將他人無心說的話，過度解讀、或是曲解，進而啟動內在巨蟹的防衛機制。魚蟹型會在朋友面前變得刻薄，或是故意刁鑽，這些舉動都是為了保護內心那個脆弱的自己。而在魚蟹型逐漸成熟，看清事實的真相後，他們會發現許多困難都是自己引起的，也會明瞭自己由心中恐懼所產生出的假想敵，實際上並不存在。這時候的魚蟹型較能理性的與他人溝通交流，也只有在他們走出內心假想的國度、勇於與他人接觸，並不再以受害者身分自居後，才有機會進一步發展出健康的人際關係。

家庭生活

　　魚蟹型誕生在一個資訊發達的家庭，他們的爸媽很重視知識的交流，並擅長與人互動；或許這就是為什麼魚蟹型有多層次感受力的原因。魚蟹型爸媽其中一方，是孩子知識的啟蒙者，這類爸媽以大量的閱讀教育孩子，讓子女有更多機會去認識外界。而雙親中的另外一號人物，則很重視子女的行儀教育；這類爸媽向來是社交型的角色，他們很重視自己的公眾形象，總是充滿了光明與公正。這也會影響到子女，讓他們懂得自我約束，但一部分情緒的表達卻被壓抑了；這會引導出魚蟹型的巨蟹座人格，使得他們有強烈情緒表達的需求。在這樣環境長大的魚蟹型，從爸媽的管

教中，具備了良好的感受能力，他們通過見多識廣的知識，累積成對集體社會的慈悲心腸。

感情世界

在感情世界中，魚蟹型會像母親對待孩子一樣，那樣細心、那樣敏感。雙魚座在愛情中很容易迷失自我，他們會為愛感到瘋癲；而最初人類戀愛的原型，與親子之情脫離不了關係，這便是雙魚座在愛情裡會像個爸媽一般的原因。伴侶（夫妻）關係裡，魚蟹型受到雙魚與巨蟹影響，他們會選擇一個樂於付出，並具有威嚴的人當作終生伴侶。前者與雙魚座的特質相同，雙魚本是個無我的星座，他們通常會藉由與他人的互動，來定位自己；尤其是與他人有共存的關係，更能讓雙魚感知自我的存在。至於威嚴的角色，則是起因巨蟹需要有個堅強的肩膀，才會讓他們有安全感，有這樣特質的人都較有威嚴（或說是嚴肅）。綜合上述，魚蟹型伴侶類型都以土象人為多。

理財觀念

理財上魚蟹型是多變的，受到家庭教育影響，他們傾向嘗試各種多元的理財方案，再從中找出最適合自己的方式。魚蟹型沒有固定的理財模式，有時候純粹只是看當下的心情來決定，他們就像小孩子一樣對什麼商品都有興趣。但是他們的熱情容易減退，如此「滾石不生苔」的經營之道，並不能為他們累積財富，頂多就是累積相關經驗罷了。魚蟹型必須學習更穩健的投資方式，不論是定存或是投資型商品，都需要時間來累積、發酵，持之以恆才能看到結果。而還本型、利變型商品也是他們的不二之選。

職場生涯

魚蟹型早年在職場上，容易意氣用事，他們可能會因為自身的脾氣而

與同事起了摩擦，最後導致效率不彰、生產力下降。魚蟹型得要控制自己的情緒，畢竟在工作場合，還是有許多規範要遵守，千萬別因一時情緒的失控，毀了辛苦建立的職場形象。若是主管階級或是將工作視為人生志業的魚蟹型，他們善用情感的渲染力，以懷柔取代嚴刑峻法、以知性取代責罵。魚蟹型的主管大智若愚，他們的懷仁政策，能得到大多人的支持，深深受到部屬的愛戴。因此，魚蟹型所做的決定，能夠得到民心的後援，順利地推廣出去。對內如此、對外更是，魚蟹型以優秀的號召力，引起同業的共鳴，常能使得企業的核心思想，遠播千里、聞名遐邇。

別踩地雷

雙魚座與巨蟹座結合的魚蟹型人格，可以說是典型的水象人，多愁善感且善變；但好比水需要依賴其他器物裝盛或是限制，不然就會毫無方向、四處流竄一樣。魚蟹型很需要穩固的親情、友情、愛情來維持發展；倘若缺乏讓他們目標統一的情感，魚蟹型是很容易潰散的。感情也可以說是此款最大的地雷區，他們對於無情，甚或殘忍的行徑一向不苟同；但是過多的情感也可能會害他們溺水、在感情的汪洋中無法自拔。試著培養多點理性與客觀的精神，是魚蟹型亟需發展的能力。

太陽雙魚座與數字 3 ／射手座
（2 月 21 日、3 月 3 日、3 月 12 日出生）

生日解碼

雙魚座與射手座結合的魚射型人格，在古典占星中雙魚座與射手座一樣由木星守護，且兩者都是變動座；這表示魚射型的外顯意識與內在潛意識有雷同與衝突的地方。雷同的地方在於，雙魚與射手都是與宗教信仰，

以及精神發展有關的星座，魚射型的心靈生活是豐富的，他們可能重視精神勝於物質，也代表魚射型注重心靈的作用，而不會囿於有形的物質世界裡。

　　不過要注意的是，雙魚與射手雖然都是與精神信仰有關的星座；受木星主宰的射手，與被木星跟海王星共同守護的雙魚，本質上有很大的不同。以木星為代表的射手，展現的是對高等智識的探求，他們透過與他人的互動交流、涉獵不同的知識領域，再讓自己專注於一點上精進，呈現目標導向。至於雙魚由於海王星的加入，讓他們精神變得細膩且敏感，他們雖然也重視與人溝通，但更強調彼此心靈的互動，特別對他人的苦難有很強的情緒共振，呈現與宇宙大我合而為一的無我精神。若魚射型無法統合這兩個面向，他們容易陷入自怨自艾的苦境之中。

人際交友

　　早期魚射型雖然對人際關係抱有強烈的興趣，但他們雙魚與射手的矛盾性格，會讓自己變得善變，無法取得旁人的信任；很大的原因在於此款對於「自我」這個概念的曖昧與模糊不清，他們往往不認識自己是誰；而受到雙魚座的影響，他們容易多愁善感，並將他人對自己的評價過度解讀，甚而啟動防衛心理，將自己封閉在狹隘的世界中。另一方面，射手座固有的樂觀於此，則轉為逃避心理；他們會以自欺欺人的方式來催眠自己，認為自己人際互動的障礙都是因人而起，與自己毫無關聯。這樣的心態直到魚射型能夠整合內外意識之後，將會有明顯的改善。

家庭生活

　　魚射型通常來自一個文學世家。他們的爸媽很可能是從事與資訊傳播、媒體、教育文化有關的工作，因此魚射型自小就生活在一個滿是知識

的地方。魚射型的爸媽之一很側重子女的教育，他們會讓孩子盡情的探索世界，並給孩子自由的學習空間。至於魚射型雙親的另一方，則有十足的雙魚特徵。這類父母通常擁有人生的信仰，或是會將家庭布置得頗具宗教氛圍，起碼這類父母有一定的神祕色彩。他們會灌輸孩子捨己為人的慈悲情懷，並以溫情與耐心養育孩子；這會引導出魚射型的射手面向，讓他們對於更高知識的探求，有強烈的興趣。於此家庭長大的魚射型具有彈性且多變的心靈，他們很懂得適應環境，自己就像變色龍一樣，隨著環境轉換自身立場。

感情世界

　　年輕時的魚射型受到雙魚座與射手座影響，他們在愛情中精神靈敏度高，雖然能夠體驗愛情帶來的甜美，但容易有患得患失的現象；他們一方面渴望著愛情的滋潤，但是又害怕在關係中受到傷害。伴侶（夫妻）關係裡，魚射型會為了家庭變得務實，平時糊塗慣的魚射型為了家族，也會展現講求實際、重穩定的一面。魚射型具備木星與海王星的特質，某程度表示他們會理想化伴侶的特質，但反過來看，也表示他們能夠看到伴侶最美好的一面。魚射型也會試著藉由親密關係，活出自己所缺乏的特質；比如本是情感豐富且理想主義的魚射型，在婚姻生活中，則會往自我約束，以及保守務實的那一端靠近。

理財觀念

　　在理財事務上，魚射型早期會因為太理想化，而將金錢全部都砸在自己感興趣的事情或是理念上，若是運氣好還沒關係，但只要一不留神，魚射型的存款很快就會燃燒殆盡。基本上，重視精神生活的魚射型不具有精明的理財觀，他們花錢總是有衝動和任性的成分，不利於守財。但是成熟

後的魚射型則能啟動雙魚悲天憫人的特性，賺錢是為了能夠幫助他人，以此理念下，他們會更有賺錢的動力，進而透過敏銳的市場嗅覺，在投資上有不少的收穫。年輕時的他們適合保守類型的理財工具，性格穩定後則能透過投資型或分紅型的商品賺取財富。

職場生涯

魚射型早年投入職場的時候，因為性格上的矛盾，他們較難自我揭露，所以在與同事相處上，容易被占便宜。魚射型纖細又敏感的內心，在尚未整合射手座面向前，容易產生自憐的心態，也會被同仁冷落。所幸，人格成熟後的魚射型則能發揮雙魚與射手的優點，他們能在職場中找回自信，並透過與他人的合作，完成自我實現。若是主管階級或是將工作視為人生志業的魚射型，受到原生家庭影響，他們會把事業「信仰化」，在經營志業的同時，也強化的自身的人生信念；同理，他們也會將自身的理想帶到工作的場域中。魚射型由雙魚座跟射手座所組成，即表示他們素來關心社會時事，由魚射型所帶領的公司，往往能與時俱進，或是獨領風潮，成為同業的指標。

別踩地雷

雙魚座與射手座結合的魚射型人格，是典型的變動星座人，他們在年輕的時候，可能在需要固守個人立場的時候，態度曖昧且猶疑；而在需要配合他人的時候，又過於堅守某些原則。魚射型在人際相處上，早年會遇到許多挫折。在他們逐漸成熟，並能統合雙魚與射手的特質後，則能適應各種人際互動，在各領域也能展現變動星座的柔軟身段。魚射型兼具木星與海王星的特徵，他們對於信仰以及教育相當重視，即便本身是無神論者，也會試圖活出自我的生存之道，將信念投射到生活當中。魚射型容易

對自己以及他人的信仰議題敏感，這也是此款最容易光火的地方。

太陽雙魚座與數字 4 ╱水瓶座
（2 月 22 日、3 月 4 日、3 月 13 日出生）

生日解碼

　　雙魚座與水瓶座結合的魚瓶型人格，與其他的雙魚家族不同，魚瓶型不像典型的雙魚情感較為虛無飄渺、曖昧不清；受到水瓶座的影響，魚瓶型是理智的，在感情上也較為抽離。風象的水瓶，能夠讓水象的雙魚保持清醒，原本感性且多情的雙魚，將被稀釋得更加理性且客觀。

　　然而，水瓶在情感上的抽離原則，會讓習慣沉浸在人際情緒中的雙魚，感到手足無措。由雙魚所主導的魚瓶型，在還未整合內在的水瓶面向時，常會在感性與理性間漂流；他們會因此在人際溝通上語塞，下不了決定。魚瓶型在面對困難時，會無法採取實際的行動，甚至作繭自縛，困在人際關係理的挑戰中。

人際交友

　　魚瓶型在交友上會有許多矛盾面向；早年他們受到雙魚影響的那面，樂於與他人分享資源，但他們會用錯方式，以為可用物質交換到友情，這種過失將導致他們的友情變調，充滿了功利成分；至於受水瓶影響的方面，則是因為他們的博愛價值，此種人人平等的「兼愛」心態，會導致朋友的惡性競爭。在魚瓶型逐漸成熟，能調和內外意識後，他們可以用豐富的情感溫暖人心，並以理性的智慧教化友人，在注入友誼溫情的時候，也能成為朋友間的精神嚮導。

家庭生活

兼具感性與理性的魚瓶型，其家庭生活也是多元的。他們有對性格具二元性的父母，其中一方對待孩子，重視他們的學習適應力。魚瓶型這類爸媽個性喜歡追求潮流，並擁有豐富的學識，他們本身可能就在資訊傳遞、教育傳授的行業工作；他們多元且廣泛的教育方式，會引導出魚瓶型的雙魚面向。而雙親中的另一個人物，個性相對沉穩許多，他們重視孩子的良好習慣，並用持之以恆、守成的方式教育孩子，希望子女體會生命的價值，進一步發展自身的信念；這會引導出魚瓶型的水瓶面向，使他們對於資源議題有強烈興趣，成年後，將轉往對社會資源、集體價值做出貢獻。魚瓶型在這樣家庭長大，他們會具備柔軟的心靈，以及同理心，更有堅定不移的信念。

感情世界

魚瓶型的個性基本上是被動的，除非他們能遇到一個與自身理念相符的人，不然他們較少採取主動攻勢。因此在愛情上，魚瓶型較為失利，但是如果夠幸運能與他們有進一步的交往，大多人會臣服在此款細膩以及溫柔的情感中。伴侶（夫妻）關係裡，魚瓶型會遇到一個膽大心細的對象，並對魚瓶型無限包容，給他們許多發展自我的空間。魚瓶型在婚姻前期雖然依賴心較重，容易把許多瑣事交給另一半去處理，這可能會引起伴侶的抱怨，好在最後終能小事化無，和平落幕。而在婚姻走向家庭、漸趨穩定後；魚瓶型與伴侶的關係時而像親人，時而像朋友一般，他們的親密關係帶有自由的元素，夫妻彼此鶼鰈情深，也很注重雙方的人格與發展。

理財觀念

理財上，魚瓶型在尚未覺知水瓶面向的時候，可能會毫無節制的花錢，在消費上亦屬衝動。由雙魚主導的魚瓶型，對於金錢向來不大慎重，

他們甚至有「月光族」的傾向，此乃雙魚座本是個關心社會弱勢的星座，他們認為金錢是屬於大眾的，但這種想法，會讓他們在財務上捉襟肘見、顧此失彼，最後可能連基本生活開銷都會出問題。魚瓶型必須了解到金錢的重要性，悲天憫人固然重要，但是如果連自己都不能好好立足了，又何以去幫助他人？適合他們的理財工具以保守型為主，例如定存，以及還本型、利變型商品都是不錯的選擇。

職場生涯

魚瓶型早期在職場上，個性較為幼稚，因此常被其他同事當作弟弟、妹妹看待，或是缺乏主見的他們，會變成他人的「小跟班」。無論是何種情況，魚瓶型天真還有稚嫩的想法，在職場上會吃盡苦頭，他們必須設法讓自己心態變得成熟，行事更加穩重。若是主管階級或是將工作視為人生志業的魚瓶型，由於受到原生家庭的學風影響，他們在職場上會顯現自己見多識廣的學識能力。魚瓶型在內化了雙魚與水瓶的特質後，具有高度的精神領悟力，並以直觀帶領公司，進而啟發部屬的鬥志。此時的魚瓶型非常適合擔任領導者的角色；他們好比牧羊人，透過精神的啟迪，讓下屬自願跟隨魚瓶型的腳步，並引領他們找出自己的工作價值。

別踩地雷

雙魚座與水瓶座結合的魚瓶型人格，具有海王星的情緒渲染力，以及天王星群眾魅力，發展良好的他們，非常會運用社交舞台；在與人的合作上，帶給雙方有別以往的全新感受。他們很適合擔任幕後推手的角色，諸如經紀人、諮商師，或是顧問……等等，幫助他人重建自我的工作，都是此款可以大顯身手的領域。當然，啟迪人心，或是引導他人向善的慈善、宗教工作，也是魚瓶型專精的項目。魚瓶型兼具感性與知性；從最好的一

面來看,他們能夠平衡兩者,行事總是能夠合情合理。魚瓶型最大的地雷區,莫過於自私自利,以及獨斷和專制;這些都會阻礙精神與自由的發展,是他們的不速之客。

太陽雙魚座與數字 5 ／雙子座與處女座
（2 月 23 日、3 月 5 日、3 月 14 日出生）

生日解碼

凡是與數字 5 有關的組合,都會增加本人性格的複雜度,因為受到雙子座與處女座這兩個星座的雙重影響;雙魚座與雙子座、處女座結合的魚雙（處）型人格尤其可以說是多重人格的典型,受到三個變動星座影響,魚雙（處）型可以說是最多元、最複雜的類型。特別注意的是,魚雙（處）型受到雙魚與處女這兩個對宮星座（彼此在星盤上呈現一百八十度）的影響,他們的外顯意識與內在潛意識是違和、衝突的,性格中帶有強烈的張力,也可以解讀成他們的人格不一致、缺乏統調性。

早期,魚雙（處）型在人格形成上,會遭遇困難,起因於此款受到雙魚座與處女座的相反、互補力量。由雙魚主導的魚雙（處）型,外在傾向感性多情,他們能感受到他人的情緒反應;特別是痛苦的情緒,有股想要消融自我與眾生合為一體的慾望。但內在的處女座則是不斷地抽絲剝繭、分析利用知識,藉由謙卑的服務他人來肯定自我。

人際交友

若魚雙（處）型無法整合自身的雙魚與處女面向,他們會陷入情緒的泥淖,多愁善感、自怨自艾,且雙魚與處女都是傾向「自我否定」的星座;他們會迷失在變化萬千的人際關係中。甚至以迂迴、躲避的手段,來逃離

現實生活的挑戰。魚雙（處）型必須統合內外的人格，找出雙魚與處女的優勢，進一步調和兩者的共通點。雙魚與處女雖在星盤的兩端，但這兩個星座都十分擅長服務他人，以自我奉獻（或說是犧牲）的方式，成全他人。雙魚重視精神交流；擁有敏感的同理心，處女則以實際行動支援旁人，具備一絲不苟、細膩的心思。結合兩者的魚雙（處）型，在能夠駕馭內外意識後，他們能對好友，甚至全人類做出最大的貢獻。

家庭生活

　　魚雙（處）型感性又無我的個性，與他們的原生家庭有關。魚雙（處）型有一對學識淵博的父母，他們本身可能在教育單位，或是文化創意、新聞傳播，甚至是宗教團體中服務。雙親其中一方，個性活潑好動，喜歡嘗試新事物，擁有愛好流行的性格。他們會在孩子幼時，就讓他們盡可能地接觸外界的環境；久而久之，魚雙（處）型擁有敏銳的聽聞能力，感知感受力更無人可及；他們會發展出一顆易感的心。另外一個雙親角色，則是非常放蕩不羈，情緒表達總是以戲劇化的方式進行；他們也會鼓勵孩子追求更高的精神探求，不要替自己的未來設限。在這樣環境長大的魚雙（處）型，會具備細膩且敏感的感受力，能與他人產生情緒的共鳴。

感情世界

　　在愛情上，魚雙（處）型亦會呈現憐愛的特質，他們受到雙魚座的感召，容易失足陷入愛河當中，尤其當環境美、氣氛佳的時候，此款往往招架不住他人的追求。伴侶（夫妻）關係裡，魚雙（處）型依舊會有愛服務伴侶的特性，他們也會以服務家人為志，樂此不疲。但是不是每個人都能忍受此款的「管教」方式，就因人而異了；魚雙（處）型會因為太在意對方的立場，什麼事都幫家人辦妥，從生活習慣到家庭以外的事務，什麼都

想參一腳。這樣的心態會被家人視為過度干涉，魚雙（處）型也得學會放手，別剝奪伴侶跟孩子成長的機會。

理財觀念

年輕時的魚雙（處）型，尚未整合雙魚與處女的面向，他們在消費上會不知節制，甚至會為了自己的夢想啊、戀情啊……等許多「夢幻」的理由，在理財上十分衝動且不理智，長期下來無疑會是個巨大的漏洞。而在魚雙（處）型逐漸內化了處女跟雙子的人格後，他們較能帶著覺知面對金融事務；這時候的魚雙（處）型能夠以勤儉持家的精神努力克制慾望存錢，同時他們謹慎且細膩的心思，也能透由與人合資的合作上賺錢。適合他們的商品包括定存、基金，以及還本型、投資型的工具。

職場生涯

魚雙（處）型複雜多變的心思，早年在工作領域中，容易成為他人的眼中釘，甚至會被小人陷害。起自於此款善變的人格，以及脆弱的意志力，容易變成他人利用的棋子；而善良多情的魚雙（處）型還不知道自己已被人暗算，最後導致自己人財兩失。在人格逐漸成熟後的魚雙（處）型，則能運用雙魚處女的優勢，在職場人際互動上大放異彩，與先前有頗大的反差。若是主管階級或是將工作視為人生志業的魚雙（處）型，受到三個變動星座影響，他們擁有靈活的思緒，以及能屈能伸的應變力，能夠適應任何生態；號稱人中之蛟龍，輕鬆徜徉在險惡的職場汪洋中。

別踩地雷

雙魚座與雙子座、處女座結合的魚雙（處）型，屬於典型的變動星座人格。他們在人格發展不良的時候，總是懷疑自己的決定，對自己抱有頗深的否定感、缺乏自信。而在一直內化與修正之後，累積相當經驗的魚雙

（處）型，則能發揮變動星座的特有優勢，在任何場域，總能游刃有餘、化危機為轉機。他們擁有這種能力，也不是天生就有的，而是在經歷過許多痛苦與磨難後，魚雙（處）型終於能整合自己的心智，在人生許多面向，交出亮眼的成績。而如此性格的他們，對於「理念」相當重視，他們可以做個平凡的人，但不可以做一個沒有思想的行屍走肉之徒。

太陽雙魚座與數字 6 ／金牛座與天秤座

（2 月 24 日、3 月 6 日、3 月 15 日出生）

生日解碼

雙魚座與金牛座、天秤座結合的魚牛（秤）型人格，雙魚座受到金牛與天秤這兩個由愛神金星守護的星座強化，他們會比其他雙魚家族來的更重視與他人的精神交流，並在藝術美學、音樂、舞蹈……上，有絕佳的造詣。魚牛（秤）型可能會造就出一個偉大的藝術領袖、詩人、劇作家。

但是，受到海王星與金星過度強調的魚牛（秤）型，也會呈現此兩星體的負面形象；他們容易自我耽溺，或是在感情與物質上不知節制、會有酒精及藥物成癮、飲食過量等諸多問題。至於金星的加入，會讓他們「選擇性」的接受事實，永遠只看好的一面，忽略其他成長必要的養分。

人際交友

魚牛（秤）型年輕的時候，常會顯現自身海王星與金星的負面態度，在交友上容易畏縮，傾向自我保護與逃避。他們柔軟的內心，無法認清人際上的挫折，遇到棘手的人際互動，便會黯然離去，給人得過且過的印象。而在此款學會調和雙魚與金牛、天秤的面向後，魚牛（秤）型的友情是堅不可摧的。魚牛（秤）型的雙魚性格，感情豐富，並擁有超強的想像力。

他們將此才能運用到人際關係中，會吸引到許多較保守務實的朋友，他們能在關係中得到安全感的慰藉；朋友也能得到心靈的滋潤，彼此截長補短。同時，魚牛（秤）型性格裡的天秤座面向，能發揮交際的手腕，進而讓他們認識到各式各樣的好友。

家庭生活

　　家庭生活中，魚牛（秤）型會有一對性格迥異的父母。父母當中之一，對孩子採取放任式的教育，他們不會干涉子女的求學之路，這類爸媽會像是陪伴者的角色，在孩子的學習路上，默默守候在一旁。如果有機會，此款父母也會讓孩子參加許多課外活動，藉以拓展他們的視野，增強孩子對於世界的認知。至於雙親中的另外一方，性格則是較愛面子、重視榮譽感；他們也會盡力培養子女的榮譽心，以嚴格的教養方式對待孩子，希望子女養成自律的生活習慣。於此家庭成長的魚牛（秤）型，擁有過人的感受力，他們自小就有強烈的同情心、同理心，此外，爸媽的教育也會使得他們在人際關係傾向壓抑。

感情世界

　　面對感情的時候，魚牛（秤）型早年是保守且務實的；雖然他們有滿腔的熱血想要表達，但礙於自信心不足，以及在人際相處上的壓力，加上他們消極的心態，魚牛（秤）型較不願將自我坦露出來，因此他們的戀情久久未果。伴侶（夫妻）關係裡，魚牛（秤）型會發揮雙魚座固有的奉獻精神，在婚姻生活中扮演「奴僕」的角色、任勞任怨，當然不是說魚牛（秤）型天生就喜歡被人使喚，而是因為他們無私的愛將轉為實際的行動，為了家人，他們是非常認命的。魚牛（秤）型在乎的是生活裡的細節，他們自然能將家務處理的完美；不過身為他的家人，該幫忙的時候也別袖手旁觀，應該主動參與家事活動，過程裡也會增添許多家族情感。

理財觀念

受到雙魚座主導的魚牛（秤）型，對於金錢的概念薄弱，他們會有非理性的消費習慣；常為了買朋友的禮物啦、某一個時期的夢想啦，或是單純因為當下心情大好，就不顧實際面的妄加消費，每到月底才發現荷包消瘦；雖然心情暫時低落，但到了月初薪水進帳，又開始恣意花錢，因而造成惡性的循環。這類情形到了魚牛（秤）型整合了金牛與天秤的人格後，會逐漸改善。金牛會讓他們在用錢上保持戒心，甚至會開始留意理財的資訊；天秤則使得魚牛（秤）型對於賺錢有更多的慾望。適合他們的理財工具包含定存、股票，以及還本型、分紅型保單。

職場生涯

雙魚座與處女座一樣，有自我犧牲奉獻的情懷，反應到工作上，魚牛（秤）型會有強烈的奴性，喜歡服務同仁。但是早期，不懂得如何拒絕別人的魚牛（秤）型可能會變成辦公室被使役的對象，甚至演變成職場的霸凌；這不得不特別注意。若是主管階級或是將工作視為人生志業的魚牛（秤）型，受到原生家庭影響，他們擁有細膩的感知感受力，能活用身邊的訊息，進一步達到預設的目標。善於整合手邊資源的魚牛（秤）型，擁有絕佳的串聯技巧，配合他們的天秤座面向，能與同業達成許多指標性的合作案。

別踩地雷

雙魚座與金牛座、天秤座結合的魚牛（秤）型，他們的心思細膩且敏感，總能看到他人最好的一面，加上他們脾氣太好、太隨和，所以也常淪為他人欺負的對象。魚牛（秤）型容易自欺欺人，他們必須堅定自己的意志，以及培養自身務實的心態。人格高度發展的魚牛（秤）型，具有融合、

吸收旁人情緒的能力，他們對他人的苦痛不能視而不見、充耳不聞。這是個以慈悲為懷見長的位置，魚牛（秤）型簡直就是上天派來的天使、菩薩轉世；但也表示此款對於殘忍、不人道、血腥的行徑和事物感到憤怒和心痛。他們的心靈需要好好呵護，這是一群相當可愛的族群。

太陽雙魚座與數字 7 ／雙魚座

（2 月 25 日、3 月 7 日、3 月 16 日出生）

生日解碼

雙魚座與雙魚座結合的魚魚型人格，屬於典型的雙魚人，擁有所有雙魚座的正面特質：感情細膩、犧牲奉獻、適應力強、藝術天分……等，而負面特質則包含：多愁善感、懦弱、逃避傾向、不切實際……等。由於外在意識與內在潛意識重疊，他們充分展現雙魚座應有的氣質，以悲天憫人、無我的人生大義，慈眼視眾生。

魚魚型是個夢想之人，他們的人生需要夢想當做目標，不然他們會缺乏生命的重心。這個向來與人類集體潛意識有關的星座，十分關心人群的心理健康；感受力強且細心的他們，當中不乏誕生許多心理衛生界的權威人物。雙魚座可以說是最出世的星座，因此也與宗教、神祕學有關；但是他們追求細緻與柔焦的生活態度，會無法承受現實所帶來的粗糙與乏味，因此這也是個容易「成癮」的位置，魚魚型要特別小心酒精與藥物的濫用。

人際交友

人際互動上，早年魚魚型會因為在信任與不信任間所產生的問題，作繭自縛。他們雖有個敏感細膩的心，為人單純且善良的魚魚型卻會被有心人給利用，而且通常都是遭到他們的心腹摯友給背叛，這會造成他們很大

的心理創傷。「一朝被蛇咬，十年怕草繩」，有如此心態的魚魚型，會在人際關係上感到不信任，他們漸漸地會疏離人群。善於隱藏自我的魚魚型，將轉往「隱士的樂土」，但其實這只是種防衛機制，並不能說是真正的覺悟。受到傷害的魚魚型會隱身起來，長久下來，將對人際互動造成負面的影響。

家庭生活

回歸到家庭面向，魚魚型的爸媽以一致的教養理念，拉拔孩子長大，他們雙方較沒有孩子教養方式不同的矛盾；而是會以相同的信念教育子女。魚魚型爸媽首重孩子的教育，他們會在孩子還小時，就送去各種的才藝專班，希望孩子在其中找到自己的興趣，進而成為一己的才能與技能。此外，魚魚型的爸媽也可能從事新聞傳播、訊息傳遞的媒體工作，或是他們需要到處奔走、走訪各國，具有相當多元的生活。在這樣環境長大的魚魚型，自小耳濡目染，他們擁有開闊的心胸，能夠接納異己，並對人性充滿了好奇。在多聞多聽大量訊息後，魚魚型將開發他們的感知能力，以及感受能力；他們會擁有易感的心靈。

感情世界

在親密關係中，魚魚型會展現多愁善感、情緒化的特徵，由於內心的不安定，他們會對愛人頤指氣使，甚至做出許多任性的事情。魚魚型必須整頓自己的內心，別讓自己的情緒轉嫁到伴侶身上，畢竟人家也不是我們的出氣筒，而是一個獨立的個體。伴侶（夫妻）關係裡，魚魚型則會遇到一個同樣樂於付出自我的人，這類人性格多屬務實且精明，善於分析事理的他們，與老是活在夢想國度的魚魚型，有如南轅北轍般的不同，但這也是吸引彼此靠近的原因之一。初期，這會帶來相當大的浪漫情懷，但是隨

著時日一久，將會演變為婚姻與家庭爭執的引火線。魚魚型要學著更有耐心，試著站在另一半的角度思考事情，當然溝通仍是不可或缺的。

理財觀念

理財上，受到海王星的影響，魚魚型要小心毫無節制的消費習慣，他們容易合理化自己花錢的想法，甚至會將花錢的藉口轉為夢想的理由，進而大膽、沒有顧慮的燒錢。這樣的用錢方式，將導致守財不易，以及心理上患得患失的結果。魚魚型必須在用錢上更謹慎小心，花錢買東西並沒有不對，但如果合理化自己的動機，或是自欺欺人、就會浪費了錢之於自己的價值。為了防堵造成不可補救的遺憾，保守類的商品較適合魚魚型使用，舉凡定存、還本型，以及利變型保單等。

職場生涯

源源不絕的創意，將藉由魚魚型在職場上的活躍，逐漸展現出來。要有這樣的表現，前提是他們必須增強自信心。魚魚型無我的思考模式，將會阻礙他們在工作上的效率，甚至會影響到自己的人際關係。他們時而因為工作不夠完美而否定自我，魚魚型這類潔癖的特質，起因於他們對自己的不信任，還有普遍的自信心不足所產生的。若是主管階級或是將工作視為人生志業的魚魚型，非常擅長育成部屬的潛能，他們由於在過往人生有許多特殊經驗，認識到形形色色的人際關係，並經歷過各種複雜的情境後，擁有老練成熟的智慧。魚魚型上司很能引導職員的信心，並以幽默輕鬆的教育方式，培養部屬的信念，進而讓他們發揮潛力。

別踩地雷

雙魚座與雙魚座結合的魚魚型，是典型的雙魚人，這個神祕且複雜的星座，長期以來，一直在星盤上居於弱勢、受人冷落。在了解雙魚與海王

星的法則後，你會更進一步瞭解此星座的魅力之處。接續水瓶座重視的社會福利，以及集體價值之後，在雙魚座的階段，我們學習服務人群與其背後更大、更深的意義。海王星消弭了雙魚座的疆界感：不管是有形的或是無形的；這顆行星總與人類的潛意識有關，這也讓雙魚延伸出「無我思想」，具有犧牲奉獻的大愛精神。簡言之，雙魚座握有人類精神成長的關鍵鑰匙。惟有看盡人生、洗盡鉛華的樸實與內化，才能得到生命的智慧與慈悲。雙魚需要理智與情感的沉澱，因此，過度急躁跟斷章取義的行為，會與他們產生杯葛。

太陽雙魚座與數字 8／摩羯座

（2 月 26 日、3 月 8 日、3 月 17 日出生）

生日解碼

　　雙魚座與摩羯座結合的魚摩型人格，是由海王星主宰的雙魚與由土星主宰的摩羯所組合成的。人格不夠成熟的魚摩型會無法調和外在的雙魚面向與內心的摩羯面向，他們外表常給人糊里糊塗、漫不經心的感覺，其實內在的自我非常在乎外界的批判。

　　反觀摩羯座的守護星土星，則是在自我與他人間設立一道道防線，隔絕人我的差異，土星的防衛心理，也會讓人看清現實，了解自己的極限。海王星與土星，前者出世，後者入世；前者追求精神與心靈的發展，後者則是側重世俗的成功。受到此二者影響的魚摩型，早年會因為內在的矛盾，而呈現言行的不一致，他們可能會輕易答應他人的要求，事後卻反悔自己根本做不到；或是他們太低估自己，會有畫地自限的傾向。等到魚摩型人格臻至成熟，他們能夠合理評估理想與現實的差距，有將夢想付諸實

踐的能力。同時，他們保有雙魚與摩羯的優點，亦會是個優秀的企業人才。

人際交友

　　海王星的法則之一是犧牲與奉獻；土星則是保護與建構，受此影響的魚摩型年輕時會幾近盲目的相信他人，也可能會過度的保護自己。前者會讓魚摩型在人際關係中，被占盡便宜；他們的友情似乎建立在物質的利益條件上，一旦利益關係消失了，彼此友誼的根基便會動搖。魚摩型十分渴望友情，但自信心缺乏的他們，不知該如何表明自己的心願，因此會藉由物質的好處來結交朋友，但以此動機結識到的友人，多半心懷不軌、別有意圖。至於後者則是受到摩羯驅使，魚摩型不能敞開心胸與人交往，在人際相處上有退縮的心理。

家庭生活

　　思想時而浪漫、時而拘謹的魚摩型，擁有一對性格迥異的父母。他們爸媽的其中一方，可能在資訊傳播、新聞媒體界工作，這類爸媽很重視孩子的教育與學習，雖然他們不會強求子女的在校成績要有突出的表現，但他們會盡力安排孩子的課外活動，盡可能讓他們接觸多元的學習領域。另一方面，魚摩型雙親中的另一人，性格則是相對嚴肅許多，他們會用類似軍規的方式教育孩子，在孩子面前，他們有如神一般的形象，高高在上、不可侵犯。有這兩款性格差異頗大的父母，魚摩型會引導出雙魚與摩羯的面向；他們具有敏銳的感受力，能以心領神會的方式，讀取他人的情緒變化，也會對自我的言行加以規範、行事嚴謹。

感情世界

　　魚摩型縱然有很多的情緒反應，但受到摩羯座的壓制，他們不會隨意將自身感受展現出來。魚摩型心中永遠有把尺，在衡量自我與他人的關

係，反應到私人關係，表示他們傾向嚴肅而拘謹。他們害怕自己的情緒浪潮會淹沒自已與愛人，所以會與戀人保持距離。伴侶（夫妻）關係裡，魚摩型在共組家庭之後，摩羯座的面向將更明顯，他們會以守護家庭為重心，承擔起保衛家人的責任。魚摩型內在的土象務實性格，會藉由伴侶活出來，也就是說他們會與一位責任心強、腳踏實地，且穩重理性的人結為夫妻。此外，魚摩型在婚姻當中，會變得越來越保守，他們會為家人操太多心，甚至會因此使身體機能提前老化。

理財觀念

受到海王星跟土星影響，魚摩型早期會在理財上較不理智，他們會有投機主義，以及即時享樂的傾向，不懂得存錢的重要。一來他們為人大方，可能會因為結交損友，而讓金錢有不少的流失；二來魚摩型總憑感覺辦事，每當高昂的情緒一來，就忘了金錢的可貴，也忘了自己有幾兩重，大肆的消費，最後會造成不小的經濟損失。待內在的摩羯座面向覺醒後，魚摩型將以更建設性的心智理財，他們會有長期的規劃，用穩健務實的工具，重新整理自己的財路。適合他們的理財方案包含定存、基金，以及還本型與利變型的商品。

職場生涯

受到原生家庭影響，魚摩型在工作上會有多變的特質，他們非常適合從事串聯以及整合的行銷工作。魚摩型多半擁有極佳的原創思想，能將早期吸收到的知識運用在職場上，替自己的專業度加分，同時，他們若能夠啟動摩羯座的能量，將以領導者之姿，領軍並組織自己的團隊。若是主管階級或是將工作視為人生志業的魚摩型，早年在家庭所受的教育將派上用場，他們一方面可以利用多元的生活經驗，在公司裡面建立自身的信仰系

統，透過生動、生活化的口語表達，讓部屬成為自己的「信徒」。他們能將企業的理念向內內化，也能夠將理念向外推廣，在公司魚摩型好比政教合一的領導人，是名兼具實務與理念的權威角色。

別踩地雷

雙魚座與摩羯座結合的魚摩型，常在理想與現實中游移，他們年輕的時候總是鬱鬱寡歡，朋友總說他們想得太多、自尋煩惱。其實會有這樣的表徵，也是因為他們尚不能調和雙魚與摩羯的面向；要知道雙魚與摩羯雖同為陰性星座，但受到守護星海王星與土星彼此反作用力的影響，魚摩型時常內心世界天人交戰、對外投射出不知所措，以及對人生的困惑。逐漸整合人格的魚摩型，則能兼顧理想與現實，能將自己的美夢逐一實踐。別對他們說「不可能」，也對批評他們「想太多」，就是因為此款多了分幻想與遠慮，才能打造出他們的人生舞台。

太陽雙魚座與數字 9／牡羊座

（2 月 27 日、3 月 9 日、3 月 18 日出生）

生日解碼

雙魚座與牡羊座結合的魚羊型人格，由雙魚座主導的他們，受到守護星海王星的影響，魚羊型容易在人我關係上迷失自我，起因於海王星是顆無我的星體，祂會試圖用犧牲、奉獻的方式消弭掉自我與他人的防線，讓彼此的界線曖昧不清；其最終目的，也是為了將小我融合到大我之中。不過認識魚羊型越久，你越會發現此款的牡羊氣質。雙魚與牡羊的組合，在人格整合上會產生許多挑戰。

由火星這顆戰神之星作為守護星的牡羊座，將生命視為一場戰爭，他

們受到火星驅使，天生帶有強烈的競爭意識，以及侵略性。牡羊座主張自我，凡事以自我為出發點；這與雙魚座是完全相反的。雙魚與潛意識（特別是集體潛意識）有關，牡羊則是側種自我的發展，兩者相遇自會有許多摩擦。

人際交友

還不能調和自身雙魚與牡羊面向的魚羊型，雖有與人為伴的渴望，但旁人可能會被他們矛盾的情結給排拒在外。雙魚是個無我的星座，他們需要穩固的人際互動來確認自己的價值，不然他們會像流水一般，沒有具體的形體。反應到交友上，早期魚羊型容易混淆自我與他人的價值，會誤以為自己的價值是附屬在他人之上；所以他們常會被朋友給影響，缺乏堅定的自我意識。然而，內在的牡羊戰士覺醒之後，狀況將變得完全不一樣。此時的魚羊型能發揮雙魚與牡羊的人際面向，對朋友常扮演傾聽者的角色，能為好友分憂。受到牡羊的鼓舞，魚羊型將變得更為外向且主動，善於傾聽且樂於與朋友分享生活「小確幸」的魚羊型，自然會成為好友間的領導人物與核心角色。

家庭生活

在自我定位，以及為人犧牲、奉獻中常陷入膠著的魚羊型，其個性的養成，可以從家庭生活看出端倪。魚羊型的爸媽，其中一人具有豐富的學識涵養，他們自己也可能在學術界、資訊界，甚至娛樂界占有一席之地。此款爸媽的教育理念，就是讓孩子多去嘗試，他們不設限的教育方式，使得魚羊型從小就充滿過人的好奇心與觀察力，常能留意許多別人所忽略的細節。他們雙親的另一個角色，則是家庭的守門員。這類父母十分溺愛孩子，他們會將所有的感情投射到孩子身上；但他們過度保護的本質；將不

利於子女的人格發展，會讓小孩過度依賴。於此家庭長大的魚羊型擁有多變、易感的心靈，也會有凡事以自我為重的本位傾向。

感情世界

在感情上，則能看出魚羊型的精神藝術天分。他們會對伴侶生起強烈的保護意識，認為愛人就是自己生命的延伸；源自於家庭的觀念，魚羊型也會將另一半捧在手心上，極力呵護。伴侶（夫妻）關係裡，魚羊型則相當重視夫妻雙方的公平原則。高度成熟的魚羊型，受到雙魚與牡羊的影響，他們將以更理智、務實的方式，面對自己的另一半，特別當他們體認到自己的做為將關係到整個家族的運作時，此時的魚羊型會有穩重的氣質，並用理性處理事物。一方面他們習慣透由奉獻、服務的方式，給家人帶來舒適有品質的生活，一方面他們對於自我的重視將延伸到家人身上，諸事以家人作為考量，那個少年輕狂的戰士，將蛻變為延續家庭命脈的守護者。

理財觀念

理財上，我們可以從兩點來做說明；其一，魚羊型過去容易衝動消費，這樣的心態會造成理財的漏洞，進而演變成理財的損失。但情況也可能變成是，他們雖對於金錢相當愛護，卻因為內心有極大的野心，想要在短期內獲利，因而鋌而走險，過度投機，或是做出錯誤的投資；因此矯枉過正，反倒造成金錢的流失。其二，性格成熟後的魚羊型將以更穩健的方式理財，他們是具有遠見的，能用長期規劃來做投資，再加上謹慎、有覺知的存錢；兩者雙管齊下，魚羊型很快便能累積一定的財富。年輕時的他們適合保守型的商品，成熟的魚羊型則適合搭配基金或是股票，以及分紅型的保單。

職場生涯

在職場上，魚羊型具有膽大心細的特質，他們擁有敏銳的觀察力，能夠掌握事物的細節，呈交出去的案子與作品，更是無可挑剔。魚羊型具有完美傾向，他們會希望自己分內的工作能夠盡善盡美，並以自律甚嚴的方式要求自己。若是主管階級或是將工作視為人生志業的魚羊型，能呈現企業與社會的雙重面向。受到原生家庭影響，魚羊型非常關心時事，他們希望自己帶領的公司能與時俱進，跟上流行的腳步；精神層次高的他們，甚至可以成為趨勢的表率，讓同仁與同業都與之跟隨，魚羊型儼然是潮流的先驅。

別踩地雷

雙魚座與牡羊座結合的魚羊型，年輕時，常在潛意識與自我意識間徘徊，他們擁有不安定的靈魂，總以為內在矛盾的問題在外可以尋得答案。逐漸長大後的魚羊型會發現，自己常年追尋的答案就在自己身上，當他們覺知到本我與無我皆是一體的，便會發展堅定的意志力。原本柔弱的魚羊型，也會變得豪情萬丈。這是個兼具潛意識與自我意識的組合，在他們身上可以看到陰與陽的完美調合。因此魚羊型大多比較中性，而那些硬要把人歸類為二分法且非黑即白的思想，可能會與他們格格不入。

國家圖書館出版品預行編目 (CIP) 資料

星座靈數 108 型人格解密 / 丹尼王著.
-- 第一版 . -- 臺北市：樂果文化出版：紅螞蟻圖書發行，
2016.03
面； 公分 . -- (樂生活；30)
ISBN 978-986-92792-1-5(平裝)

1. 占星術

292.22   105001012

樂生活 30
星座靈數 108 型人格解密

作　　　　者 ／ 丹尼王
總　編　　輯 ／ 何南輝
責　任　編　輯 ／ 韓顯赫
行　銷　企　劃 ／ 黃文秀
封　面　設　計 ／ 引子設計
內　頁　設　計 ／ 沙海潛行

出　　　　版 ／ 樂果文化事業有限公司
讀　者　服　務　專　線 ／ （02）2795-3656
劃　撥　帳　號 ／ 50118837 號　樂果文化事業有限公司
印　　刷　　廠 ／ 卡樂彩色製版印刷有限公司
總　　經　　銷 ／ 紅螞蟻圖書有限公司
地　　　　址 ／ 台北市內湖區舊宗路二段 121 巷 19 號（紅螞蟻資訊大樓）
　　　　　　　　電話：（02）2795-3656
　　　　　　　　傳真：（02）2795-4100

2016 年 3 月第一版　定價／ 320 元　ISBN 978-986-92792-1-5